VERBLENDUNG:
EIN WELTPROBLEM

VERBLENDUNG:
EIN WELTPROBLEM

VON
ALICE A. BAILEY

VERLAG: LUCIS - GENF
AUSLIEFERUNG FÜR DEUTSCHLAND:
KARL ROHM VERLAG, BIETIGHEIM / WÜRTTEMBERG

Titel der englischen Originalausgabe:

GLAMOUR:
A WORLD PROBLEM

Copyright 1950 by Lucis Trust
Übersetzt von Rudy Stamm, New York.

Erste Auflage 1964

Zweite Auflage 1986

Alle Rechte vorbehalten

ISBN 3-87683-903-3

Gesamtherstellung: Verlagsdruckerei Otto W. Zluhan, 712 Bietigheim/Württemberg

Die Herausgabe dieses Buches wird vom „Tibeter-Buchfonds", einem rücklaufenden Fonds, finanziert. Dieser wurde geschaffen, um den Fortbestand der Lehren des „Tibeters" und der Alice A. Bailey zu sichern.

Dieser Fond wird vom „Lucis Trust" überwacht, einer steuerfreien, religiös-erzieherischen Körperschaft. Alle vom „Tibeter-Buchfonds" für die Herstellung dieses Buches beschafften Gelder fließen durch den Buchverkauf wieder in den Fonds zurück, so daß nach Bedarf Neuausgaben oder Neuauflagen gesichert sind. Die Lucis Press ist eine auf gewinnloser Basis arbeitende Körperschaft, deren gesamtes Kapital dem „Lucis Trust" gehört. Für dieses Buch wird kein Autoren-Honorar bezahlt.

Auszug aus einer Verlautbarung des „Tibeters"
Veröffentlicht im August 1934

Es mag der Hinweis genügen, daß ich ein Tibetanischer Jünger eines bestimmten Grades bin. Dies besagt wenig, denn wir alle sind ja Jünger, vom bescheidensten Aspiranten bis hinauf zu Christus.

Ich lebe — wie jeder andere Mensch — in einem physischen Körper, und zwar an den Grenzen von Tibet. Zeitweilig (vom Standpunkt des Exoterikers) bin ich das Oberhaupt einer großen Gruppe tibetanischer Lamas, so weit meine anderen Pflichten dies erlauben. Dieser Umstand hat das Gerücht verursacht, ich sei der Abt eines besonderen Lamaklosters. Diejenigen, die mit mir in der Hierarchie wirken (und alle wahren Jünger sind an diesem Werk beteiligt), kennen mich unter anderen Namen und in einem anderen Amt. A. A. B. weiß, wer ich bin, und kennt zwei meiner Namen.

Ich bin euer Bruder, der ein wenig länger auf dem Pfad gewandelt ist als der Durchschnitt; und deshalb trage ich auch eine größere Verantwortung. Ich bin einer von denen, die sich zu einem größeren Maß von Licht durchgerungen haben, und ich habe härter darum gekämpft als der Aspirant, der diese Sätze liest. Ich muß daher als Mittler des Lichtes wirken, wieviel Mühen auch damit verbunden sein mögen.

Ich bin kein alter Mann (Lehrer werden gemeinhin nach ihrem Lebensalter eingeschätzt); ich bin aber auch kein junger, unerfahrener Mensch.

Es ist meine Aufgabe, zu lehren und die Erkenntnisse einer zeitlosen Weisheit zu verbreiten, wo immer ich Gehör finde; ich bin seit vielen Jahren auf solche Weise tätig. Gleichermaßen suche ich dem Meister M. und dem Meister K. H. bei ihrem Werk zu helfen,

Auszug aus einer Verlautbarung des „Tibeters"

wo immer ich dazu Gelegenheit habe, denn ich stehe seit langem mit ihnen in Verbindung.

Damit habe ich manches gesagt, jedoch nichts, was dazu verführen könnte, mir jenen blinden Gehorsam und jene törichte Ergebenheit entgegen zu bringen, mit welcher der nur von seinen Empfindungen getragene Schüler dem Guru und Meister anhängt, ohne indes fähig zu sein, mit ihm in Kontakt zu kommen. Den ersehnten Kontakt wird er nicht eher erreichen, als bis er nicht seine schwärmerische Ergebenheit in selbstlosen Dienst an der Menschheit, und nicht für den Meister umgewandelt hat.

Ich habe meine Bücher ohne Anspruch auf Annahme dessen, was darin niedergelegt ist, übermittelt; sie können richtig, wahr und nützlich sein, sie können aber auch das Gegenteil bewirken. Es liegt bei euch, deren Wahrheit durch richtige Anwendung des Gesagten und durch Ausbildung eurer Intuition zu ermitteln.

Sowohl A. A. B. als auch ich legen nicht den geringsten Wert darauf, daß die Bücher als „übersinnlich" vermittelte Schriften angesehen werden, oder daß von ihnen (womöglich mit angehaltenem Atem) als dem „Werk eines Meisters" gesprochen wird.

Wenn die Bücher eine Wahrheit verbreiten, die sich aus den früher geoffenbarten Wahrheiten der Weltlehrer erschließt, wenn die gebotenen Informationen das Streben vertiefen und den Willen zum Dienen von der Ebene bloßer Empfindung zur Ebene verstehender Einsicht erheben (der Ebene, wo die Meister gefunden werden *können*), dann werden die Bücher ihren Zweck erfüllt haben.

Wenn die dargebotene Lehre in dem erleuchteten Denken des Welten-Arbeiters ein Echo findet und in ihm blitzartig-intuitiv neue Erkenntnisse auslöst, dann möge die Lehre angenommen werden. Sonst nicht. Wenn sich die in der Lehre aufgestellten Behauptungen schließlich und endlich als richtig erweisen, oder wenn sich das anfänglich gutgläubig als wahr Hingenommene nach dem Gesetz der Analogie als wahr herausstellt, dann ist es recht und gut. Sollte das aber bei einem Studierenden nicht der Fall sein, dann nehme er das in den Büchern Gesagte nicht an.

INHALTSVERZEICHNIS

Seite

Einige einleitende Klarstellungen

I. DAS WESEN DER VERBLENDUNG 41
   1. Verblendung auf der Mentalebene — Illusion . . 68
   2. Verblendung auf der Astralebene — Verblendung 84
   3. Verblendung auf ätherischem Gebiet — Maja . . 100
   4. Verblendung auf den höheren Mentalebenen —
      Der Hüter der Schwelle 106

II. DIE URSACHEN DER VERBLENDUNG . . . 111
   1. Rassische und individuelle Entwicklung
      der Verblendung 111
   2. Die Ursachen der Weltverblendung 122
   3. Die Gegensätze zwischen den höheren und
      den niederen Arten der Verblendung 142
      a. Illusion und Intuition 146
      b. Verblendung und Erleuchtung 157
      c. Maja und Inspiration 166
      d. Der Hüter der Schwelle und
         der Engel der Gegenwärtigkeit 171

III. DAS ENDE DER VERBLENDUNG 181
   1. Die Technik der Gegenwärtigkeit 192
      a. Intuition verscheucht individuelle Illusion . . . 198
      b. Gruppenintuition zerstreut Weltillusion . . . 205

	Seite
2. Die Technik des Lichtes	211
a. Individuelle Verblendung	223
b. Gruppenverblendung und Weltverblendung	242
3. Die Technik der Indifferenz	262
a. Verteilung und Handhabung von Kraft auf der ätherischen Ebene	267
b. Die angewandte Wissenschaft vom Atem	274
c. Die Technik der Indifferenz	281
IV. DIE TECHNIK DER FUSION	287
INDEX	295

VORWORT

Im Buch „Jüngerschaft im Neuen Zeitalter" wurden vom Tibeter gewisse persönliche Unterweisungen einer Gruppe von Jüngern gegeben und öffentlich bekannt gemacht. Diese Instruktionen zusammen mit gewissen esoterischen Lehren wurden mit Genehmigung der betreffenden Jünger erstmals 1944 von Alice A. Bailey veröffentlicht.

Unveröffentlichte Schriften mit weiteren Instruktionen und esoterischen Lehren, die von Frau Bailey ergänzt wurden, sind jetzt erhältlich. Dieser Text wurde von Zeit zu Zeit im Laufe von neun Jahren (1935—1944) geschrieben.

Der Band II über „Jüngerschaft im Neuen Zeitalter" wird später erscheinen.

An verschiedenen Stellen des Buches „Verblendung: Ein Weltproblem" kommen Hinweise auf die genannte Jüngergruppe vor.

Dieser Band enthält gewisse Formeln für meditative Gruppenarbeit, weil sie als Unterweisungen wichtig sind und den praktischen Wert der dargebotenen Lehre veranschaulichen. Der Leser sollte indes beachten, daß Meditationen, die sich für besondere Gruppenzwecke eignen, im allgemeinen nicht so wirksam sind, wenn sie von Einzelpersonen angewendet werden.

Die Macht einer integrierten Gruppe von Jüngern, die eine gemeinsame Vision und ein festgesetztes Gruppenziel hoher Art haben, ist sehr groß und kann der Menschheit einen wirklichen Dienst erweisen. Solche Gruppen-Bestrebungen gehören zu den neuen Wassermann-Methoden. Diese Schriften des Tibeters und der Frau A. Bailey geben Auskunft darüber, wie eine weise und nützliche Gruppenarbeit unternommen werden sollte, um der Welt einen geistigen Dienst zu erweisen; sie verfolgen nicht den Zweck, die geistige Entfaltung des einzelnen Aspiranten zu fördern.

Eine solche freiwillige Gruppenaktion ist in der heutigen Zeit höchst wünschenswert, vorausgesetzt, daß sie mit gebührender Demut und Vorsicht unternommen und nicht von einer autokratischen Führung bevormundet wird. Ein solches Unternehmen sollte als bahnbrechendes Wagnis anerkannt werden.

Gruppen solcher Art sind bereits in verschiedenen Teilen der Welt in Erscheinung getreten, und sie können zum Erfolg der Arbeit der Neuen Gruppe der Weltdiener viel beitragen. Nähere Angaben über diese weltweite Dienergruppe sind in den Büchern „Eine Abhandlung über Weiße Magie" und „Eine Abhandlung über die Sieben Strahlen", Band II zu finden.

Juli 1950　　　　　　　　　　　　　　　　　　　　Forster Bailey

DIE WISSENSCHAFT DER MEDITATION

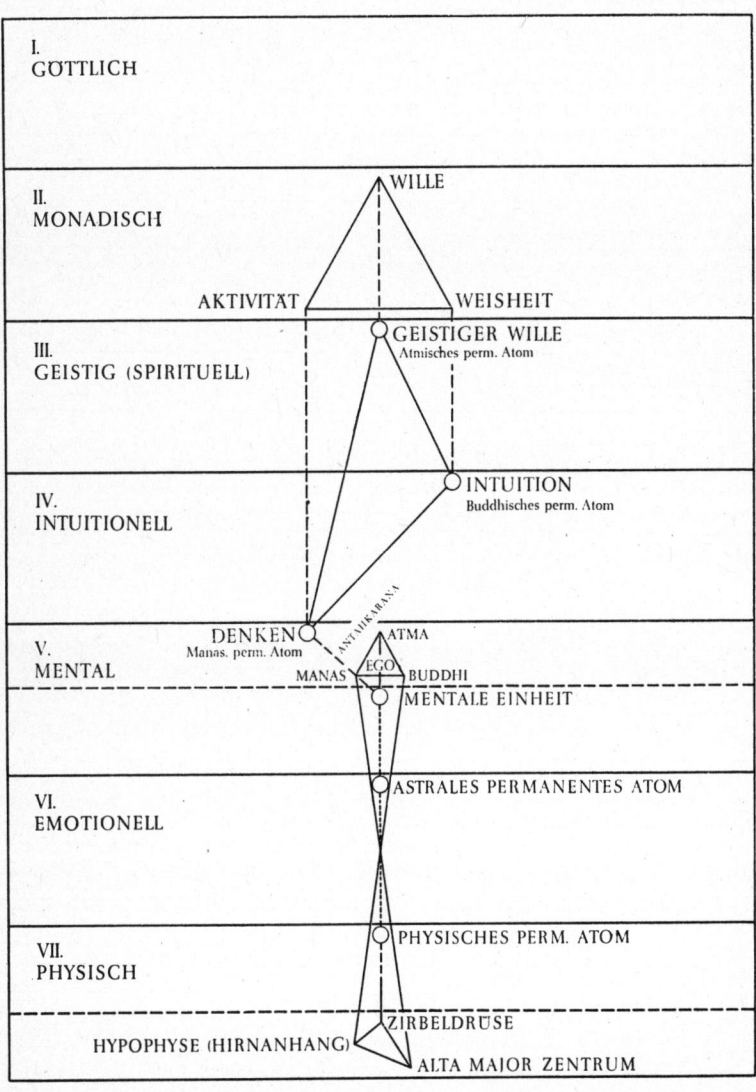

Einige einleitende Klarstellungen

1] Alle mit esoterischem Werk beflissenen Gruppen haben ihr eigenes Dharma oder Pflichtgebot, und sie alle haben ihr besonderes Ziel. Damit alle diejenigen, die nach Jüngerschaft streben, klar erschauen, was sie zu tun haben, um verständnisvoll mitwirken zu können, will ich den Zweck mit knappen Worten niederlegen:

Dharma bedeutet Plicht oder Verpflichtung, und der Aspirant hat unbedingt die besondere Verpflichtung, die Intuition zu entwickeln. Das Mittel oder die Methode, wodurch es zu dieser Entwicklung kommt, kann das Studium von Symbolen sein.

Allgemeine Redensarten über Intuition und Versuche, sie zu definieren, sind durchaus landläufig, aber dabei möchte ich feststellen, daß wirkliches Verständnis dafür nur selten anzutreffen ist.

Ärzte und Wissenschaftler sagen uns, daß Tausende von Zellen im menschlichen Gehirn sich immer noch im Schlummerzustand befinden, und daß infolgedessen der Durchschnittsmensch nur einen kleinen Teil seiner Ausrüstung wirklich benutzt. Die Gehirngegend um die Zirbeldrüse ist es, die mit der Intuition zusammenhängt, und eben diese Zellen müssen zur Tätigkeit erweckt werden, ehe eine wahrhaft intuitive Wahrnehmung möglich wird; ist sie einmal erweckt, so wird sie als Seelenkontrolle in Erscheinung treten, als geistige Erleuchtung, als wahres psychologisches Verständnis für den Mitmenschen und als Entfaltung jenes wahren esoterischen Sinnes, der das Ziel des heutigen Aspiranten ist.

Was ich zu sagen habe, möchte ich in drei Teile zerlegen und dabei ein genaues Studium meiner Worte anempfehlen:

I. Ich versuche, Intuition zu definieren.
II. Ich werde mich mit ihrer Entwicklung befassen, die auf dem Studium der Symbologie beruht.

III. Schließlich werde ich einige besondere Anweisungen zu nützlicher Verwendung geben.

2] Wenn jemand also diese Artikel schwer verständlich findet und sich nur langsam darauf einstellen kann, so muß er sich darüber klar sein, daß das eben gerade darauf hindeutet, wie nötig er dieses Studium hat, und daß es die Richtigkeit meiner Behauptung bestätigt. Wer ernstlich mit mir betrachtet, was die Intuition *nicht* ist, der wird, denke ich, innerlich mit meinen Worten übereinstimmen.

I. ERKLÄRUNG DES BEGRIFFES „INTUITION"

Die Intuition ist keine Aufwallung von Liebe zu den Mitmenschen und deshalb auch kein darauf beruhendes Verständnis für sie. Die sogenannte Intuition ist meistens nur ein Wiedererkennen von Ähnlichkeiten und der Besitz eines klaren, analytischen Verstandes. Intelligente Menschen, die einige Zeit in dieser Welt zugebracht und viel erfahren haben, und die mit vielen anderen Menschen zusammengekommen sind, können gewöhnlich die Probleme und Charakteranlagen anderer leicht überblicken, sofern sie daran Interesse haben. Diese Fähigkeit dürfen sie aber nicht mit Intuition verwechseln.

Die Intuition steht in keinerlei Verhältnis zu psychischen Fähigkeiten, seien sie höherer oder niederer Art; wer Visionen hat, die Stimme der Stille hört oder mit einer Art Selbstgefälligkeit auf irgendwelche Lehren reagiert, beweist damit nicht, daß die Intuition in ihm rege ist. Die Intuition besteht auch nicht bloß im Erschauen von Symbolen, denn dabei handelt es sich um eine besondere Art von Wahrnehmung und um die Fähigkeit, sich auf die Ebene des Universalen Denkprinzips einzuschalten, wo die Urformen erschaffen werden, nach denen sich alle ätherischen Körperformen bilden. Intuition ist keine einsichtsvolle Psychologie und kein liebevolles Bedürfnis, zu helfen. Letzteres ergibt sich aus der

Einige einleitende Klarstellungen

Wechselwirkung zwischen einer in hohem Maße auf die Seele abgestimmten Persönlichkeit und der gruppenbewußten Seele selbst.

Intuition ist synthetisches Verstehen, das ein Vorrecht der Seele ist und nur dann möglich wird, wenn die Seele auf ihrer eigenen Ebene nach zwei Richtungen hin ausstrahlt: nach der Monade, 3] und nach der abgerundeten und vielleicht (wenn auch nur vorübergehend) gleichgeschalteten und einsgewordenen Persönlichkeit. Es ist das erste Anzeichen einer tief subjektiven Vereinigung, die ihre Vollendung bei der dritten Einweihung finden wird.

Intuition ist ein umfassendes Verständnis für das Prinzip der Universalität; und wenn sie rege ist, geht (wenigstens im Augenblick) alles Gefühl des Getrenntseins verloren. Ihren Höhepunkt bezeichnet man als jene All-Liebe, die nichts mit Gefühlsschwärmerei und persönlicher Zuneigung zu tun hat, sondern die ihrer Natur nach vorwiegend eine Identifizierung mit allen Wesen bedeutet. Dann kennt man wahres Mitleid, dann wird Kritik unmöglich; dann erst sieht man den in allen Formgestalten schlummernden göttlichen Keim.

Intuition ist Licht an sich, und wenn sie rege ist, erscheint die Welt als Licht, und die Lichtkörper in allen Formen werden allmählich offenbar. Das bringt auch die Fähigkeit mit sich, mit dem Lichtzentrum in allen Formen Fühlung zu nehmen, und somit wird wiederum eine wesentliche Beziehung hergestellt und das Gefühl der Überlegenheit und des Getrenntseins verliert sich im Hintergrund.

Die Intuition bringt demnach bei ihrem Erscheinen drei Eigenschaften mit sich:

Erleuchtung. Mit Erleuchtung meine ich nicht das Licht im Kopfe. Dies ist eine rein nebensächliche Erscheinung, und viele wirklich intuitive Menschen sind sich dieses Lichtes überhaupt nicht bewußt. Was ich meine, ist jenes Licht, das den Weg bestrahlt. Es ist „das Licht des Intellekts", oder in Wirklichkeit das, was das Denken erleuchtet und was sich in einem Denkmechanismus abzuspiegeln vermag, der „unbeirrt im Licht" gehalten wird. Es ist das „Licht

der Welt", eine ewig bestehende Realität, die sich aber erst dann entdecken läßt, wenn das individuelle, innere Licht als solches erkannt wird. Es ist das „Ewige Licht", das immerdar leuchtet bis zum jüngsten Tage. Die Intuition ist daher die innere Erkenntnis des Menschen, daß er nicht nur theoretisch, sondern tatsächlich auf
4] Grund eigener Erfahrung mit dem universalen Denkprinzip vollkommen identisch ist, daß er einen Teil des großen Welt-Lebens bildet und am ewig währenden Dasein teilnimmt.

Verstehen. Das muß man wörtlich im Sinne des englischen Wortes „*under*standing" als das auffassen, was der Gesamtheit aller Formgestalten *unter*liegt. Das bedeutet die Kraft, Abstand zu nehmen oder die Fähigkeit, sich von seiner jahrtausendelangen Identifizierung mit dem Formleben loszulösen. Dabei möchte ich erwähnen, daß diese Loslösung denen verhältnismäßig leicht fällt, die viel von der Qualität des ersten Strahls in sich haben. Ihr Problem besteht darin, sich im esoterischen Sinne loszumachen, aber dabei jedes Bewußtsein von Trennung, Abschließung oder Überlegenheit zu vermeiden. Erststrahlige Menschen widerstehen mit Leichtigkeit der Neigung, sich mit anderen zu identifizieren. Wahres Verstehen bedingt die wachsende Fähigkeit, alle Wesen zu lieben und dennoch von persönlichen Bindungen frei zu bleiben. Diese Unbeschwertheit kann so leicht auf der Unfähigkeit beruhen, zu lieben, und auf selbstsüchtiger Besorgnis um die eigene — physische, mentale oder geistige und vor allem emotionale — Behaglichkeit. Erststrahlige Menschen fürchten sich vor Gefühlsregungen und verachten sie, aber sie brauchen gelegentlich emotionale Schwierigkeiten, um daraus ihr Feingefühl zu entwickeln und es richtig anwenden zu lernen.

Verstehen bedeutet Fühlungnahme der abgerundeten Persönlichkeit mit dem Leben sowie egoische Empfänglichkeit für die Absichten und Pläne der Gruppe. Es bedeutet Einswerden der Persönlichkeit mit der Seele, weitgehende Erfahrung und rege Betätigung des innewohnenden Christusprinzips. Intuitives Verstehen ergibt sich stets unmittelbar aus sich selbst heraus. Wo erst Überlegungen *im Hinblick auf* späteres Verstehen notwendig sind, handelt es sich um keine Betätigung von Intuition.

Liebe. Wie bereits gesagt, ist Liebe keine gefühlsmäßige Hinneigung oder liebevolle Veranlagung; beides ergibt sich nebenbei und als Folgeerscheinung. Wenn die Intuition entwickelt ist, werden sie sowohl Zuneigung als auch liebevolle Hingabe notwendigerweise in reinster Form kundtun, aber was sie hervorruft, ist etwas viel Tieferes und Umfassenderes. Liebe ist jenes synthetische, allumfassende Begreifen des Lebens und der Bedürfnisse aller Wesen (ich habe diese beiden Worte mit Absicht gewählt!), dessen Ausübung das hohe Vorrecht eines heiligen Gottessohnes ist. Sie verneint alles, was Schranken baut, Kritik übt und Trennung hervorruft. Sie sieht keinen Unterschied, selbst bei Bewertung von *Bedürfnissen,* und sie bewirkt in dem, der als Seele liebt, eine unmittelbare Identifizierung mit dem Gegenstand seiner Liebe.

Diese drei Worte (Erleuchtung, Verstehen, Liebe) fassen die drei Qualitäten oder Aspekte der Intuition zusammen und lassen sich ihrerseits mit dem einen Wort „Universalität" kennzeichnen, oder mit dem Gefühl für die Einheit des Alls.

Ist das nicht etwas, wonach alle Aspiranten streben? Und ist es nicht etwas, was jeder Einzelne, als Individuum, in ganz besonderer Weise benötigt? Wo dieses Gefühl vorhanden ist, da ergibt sich eine unmittelbare Dezentralisierung des dramatischen „Ich", jener Fähigkeit, alles Geschehen, alle Erscheinungen und alle Gruppenarbeit auf sich selbst als den Mittelpunkt zu beziehen.

Mehr kann ich über das Thema der Intuition nicht sagen; es ist zu umfangreich und zu verwickelt. Ich muß mich damit begnügen, seine drei Aspekte klarzulegen und dann den Leser nachdrücklich auf die Notwendigkeit hinzuweisen, sich einer Schulung zu unterwerfen und sich eine Disziplin aufzuerlegen, die sich in seinem Leben als Liebe, Licht und Verstehen auswirken wird. Wenn die Theorie erfaßt, die richtige Umstellung vorgenommen und die notwendige Vorarbeit geleistet ist, dann wird die Persönlichkeit magnetisch, und die bislang schlummernden Gehirnzellen um die Zir-

beldrüse werden wach und beginnen zu schwingen. Der Kern jeder Körperzelle ist ein Lichtpunkt, und sobald das Licht der Intuition verspürt wird, ist es dieses Zellenlicht, das unmittelbar darauf reagiert. Andauerndes Einströmen des Lichtes der Intuition wird, esoterisch gesprochen, jede Zelle ans Tageslicht bringen, die so be-
6] schaffen ist, daß sie auf das höhere Licht reagiert.

II. WIE DIE INTUITION ERWECKT WERDEN KANN.

Es gibt viele Methoden, wie man die Intuition in Funktion bringen kann, und eine der nützlichsten und wirksamsten ist das Studium und die Auslegung von Symbolen.

Symbole sind äußere und sichtbare Formen von inneren, geistigen Realitäten; und wenn jemand die Fähigkeit besitzt, die hinter irgendeiner besonderen Form liegende Realität zu entdecken, so deutet eben diese Tatsache auf das Erwachen der Intuition hin.

Erststrahlige Menschen gehören zum sogenannten „Zerstörerstrahl"; und die Kraft des ersten Aspektes, die Kraft des Beendens, fließt durch sie hindurch. Sie neigen zum Zerstören, während sie erbauen, dadurch daß sie Energie in eine falsche Richtung leiten, oder daß sie zuviel Energie nach einer bestimmten Stelle lenken oder auch daß sie bei ihrer Arbeit an sich oder mit anderen Energie mißbrauchen. Viele erststrahlige Menschen sind sogar stolz darauf und verstecken sich hinter dem Vorwand, daß unter dem Einfluß ihres ersten Strahles eine Zerstörungstendenz unvermeidlich sei. Das trifft aber nicht zu. Erbauer, was zweitstrahlige Menschen stets sind, müssen zerstören lernen, wenn die Liebe zur Gruppe sie dazu antreibt und wenn sie unter dem Einfluß des ersten Strahls oder Willensaspektes tätig sind. Zerstörer müssen erbauen lernen, indem sie jeweils dem Impuls der Gruppenliebe folgen und die Kraft der Verbundenheit ohne persönliche Bindung anwenden. Beide Gruppen, Erbauer und Zerstörer, müssen stets vom Standpunkte der Realität aus wirken, vom inneren Wahrheitskern heraus, und sie müssen „im Zentrum verharren".

Einige einleitende Klarstellungen

Das Studium von Symbolen führt zu diesem Ziel, und wenn es gewissenhaft und mit Fleiß betrieben wird, ergeben sich drei Wirkungen:

1. Es schult das Vermögen, durch die Form hindurch zur subjektiven Realität vorzudringen.

7] 2. Es verhilft zum engen Zusammenschluß zwischen Seele-Denkvermögen-Gehirn, und wenn das erreicht ist, ermöglicht es ein beschleunigtes Einströmen von Intuition und demzufolge auch von Erleuchtung und Wahrheit.

3. Es übt einen Druck auf gewisse schlummernde Gehirnpartien aus und regt die dort befindlichen Zellen zur Tätigkeit an. Das ist die erste Erfahrung, die der Aspirant durchmacht. Bei der Mehrzahl der wahren Aspiranten wird das Zentrum zwischen den Augenbrauen erweckt, während das Zentrum am Scheitel des Kopfes nur sehr schwach vibriert, aber nicht voll und ganz aktiv ist. Dieses höhere Zentrum muß vollständiger erweckt werden, ehe ein Aspirant seiner Gelegenheit ganz gewachsen ist.

Betonen möchte ich, daß man beim Studium von Symbolen bestrebt sein muß, die Idee oder den Begriff zu erfassen, der dem betreffenden Symbol zugrunde liegt. Solch ein Begriff ist stets synthetisch. Er beschränkt sich nicht auf Einzelheiten oder Teile. Um einen Begriff zu erfassen, mag man gezwungen sein, Einzelheiten zu sondieren und die Bedeutung verschiedener Abschnitte oder Teile des betrachteten Symbols zu verstehen. Ist die Analyse jedoch beendet, so darf man nicht ruhen, bis die Bedeutung des Symbols in einer synthetischen Idee, einem Begriff oder einem Namen zusammengefaßt worden ist.

Symbole müssen nach drei Richtungen hin untersucht werden:

a. *Exoterisch*. Dies umfaßt eine Untersuchung seiner Gesamtform, seiner Linien und damit seiner zahlenmäßigen Bedeutung, sowie der Teile, aus denen sich das Symbol zusammensetzt — damit meine ich seine Anordnung, beispielsweise in Form von

Würfeln, Dreiecken oder Sternen, und wie diese sich zu einander verhalten.

b. *Begrifflich.* Das bedingt, daß man die dem Symbol zugrundeliegende Idee erfaßt, die in seinem Namen ausgedrückt sein mag; fernerhin seine Bedeutung, wie sie sich durch Meditation dem 8] Bewußtsein erschließt; und schließlich seinen inneren Wert als Ganzes oder als Teil. Dabei muß man im Auge behalten, daß die Idee die höhere oder abstrakte Absicht anzeigt; daß die Bedeutung diese Absicht im Sinne des konkreten Denkens ausdrückt; und daß der innere Wert mehr Gefühlssache ist und gewissermaßen die besonderen Wünsche darstellt, die das Symbol in uns erregt.

c. *Esoterisch.* Dazu gehört die Wirkung, die durch die Kraft oder Energie des Symbols auf den Beschauer ausgeübt und durch die Qualität der Schwingung in ihm erregt wird, vielleicht im Astral- oder vielleicht nur im Mentalkörper.

Richtig durchgeführt sollte dieses Studium zur Entfaltung der Intuition führen, die sich dann auf der physischen Ebene als Erleuchtung, einsichtiges Verstehen und Liebe auswirken wird.

Das erste Ziel des Symbologie-Studiums ist es, den Schüler die Qualität und jenes vibrierende Etwas erspüren zu lassen, das sich hinter der Synthese von Linie, Farbe und Form verbirgt, woraus ein Symbol besteht.

Einem gewissen Menschentypus fällt dieses Studium relativ leicht; bei den meisten ist das Gegenteil der Fall, und das weist auf einen Mangel hin, dem durch Anwendung ihrer gegenwärtig noch schlummernden Fähigkeiten abgeholfen werden muß. Die Erweckung schlummernder Fähigkeiten ist stets unangenehm und erfordert einen Kraftaufwand und eine Entschlossenheit, sich über persönliche Hemmungen hinwegzusetzen. Viele können sich nur schwer vorstellen, wie ein Eindringen in die Bedeutung eines Symbols das Mittel sein kann, um die schlummernde buddhische oder intuitive Fähigkeit zur praktischen Betätigung anzuregen. Die

Kunst, Symbole zu lesen, ist eine Sache des Feingefühls, und unser Altmeister Patanjali nennt sie „geistiges Lesen". Eine wirklich zuverlässige Enthüllung ist erst dann möglich, wenn die Fähigkeit, Symbole zu deuten, bereits entwickelt ist. Es handelt sich dabei nicht bloß um das Erfassen einer Wahrheit, die in symbolischer Form in einer oder in mehreren Linien ausgedrückt wird. Ein gutes Gedächtnis genügt, sich daran zu erinnern, daß eine Reihe von Linien, die ein Dreieck oder eine Reihe von Dreiecken bilden, die Dreifaltigkeit bedeutet oder auch irgendwelche andere Dreiheiten innerhalb der makrokosmischen oder mikrokosmischen Manifestation. Aber ein reges und genaues Gedächtnis trägt an sich nichts dazu bei, schlummernde Gehirnzellen zu erwecken oder die Intuition in Gang zu bringen. Man darf nicht vergessen (und dabei bewährt sich der Nutzen gewisser akademischer oder technischer, okkulter Kenntnisse), daß es die buddhische oder Intuitionsebene ist, auf der die Intuition in Erscheinung tritt und das intuitive Stadium des Bewußtseins aktiv ist. Diese Ebene ist die höhere Entsprechung der Astral- oder Gefühlsebene, auf welcher eine Identifizierung mit dem Gegenstand der Aufmerksamkeit oder Anziehung bewußt empfunden werden kann. Es leuchtet deshalb ein, daß ein Schüler, der seine intuitive Fähigkeit durch das Studium von Symbolen anzuregen bestrebt ist, vorerst in der Lage sein muß, die innere Qualität des Symbols zu erfühlen oder sich irgendwie mit dem Wesen jener Realität zu identifizieren, welche die symbolische Gestalt verschleiert. Daher möchte ich empfehlen, das „Lesen von Symbolen" gerade von diesem Gesichtspunkt aus zu erlernen.

Nach gebührender Betrachtung der Formseite sollte der Schüler also feststellen, wie das Symbol auf ihn einwirkt, welche Gefühle es in ihm erweckt, welche Bestrebungen es anregt und welche Träume, Illusionen oder Eindrücke es zum Bewußtsein bringt. Es ist dies ein Zwischenstadium zwischen exoterischem Lesen und begrifflichem Verstehen. Später kommt es zu einer weiteren Zwischenstufe zwischen begrifflichem Verstehen und esoterischer Einsicht und Anwendung. Dieses letzte Stadium nennt man „synthetisches (Wieder-) Erkennen". Hat man die Form studiert und ihren Gefühlswert wahrgenommen, dann geht man daran, die Grundidee des Symbols zu erfassen und schließlich erkennt man in der Zusammenschau seinen Zweck. Das führt zur wahren Esoterik, also dazu, daß ihre lebendige, synthetische Kraft als Triebfeder im Leben und Handeln des Einzelnen praktische Verwendung findet.

Man sollte nicht allein das Symbol verständnisvoll auslegen, sondern auch feststellen, wie man in seiner empfindenden Gefühlsnatur auf das Symbol in seiner Gesamtheit innerlich reagiert. Man studiere vier Symbole im Jahre. Dabei fängt man mit der Formseite des Symbols an und versucht, sich mit seinem Äußeren vertraut zu machen, d. h. mit allen Linien, Dreiecken, Quadraten, Kreisen, Kreuzen und anderen Formen, aus denen es sich zusammensetzt; gleichzeitig strebt man danach, es vom intellektuellen Standpunkt aus zu erfassen, wobei man sich auf das Gedächtnis und sonstige Kenntnisse stützt, um es exoterisch zu verstehen.

Sobald man mit dem Symbol wirklich vertraut ist und es sich leicht ins Gedächtnis zurückrufen kann, versucht man seine Qualität zu erfühlen, sich auf seine Schwingung einzuschalten und festzustellen, wie man gefühlsmäßig darauf reagiert. Das Resultat mag sich von Tag zu Tag ändern, oder es mag stets das gleiche bleiben. Es kommt nur darauf an, daß man von dieser astralen Beeindruckung durch das Symbol ehrlich Notiz nimmt und sich über die Folgen klar wird, die sie in uns auslöst.

Schließlich muß der Schüler feststellen, was er persönlich als die grundlegende Qualität des Symbols erachtet, worauf er die gesamte Betrachtung (wie in der Meditation) in den mentalen Bereich erhebt, indem er es in den Brennpunkt seines konzentrierten Denkens verlegt. Auf diese Weise wird allmählich das begriffliche Niveau erreicht.

Bei der Analyse eines Symbols ergeben sich demnach folgende Stufen:

Einige einleitende Klarstellungen

1. Seine exoterische Betrachtung nach Linie, Form und Färbung.
2. Das Empfinden oder Erkennen seiner Qualität, das sich im Gefühls- oder Astralkörper auf Grund der Beeindruckung entwickelt, also die gefühlsmäßige Reaktion auf die Qualität und Wesensart des Symbols.
3. Begriffliche Betrachtung der dem Symbol zugrundeliegenden Idee, der darin enthaltenen Lehre und der intellektuellen Bedeutung, die es vermitteln soll.
4. Das Stadium umfassender Erkenntnis, wenn man erfaßt, welchen Zweck ein Symbol hat, welcher Platz ihm innerhalb des geordneten Manifestationsplanes zukommt, und welche wahre Gesamtabsicht zugrundeliegt.
5. Identifizierung mit Qualität und Zweck des Symbols, aufgrund der Erleuchtung eines „unbeirrt im Lichte verharrenden" Denkvermögens. Diese Endstufe bringt sowohl das Gehirn als auch das Denkvermögen in Tätigkeit.

Als Ganzes betrachtet, umfaßt das Studium von Symbolen folgende drei Stufen:

Zuerst kommt die Untersuchung eines Symbols, wobei die Analyse von einer Stufe des Gewahrseins zur anderen fortschreitet, bis allmählich das gesamte vom Symbol betroffene Gebiet umfaßt wird.

Zweitens erfolgt die intuitive Wahrnehmung der Symbole, wie sie in der göttlichen Manifestation überall sichtbar sind.

Drittens folgt die Anwendung von Symbolen auf der physischen Ebene, sowie deren geeignete Anpassung an einen als notwendig erkannten Zweck; also wird das betreffende Symbol mit der Qualität magnetisiert, durch welche die Idee ihre Gegenwart fühlbar machen kann, damit schließlich die intuitiv erfaßte Qualität der Idee auf der physischen Ebene geeignete Gestalt annehmen kann.

Symbole müssen demnach auf breiter Basis nach exoterischer, begrifflicher und esoterischer Richtung hin untersucht werden, aber außerdem muß man seine Empfindungen analysieren, also die Reaktion auf die Qualität des Symbols.

Zusammenfassend möchte ich Folgendes wiederholen. Erstens einmal dürfen wir nicht vergessen, daß beim *exoterischen* Studium 12] eines Symbols das Gehirn und das Gedächtnis gebraucht werden. Der Schüler bemüht sich, Linie und Form, Anzahl und äußere Merkmale zu untersuchen, da bekanntlich jede Linie ihre eigene Bedeutung, und jede Zahl ihre eigene Auslegung hat, und weil alle Formen Symbole einer inneren Qualität und eines inneren Lebens sind.

Das *begriffliche* Studium von Symbolen führt nach innen, vom Gehirn zum Manas oder Denkprinzip, in den Bereich der Ideen. Es treibt den Denkmechanismus zu äußerster Konzentration. Man erfaßt dann den Begriff oder die Idee, die das Zeichen oder Symbol verkörpert. Man versteht seine Bedeutung und das, was ihm zugrunde liegt. Man begreift, zu welchem Zweck und in welcher Absicht die Form ins Leben gerufen wurde. Das vorhergehende Studium von Zahlen und Linien hat den Grund für ein reiches objektives Wissen gelegt, dessen Ausmaß in diesem Falle von der mentalen Ausrüstung, den Kenntnissen und der Belesenheit des Schülers abhängt. Seine Fähigkeit, eine „Bedeutung" in ein Symbol hineinzulesen, wird außerdem davon abhängen, wieviel Bedeutung er den Ereignissen seines Alltagslebens beizumessen pflegt, und inwieweit er fähig ist, wirklich zu meditieren.

Klarstellen möchte ich, daß es keine starre Auslegung irgendeines Symbols gibt, da jedes Symbol — was auch immer es sein mag — jedem einzelnen Menschenwesen eine ureigene Bedeutung vermittelt. Mangelndes Interesse an Symbolen läßt gewöhnlich darauf schließen, daß an der richtigen Auslegung von Lebensformen und ihrer Bedeutung nur wenig Interesse besteht. Andererseits deutet zu viel *akademisches* Interesse an Symbolen möglicherweise auf gewundenes und verwickeltes Denken hin, das sich gern an Linien- und Formenentwürfen und Zahlenverbindungen begeistert, aber deren Sinn und Bedeutung ganz übersieht. Ein Denken, in dem sich Form und Begriff, Ausdruck und Qualität, sowie Entwurf und Bedeutung die Waage halten, ist eine vitale Notwendigkeit für das Wachstum des Jüngers und Aspiranten.

Die meisten Schüler müssen vor allem lernen, *Bedeutungen* zu ergründen und mit Ideen und Begriffen umzugehen. Dazu ist der Gebrauch des Denkvermögens notwendig, um zu verstehen, zu erfassen und auszulegen. Dazu gehört die Entfaltung jener feinen mentalen Sensitivität, die sich auf das einzuschalten vermag, was wir Universales Denken nennen, das Denken Gottes, des Urhebers des Planes. Es bedingt eine gewisse Fähigkeit, die dem Symbol zugrunde liegende Idee zu deuten, und die Kraft, sie auszudrücken, damit andere daran teilhaben können. *Dieser Gedanke ans Dienen und an zunehmende Verwendbarkeit dafür muß unbeirrt im Auge behalten werden.*

Leuchtet es nicht ein, wie diese Kraft, zu studieren, auszulegen und zur *Bedeutung* hindurchzudringen, geistiges Wachstum fördert? Sollte man nicht annehmen dürfen, daß einer, der diese Methode anwendet, mit vertieftem Verständnis am Plan mitzuwirken und seinen Mitmenschen besser zu helfen lernt?

Gibt es irgend etwas in dieser objektiven Welt, was nicht das unzulängliche Symbol einer göttlichen Idee ist? Bezeugt denn nicht all unsere äußere Manifestation, die sich nach einer erkannten Absicht entfaltet, sichtbar den Plan der schöpferischen Gottheit? Was denn ist ein Mensch, wenn nicht der äußere Ausdruck einer göttlichen Idee? Wir müssen lernen, überall um uns herum Symbole zu sehen und dann durch das Symbol die darin verborgene Idee zu entdecken, die es ausdrücken soll.

Es gibt indessen eine Studientechnik, die sich als nützlich erweisen sollte bei dem Versuch, eine Idee zu erfassen und so die vielen uns umgebenden Symbole begrifflich zu studieren. Es handelt sich im großen Ganzen um eine Technik, auf die man sich in der Meditation bereits vorbereitet haben sollte. Sie unterscheidet sich von der Meditation hauptsächlich durch ihre Polarisierung und Zielsetzung. Beim begrifflichen Studium von Symbolen ist das Bewußtsein im Mentalkörper polarisiert, und es wird nicht der Versuch gemacht, mit der Seele oder dem Ego unbedingt in Kontakt zu kommen oder sie einzubeziehen. Darin liegt der Unterschied zwischen diesem zweiten Stadium der Symbolauslegung und der gewöhnlichen Meditation. Der Schüler hat sich erschöpfend mit der Formseite des Symbols beschäftigt und kennt genau seine Umrisse und äußere Gestalt. Er weiß auch, daß eine gewisse Linienführung 14] (wie z. B. die drei Linien, die ein Dreieck bilden) diese oder jene Idee, Wahrheit oder Lehre darstellt. Das ist im Gehirn eingeprägt und läßt sich dem Gedächtnis entnehmen. Die erneute Feststellung dessen, was man über die Bedeutung von Zahlen in einem Symbol weiß, dient dazu, das Bewußtsein auf die Mentalebene zu erheben und es dort in der Ideen- und Begriffswelt zu konzentrieren. Die Begriffe bestehen bereits auf den konkreten Stufen der Mentalebene. Sie sind das gedankliche Erbgut unserer Rasse, alte Gedankenformen, die sich jetzt erneut anwenden lassen, um die Absicht und Bedeutung zu erforschen.

Es ist eine alte Tatsache, die Plutarch in den bekannten Worten ausdrückt: „Eine Idee ist ein unkörperliches Wesen, das an sich keinen Bestand hat, das aber ungeformter Materie Zahl und Gestalt verleiht und zur Ursache der Manifestation wird." Die Zahl und Gestalt haben wir im Gehirn vermerkt, ebenso die Aktivität der Idee in Zeit und Raum und die ihr innewohnende Fähigkeit, eine Gestalt zu schaffen, um durch diese Gestalt eine Vorstellung oder Idee zum Ausdruck zu bringen. Wenn wir weiter nach innen eindringen, erkennen wir auch den wesentlichen Beweggrund der Idee, indem wir ihre Form und ersichtliche Wirksamkeit beobachten; und wir entdecken das Gesamtgebiet analoger Ideen, wo die im Symbol verkörperte Idee hingehört. Dieses Gebiet verwandter und sich wechselseitig erklärender Ideen steht uns jetzt offen und erlaubt uns eine immer größere Bewegungsfreiheit in der Welt der Begriffe. In der Ideenwelt zu leben und zu wirken, wird nun das Ziel unseres wesentlichen Bemühens. Dazu gehört Übung im Erkennen von Ideen und Begriffen, die sich hinter jeder Form verbergen, klares Nachdenken über diese Ideen, das Erkennen der Richtung, in die sie uns führen, und des Platzes, der ihnen im Rahmen des Ewigen Planes zukommt.

15] Wenn Aspiranten sich befleißigen würden:

    a. Die bildhafte Vorstellungskraft zu entwickeln,
    b. ihr Denken so auszubilden, daß sie die Realität intuitiv erfassen,
    c. das Erschaute richtig auszulegen,

dann würden sie den geschulten Beobachtern der Welt damit praktisches Versuchsmaterial liefern.

Die entwickelte Intuition kann unter anderem bewirken, daß Verblendung und Illusion, von denen das Leben durchdrungen ist, gebrochen werden. Eine Gruppe von Aspiranten, die intuitiv aufeinander eingespielt sind, kann wirksam dazu beitragen, die Welt-Verblendung zu zerstören. Das kann geschehen, wenn die Intuition erweckt ist und das gegenseitige Verstehen auf fester und wahrer Grundlage beruht. Die Hierarchie wird Weltaspiranten als Werkzeuge zur Brechung von Gruppenverblendung gebrauchen können, wo immer diese anzutreffen ist. Ich verweise auf diese Möglichkeit, um alle Aspiranten zu beschleunigtem und erhöhtem Fortschrittsbemühen anzuspornen.

Wie bereits erwähnt, ist es eine der Aufgaben aller Aspiranten, das nötige intuitive Wissen und ein klares Urteil über individuelle und planetarische Verblendung zu erwerben, so daß sie tatkräftig an ihrer Zerstreuung mitarbeiten können. Notwendigerweise wird dieses Verstehen ein relativ geringes sein, aber die Kenntnis dieses Gebietes und der Methoden, wie sich die Verblendung zerstreuen läßt, dürfte in den nächsten Jahren erheblich erweitert werden. *Das muß* der Fall sein, wenn jeder Aspirant in seinem eigenen Leben bewußt an diesem Problem arbeitet und auch die zugrundeliegende Theorie zu erfassen sucht.

Über Verblendung ist bislang nur sehr wenig geschrieben oder gelehrt worden; es sollte deshalb wohl der Mühe wert sein, wenn wir uns einmal mit diesem Thema befassen und außer ihren Ursachen und Wirkungen auch die Methode besprechen, wie die Verblendung zerstreut und verscheucht werden kann. Selbstverständlich kann ich dieses Gebiet nicht in einer einzigen Lektion erschöpfen; wir werden deshalb die nächsten zwei oder drei Jahre zur Besprechung und Untersuchung dieser wichtigen Frage benutzen, die durch die Not der heutigen Zeit und durch die erhöhte Empfindungsfähigkeit der Menschen für feinere Eindrücke akut geworden ist. Bisher war mir das nicht möglich, weil die Gruppe noch nicht vollzählig war und ihr innerer Zusammenhang noch der Festigung bedurfte. Jetzt kann ich damit beginnen, da die Mitglieder der Gruppe mit einer viel stärkeren, inneren Verbundenheit zusammenwirken und ein „Geist der Liebe" unter ihnen waltet; dieser ist das Resultat einer unlängst durchgemachten Verblendungs-Periode, in der sie sich gegenseitig beizustehen lernten.

Ich habe deshalb die Absicht, die von meinen Schülern zu leistende Arbeit dahin abzuändern, daß wir die symbolischen Sätze zur Entwicklung intuitiver Einsicht zwar beibehalten, aber die Betrachtung der mehr äußerlichen und sichtbaren Symbole unterlassen. Diese symbolischen Formen haben nicht die erhoffte Wirkung gezeitigt, weil dabei die meisten Mitglieder durch ihr konkretes Denken das rein Äußerliche zu stark betonten, während die übrigen diese Lehrmethode und Entwicklung nicht nötig hatten. Wir wollen deshalb den Brennpunkt unserer Aufmerksamkeit einem vertieften Studium der Verblendung selbst zuwenden. Darin wird die Dienstleistung des Einzelnen bestehen, denn wenn er wirklich denkt und (soweit das möglich ist, liebe Brüder) seinen erleuchteten Verstand gebraucht, kann er dadurch zweierlei erreichen:

1. Er kann das Denken der Gruppe auf diesem Gebiet klären. Dabei beziehe ich mich nicht auf meine besondere Schülergruppe, sondern auf das Weltbewußtsein im allgemeinen.
2. Er kann dabei mithelfen, die große Illusion zu zersprengen,

die die Menschensöhne so lange in ihrem Bann hielt und noch heute hält.

In diesem Sinne fordere ich meine Schüler zum Dienst auf und ersuche sie um besondere Aufmerksamkeit, wenn sie zurzeit des Vollmondes mit mir Fühlung nehmen. Meine jetzige Schülergruppe sollte besonders dazu geeignet sein, Verblendung zurzeit des Vollmondes zu zerstreuen. Die Fühlungnahme erfolgt auf verschiedenen Ebenen, je nach Einstellung der subtilen Körper des Gruppenpersonals, und diese Gruppe erreicht mich auf den höheren Stufen der Astralebene. Daher die Klarheit ihres Empfanges und die Reichhaltigkeit ihrer genauen Aufzeichnungen darüber. Auf diesem Gebiet sollten sie einmal nützlichen Dienst leisten können, denn späterhin (und bis dahin wird noch viel Zeit vergehen) werden sie in der Lage sein, die Tage der Fühlungnahme und den „Augenblick des Eintritts" (wie man ihn bisweilen nennt) zu bestimmter Mitarbeit an der Zerstreuung der Weltillusion auszunutzen. Ehe es dazu kommt, muß jeder einzelne sie erst einmal in seinem persönlichen Leben zu zerstreuen lernen.

Eine andere Gruppe tritt mit mir auf der Mentalebene in Verbindung und sie wird darin einmal ihren Dienstbereich finden. Wieder andere Gruppen befinden sich erst im Anfangsstadium. Es mangelt ihnen noch an Mitgliedern und ihr Zusammenschluß als Gruppe ist erst im Werden.

Ich erwarte deshalb von den Mitgliedern meiner jetzigen Gruppe, daß sie sich jeden Monat zurzeit des Vollmondes intensiv bemühen, ihre Bande mit mir und untereinander zu festigen. Nur möchte ich eine Warnung aussprechen. Erfolg dieser Art bringt sowohl seinen Lohn als auch seine Schwierigkeiten mit sich. Jede Überreizung der emotionalen oder Gefühlsnatur führt zur Verblendung und ist deshalb sorgfältig zu vermeiden. Ein Versuch, in dieser Weise auf der Astralebene zu wirken, erfordert äußerste Vorsicht und gleichzeitig das Bemühen, in der Haltung des Beobachters auf der hohen Ebene der Seele zu verharren. Ohne solch eine losgelöste und innerlich freie Haltung ist konstruktive Arbeit und wesentlicher Dienst auf diesem schwierigen Tätigkeitsfeld unmöglich. Die Astralebene ist in der Tat eines der schwierigsten Gebiete — vielleicht das schwierigste, auf dem ein Jünger zur Tätigkeit berufen werden kann; deshalb empfiehlt sich dort gruppenweises Vorgehen. Ich kann nicht genug betonen, daß diese Arbeit von einer Gruppe und nicht von Einzelnen ausgeführt werden muß.

Drei große Ereignisse im Weltbewußtsein stehen unmmittelbar bevor:

1. Die Zunahme telepathischer Tätigkeit und des Verständnisses dafür.
2. Ein Gewahrwerden und eine wissenschaftliche Untersuchung der in der Welt herrschenden Illusion und Verblendung.
3. Eine Zunahme der richtigen Heilverfahren.

Unter diesen Umständen leuchtet es ein, daß Gruppen von Jüngern zur kommenden Enthüllung viel beitragen können, und daß unser hingebender Dienst sehr nützlich sein kann. Ich sage mit Absicht „unser" Dienst, Bruder von altersher, da ich ausdrücklich auf diese drei Ziele hinarbeite, die einen Teil der mir (von mir selbst) auferlegten Dienstobliegenheiten ausmachen. Dazu bitte ich um Mitarbeit und Mithilfe. *Die stete Einwirkung rechten Denkens auf das menschliche Bewußtsein durch geschulte Denkergruppen* ist ein Verfahren, das zurzeit größten Erfolg verspricht, und dabei können solche Gruppen äußerst wirksame Hilfe leisten.

Was unter anderem in den nächsten drei oder vier Jahrzehnten bestimmt in Erscheinung treten wird, ist die Betätigung von Gruppen auf anderen Ebenen, als bloß auf der physischen. Seit zwei Jahrhunderten hat es auf Erden Gruppendienst und gemeinsame Bestrebungen auf allen Gebieten menschlichen Bemühens gegeben — in der Politik, der Wohltätigkeit und der Erziehung. Auch auf der Astralebene wurde Gruppendienst im Jahre 1875 begonnen, aber eine gemeinsame Bestrebung, die Verblendung der Welt zu zerstreuen, ist erst jetzt im Werden; und diese Gruppe von meinen Schülern kann sich denen zugesellen, die an dieser organisierten Bestrebung teilnehmen. Sie muß sich daher schulen, um wirksam mittun zu können. Telepathische Empfänglichkeit ist notwendigerweise das Ziel aller Jüngergruppen, aber sie ist das Hauptziel einer Sondergruppe, die man telepathische Vermittler nennen könnte; 19] sie können dabei höchst wirkungsvolle Dienste leisten. Solche Gruppen sensitiver Menschen könnten sich zu praktischer Tätigkeit zusammenschließen, um der menschlichen Rasse die neue Lehre und das neue Wissen zu übermitteln; sie können die öffentliche Meinung formen und menschliches Denken in andere Bahnen lenken. Es ist ganz natürlich und unvermeidlich, daß alle kleinen Gruppen von Menschen mit der Zeit untereinander und mit den Mitgliedern ähnlicher Gruppen in telepathische Verbindung treten; das ist durchaus erwünscht und sollte gefördert werden und sich ständig verbreitern. Man darf sich aber bei wachsender telepathischer Empfänglichkeit nicht vom Hauptziel seiner Gruppe ablenken lassen, das darin besteht, die Bedeutung der Verblendung und die Gesetze ihrer Zerstreuung zu studieren und zu verstehen. Alle telepathischen Vorkommnisse und Erscheinungen sollten schriftlich vermerkt und als praktische Übungen betrachtet, im übrigen aber vorläufig als Nebensache behandelt werden.

Die zurzeit des Vollmondes geleistete Arbeit wird sich besonders durch eine Unmasse von psychischen Erscheinungen auszeichnen. Das ist zu erwarten, da die Dienstleistung dieser Gruppe auf astralem Gebiete liegt. Es bietet sich dabei aber die Gelegenheit zur klugen Anwendung des kritischen Unterscheidungsvermögens. Die Mitglieder sind noch nicht fähig, das Wirkliche vom Unwirklichen zu trennen, und ihre Aufgabe besteht zunächst lediglich darin, alle Beobachtungen zu *notieren*. Es müssen genaue Aufzeichnungen gemacht werden; und bei der Niederschrift vor allem, was erspürt, gesehen oder beobachtet wurde, muß man eine wissenschaftliche Haltung losgelöster Erkenntnis wahren. Wenn diese Aufzeichnungen wie erwartet ausfallen, werden sie als Grundlage für eine spätere Analyse dienen, aus der wir viel Wertvolles lernen dürften.

Was ich über Verblendung zu sagen habe, läßt sich in großen Zügen wie folgt einteilen:

I. Das Wesen der Verblendung.
II. Die Ursachen der Verblendung.
III. Die Zerstreuung der Verblendung.

20] Im weiteren Verlauf werden wir mehr auf Einzelheiten eingehen, aber an dieser Stelle beschränke ich mich auf allgemeine Richtlinien, die dem Thema seinen richtigen Platz im Denken des Lesers anweisen sollen.

Seit langem sind unter sogenannten Okkultisten und Mystikern vier Ausdrücke gang und gebe, nämlich *Verblendung, Illusion, Maja* und außerdem *Hüter der Schwelle.* Sie alle fallen unter denselben allgemeinen Begriff oder einen davon abgeleiteten Unterbegriff. Man hat sie im allgemeinen wie folgt ausgelegt, und dabei handelt es sich nur um teilweise Auslegungen, die wegen der Beschränktheit menschlichen Denkens die tatsächliche Wahrheit ihrem Wesen nach fast verdrehen.

Verblendung ist oft als ein merkwürdiger Versuch der sogenannten „schwarzen Mächte" angesehen worden, um wohlmeinende Aspiranten zu täuschen und irre zu leiten. Manche guten Leute fühlen sich fast geschmeichelt, wenn sie irgendeiner Art von Verblendung „ausgesetzt" sind, und sie bilden sich ein, daß ihr wohldiszipliniertes Benehmen die schwarzen Mächte so interessiert hat, daß diese ihr gutes Werk durch Verblendungswolken zu behindern suchen. Nichts liegt der Wahrheit ferner. Diese Idee ist an sich schon ein Teil der Verblendung unserer Tage, und sie hat ihre Wurzeln in menschlichem Stolz und Selbstgenugtuung.

Maja betrachtet man oft als etwas Ähnliches wie die von der Christlichen Wissenschaft verbreitete Anschauung, daß es überhaupt keine Materie gibt. Man macht uns glauben, daß die gesamte

Erscheinungswelt nur Maja, und ihre Existenz lediglich ein Irrtum sterblichen Denkens ist, eine Art Autosuggestion oder Selbsthypnose. Wenn wir uns diesen Glauben einreden, dann zwingen wir unserem Denken die Überzeugung auf, daß alles Greifbare und Objektive nur ein Hirngespinst menschlicher Phantasie ist. Das ist dann seinerseits wieder eine Verdrehung der Wirklichkeit.

21] *Illusion* wird ganz ähnlich ausgelegt, nur betonen wir (in unserer Definition) die Endlichkeit menschlichen Denkens. Die Welt der Erscheinungen wird nicht geleugnet, aber wir sind der Ansicht, daß konkretes Denken sie mißdeutet, da es sich weigert, sie so zu sehen, wie sie in Wirklichkeit ist. Diese Mißdeutung betrachten wir als Grundlage der Großen Illusion.

Der Hüter der Schwelle gilt gewöhnlich als letzter Prüfstein menschlichen Mutes, als eine Art von riesiger Gedankenform und als etwas, was zerstreut werden muß, ehe es zur Einweihung kommt. Etwas Genaues über diese Gedankenform wissen wenige, aber sie stellen sich darunter so etwas wie eine ungeheure Elementarform vor, die den Zutritt zur heiligen Pforte versperrt, oder auch als eine künstlich geschaffene Form, die gelegentlich vom Meister selbst errichtet wird, um daran die Aufrichtigkeit seines Jüngers zu erproben. Manche betrachten den Hüter als die Gesamtsumme der Fehler eines Menschen, als seine böse Natur, die seine Anerkennung als einer, der zum Betreten des Pfades der Heiligkeit geeignet ist, verhindert. Keine dieser Definitionen gibt jedoch eine wahre Vorstellung von der Wirklichkeit.

An dieser Stelle möchte ich darauf hinweisen, daß (allgemein gesprochen) diese vier Ausdrücke vier Aspekte eines universalen Zustandes sind, der — in Raum und Zeit — das Resultat menschlicher Denktätigkeit ist. Die Denktätigkeit vieler Menschen! Darüber sollte man nachsinnen, denn darin liegt ein Wegweiser zur Wahrheit.

Das Problem der Illusion liegt in der Tatsache, daß es sich dabei um eine Betätigung der Seele und um das Resultat der Denkäußerung aller in Manifestation befindlichen Seelen handelt. Die Seele ist es, die in der Illusion untergetaucht ist, und der es an Klarsicht mangelt, bis sie gelernt hat, ihr Seelenlicht bis ins menschliche Denken und Gehirn hindurchdringen zu lassen.

Das Problem der Verblendung liegt vor, wenn die mentale Illusion durch Wünsche verstärkt wird. Was die Theosophen „KamaManas" nennen, erzeugt Verblendung. Sie ist die Illusion auf der Astralebene.

22] *Das Problem der Maja* ist durchaus das gleiche, nur daß zu dem vorher Genannten noch die intensive Tätigkeit hinzutritt, die dann entsteht, wenn sowohl Verblendung als auch Illusion im ätherischen Bereich wahrgenommen werden. Dann kommt es zu jenem vitalen, gedankenlosen *Gefühlswirrwarr* (ja, Bruder von altersher, das ist der Ausdruck, nach dem ich suche), der für die meisten Menschen anscheinend der Normalzustand ihres Lebens ist.

Der Hüter der Schwelle ist Illusion-Verblendung-Maja, wie sie das physische Gehirn wahrnimmt und als das erkennt, was überwunden werden muß. Er ist die verwirrende Gedankenform, die der Jünger vorfindet, wenn er die seit Urzeiten angehäufte Verblendung zu durchbrechen und seine wahre Heimat in der Stätte des Lichts aufzufinden sucht.

Das sind natürlich Verallgemeinerungen, und auch nur analytische Denkresultate, aber sie dienen dazu, einen Teil des Problems in Worte zu kleiden und dem denkenden Leser eine bestimmte Gedankenform von dem zu vermitteln, was wir später im einzelnen erörtern werden.

Was die Ursache dieser Weltlage anbetrifft, lieber Bruder, so läßt sich schwer etwas sagen, was dem menschlichen Denken sinnvoll erscheint. Die Ursache liegt weit zurück im Bewußtsein der „unvollkommenen Götter". Sagt dieser Ausdruck dem Leser irgend etwas? Nur wenig, fürchte ich. Wir müssen auf ein praktischeres Gebiet hinunter und das Thema nur insoweit betrachten, als es die Menschheit angeht. Planetarische Illusion werden wir später kurz erörtern, aber die augenblickliche Aufgabe des Menschen, zu deren Lösung der Jünger hervorragend beitragen kann, besteht darin,

Einige einleitende Klarstellungen

möglichst viel von der Verblendung zu zerstreuen, in der die Menschheit versunken ist und die im Wassermann-Zeitalter aus dem Astralleben der Rasse nahezu verschwinden wird. An dieser Stelle möchte ich auf die Tatsache hinweisen, daß Meditation und die Technik der Gedankenkontrolle es den Denkern der Welt möglich machen werden, die Befreiung der Welt von ihrer Illusion in Angriff zu nehmen. Daher das zunehmende Interesse an Meditation, in dem Maße wie die Last der Weltverblendung mehr und
23] mehr erkannt wird, und daher die wesentliche Notwendigkeit, die Technik der Gedankenkontrolle richtig zu verstehen.

Ferner sollte beachtet werden, daß die Kristallisierung dieses materiellen Zeitalters die günstige Gelegenheit mit sich bringt, dem planetarischen Hüter der Schwelle einen Todesstoß zu versetzen. Der Druck der heutigen Verhältnisse verursacht ein vertieftes, geistiges Verstehen und eine Umwertung menschlicher Werte; das ist ein Teil des Gesamtvorganges, durch den ein wesentlicher Teil der Weltverblendung zerstreut werden kann — vorausgesetzt, daß alle Menschen guten Willens innerhalb der Weltaura die ihnen zugewiesene Aufgabe weiter verfolgen.

Als der Buddha auf Erden weilte und Erleuchtung errang, „entfesselte" Er durch Verkündung der Vier Edlen Wahrheiten eine Flut von Licht auf das Weltproblem. Seine Jüngerschar und seine neunhundert Arhats formulierten jene vier großen Wahrheiten zu einem Glaubens- und Lehrsystem, das — durch die Kraft gemeinsamen Denkens — in hohem Maße beim Angriff auf die Weltillusion mithalf. Heute ist Christus um die Fortführung derselben großen Aufgabe bemüht, und durch die geistige Bedeutsamkeit Seines bevorstehenden Kommens wird Er mit seinen neuntausend Arhats (symbolisch gesprochen) der Weltverblendung einen zweiten Schlag versetzen. Dem gilt unsere Vorarbeit. Nur durch Intuition läßt sich Illusion zerstreuen und darum ist es notwendig, intuitive Menschen heranzubilden. Dazu kann jedermann dadurch beitragen, daß er sich für diese Schulung zur Verfügung stellt. Wenn ein jeder die Verblendung in seinem eigenen Leben überwinden und auf diese Weise das Wesen der Illusion verstehen lernen kann, dann wird er dazu beitragen,

a. den Hüter der Schwelle zu vernichten,
b. der allgemeinen Maja ihre Lebenskraft zu nehmen,
c. die Verblendung zu zerstreuen,
d. die Illusion zu vertreiben.

24] Das muß jeder in seinem eigenen Leben und in Verbindung mit seiner Gruppe tun. Schließlich wird er in noch größerem Rahmen an der Lösung menschlicher Gesamtprobleme mithelfen. Durch Schärfe des Intellekts und Erleuchtung des Denkens, im Verein mit Liebe und zielbewußtem Streben, läßt sich viel erreichen. Zu diesem Dienst rufe ich hiermit erneut auf.

Für die nächsten Monate möchte ich folgende drei Aufgaben vorschlagen:

1. Man definiere mit eigenen Worten und als Ergebnis einer diesbezüglichen Meditation die vier Ausdrücke, die ich soeben besprochen habe. Ich erwarte eine wirkliche Analyse und nicht bloß vier erklärende Sätze. Ehe ich weiter auf dieses Thema eingehe, möchte ich jedem Einzelnen empfehlen, seine Gedanken in der Weise zu ordnen, daß er zwar Definitionen als Richtschnur benutzt, aber trotzdem das Problem vom eigenen Gesichtspunkte aus darlegt und dabei die Unterschiede zwischen diesen vier Aspekten der Weltverblendung zu erkennen sucht.

2. Man sage täglich mit Sorgfalt und Überlegung ein sehr vertrautes Gebet, das Vaterunser. Es hat viele Bedeutungen, aber die alltägliche und übliche Inhaltsdeutung der christlichen Kirche kommt hier nicht in Frage. Man denke über diese uralte Wahrheitsformel nach und deute sie einzig und allein im Sinne einer Formel zur Zerstreuung der Illusion. Von diesem Gesichtswinkel aus sollte man dann schriftlich an Hand jeder einzelnen Sentenz

darlegen, wie wir sie als sieben Schlüssel zum Geheimnis der Ausmerzung von Verblendung betrachten können. Diese Formel (die im wesentlichen kein Gebet ist), läßt sich wie folgt einteilen:

a. Anruf des Sonnenlogos.
b. Sieben Sätze mit sieben Schlüsseln zur Zerstreuung von Verblendung.
c. Eine abschließende Bejahung der Göttlichkeit.

Die Intuition muß dazu verhelfen, all das mit der Frage der Verblendung in Zusammenhang zu bringen.
25] Die sich daraus ergebenden Aufschlüsse sollten schriftlich niedergelegt werden; sie können uns viel wertvolles Material liefern.

3. Aufzeichnungen über die Meditation zurzeit des Vollmondes müssen aufbewahrt und nach Ablauf von sechs Monaten einer sorgfältigen Analyse unterzogen werden, wobei sich der gemachte Fortschritt feststellen läßt. Diese Analyse ist nach folgenden Gesichtspunkten einzuteilen und die beobachteten Erscheinungen sind in folgender Hinsicht zu kommentieren: In bezug auf

a. irgendeinen wirklichen Kontakt,
b. irgendwelche Farben-Beobachtung oder farbige Erscheinungen,
c. irgendwelche sonstige Erscheinungen, die gespürt, gesehen oder gehört wurden.

Daß wir alle zu größerem Licht und Verstehen fortschreiten, und daß das Licht auf den *steilen Weg* des Jüngers scheinen möge, ist mein Gebet und mein sehnlicher Wunsch für alle.

ERSTER TEIL
DAS WESEN DER VERBLENDUNG

26] Im Vorhergehenden befaßten wir uns mit der Definition gewisser (oft miteinander vertauschter) Wörter, die mit Illusion und Verblendung zu tun haben. Dabei stellten wir Folgendes fest:

1. *Illusion* ist in der Hauptsache eine mentale Eigenschaft und kennzeichnet die Denkgewohnheit von Menschen, die mehr intellektuell als emotional (gefühlsmäßig) eingestellt sind. Der Verblendung im üblichen Sinne sind sie entwachsen. Ihr Fehler liegt im Mißverstehen von Ideen und Gedankenformen, und in irrigen Auslegungen.

2. *Verblendung* ist ihrem Wesen nach astral und zurzeit von erheblich stärkerem Einfluß als Illusion, weil die überwiegende Mehrzahl der Menschen astral eingestellt ist und sich stets von ihren Gefühlen bestimmen läßt.

3. *Maja* ist ihrem Wesen nach vital, und eine Qualität der (ätherischen) Lebenskraft. Sie ist im Grunde die Energie des Menschen, wie sie unter dem subjektiven Einfluß mentaler Illusion oder astraler Verblendung, oder unter dem gemeinsamen Einfluß beider, aktiv in die Erscheinung tritt.

4. *Der Hüter der Schwelle*, obwohl stets vorhanden, tritt erst auf dem Pfade der Jüngerschaft aktiv in die Erscheinung, wenn der Aspirant seiner selbst sowie seines inneren Zustandes okkult gewahr wird, der durch seine eigene Illusion, seine astrale Verblendung und die sein ganzes Leben umgebende Maja verursacht

wurde. In seiner nunmehr abgerundeten Persönlichkeit (und niemand, lieber Bruder, ist ein Jünger, der nicht sowohl mental als auch emotional entwickelt ist — was übereifrige Anfänger oft
27] vergessen) erscheinen diese drei Einflüsse (mit vorwiegender Wirkung in einem oder anderen der Körper) als ein geschlossenes Ganzes, und dieses Ganze nennt man den „Hüter der Schwelle". Er ist in Wirklichkeit eine belebte Gedankenform, in der sich mentale Kraft, astrale Kraft und vitale Energie verkörpern.

Auf dieser Stufe steht der Aspirant deshalb vor dem Problem, zunächst einmal Folgendes zu erlernen:

1. Zwischen diesen drei Aspekten innerer Illusion zu unterscheiden.
2. Herauszufinden, welche Umstände in der Umgebung oder in der eignen Verfassung diese Schwierigkeiten verursachen.
3. Methoden zu entdecken, wie die obwaltenden Verwirrungen und Täuschungen am wirksamsten zu überwinden sind.

Dabei vergesse man nicht, daß diese entstellenden Einflüsse im Innern jedes einzelnen Menschen das Mittel sind, das ihn auf die Verblendung und die Illusion der Außenwelt einschaltet. Bisher haben esoterische Schulen besonders die Ausbildung und Befreiung des einzelnen Aspiranten betont. Sie ist natürlich notwendig, denn die Masse besteht aus Einzelnen; und dadurch, daß sich immer mehr Einzelmenschen aus den Banden dieser inneren Täuschungen befreien, wird am Ende die Klärung der menschlichen Gesamtlage erfolgen. Deshalb ist es notwendig, daß jeder für sich und an sich selbst arbeitet, und daß er lernt, jene Klarheit und Wahrheit in seiner Umgebung zu schaffen, die den uralten Rhythmus und tief eingefleischte Gewohnheit überwinden und damit die Aura zunehmend reinigen werden. Das muß aber jetzt *gruppenweise* geschehen, und meine jetzige Lehrgruppe ist eine der ersten, die exoterisch im Neuen Zeitalter mitzuarbeiten bestimmt ist. Durch die

Tätigkeit solcher Gruppen wird die Weltverblendung zerstreut
28] werden, aber vorerst muß der Aspirant lernen, mit individueller und mit Gruppenverblendung umzugehen. Folgende drei Punkte müssen im Auge behalten werden. Meine Belehrung dieser Gruppe kann ich in kurze und technische Worte fassen, denn meine Zeit ist knapp, und die einzelnen Mitglieder besitzen hinreichende technische Kenntnisse, um das zu verstehen, wovon ich spreche.

Erstens: Die vereinigten Auras der Gruppenmitglieder bestimmen jederzeit den Gruppenzustand, die Aktivität und Verwendbarkeit der Gruppe, ihr Problem und ihre Verblendung. Daraus erhellt die Gruppenverantwortung und Verwendbarkeit des einzelnen. Entweder hindert er die Gruppe oder er fördert sie, je nach der Beschaffenheit seiner Aura, die sich entweder in einem Zustand von Verblendung oder Illusion befindet, oder die davon relativ frei ist.

Zweitens: Der Einzelne muß zunächst einmal sein eigenes Sonderproblem feststellen. In persönlichen Unterweisungen werde ich in diesem Zusammenhange jedem Mitglied andeuten, nach welcher Richtung er besonders neigt, und ob es Verblendung, Illusion oder Maja ist, der er gewöhnlich am ehesten unterliegt. Dabei werde ich keine Umschweife machen, denn ich habe die Aufrichtigkeit des Einzelnen erprobt und glaube, daß er bereit ist, die Wahrheit zu hören. Sobald jeder sich über die besondere Natur seines eigenen Problems klar geworden ist, kann er mit Entschlossenheit auf dessen Lösung hinarbeiten — mit Entschlossenheit, liebe Brüder, und ohne Eile, aber mit der nötigen Sorgfalt und Vorsicht, und mit rechtem Verständnis.

Drittens muß man verstehen, daß ich durch Beobachtung des einzelnen Mitgliedes gleichzeitig die Qualität der ganzen Gruppe ermessen kann. Das Maß von innerem Licht, das hindurchscheinen und seine Gegenwart in den verschiedenen Auras bemerkbar machen kann, ist mir ersichtlich, und es zeigt mir die Stärke und Wirksamkeit, sowie die Durchschlagskraft an, mit der der Einzelne die Gruppe beeinflußt, denn positive Auras unterwerfen die negati-

ven. Erforderlich ist eine Kombination von positiven Auras, die sich der Gruppenarbeit unterzuordnen gewillt sind. In dem Maße,
29] wie wir gegen Illusion Front machen und uns von ihrem Einfluß befreien, und wie wir die astrale Verblendung zerstreuen, in der alle mehr oder weniger befangen sind, wird unser Leben an Freiheit und Nützlichkeit zunehmen. Wenn die Maja irreführender Energieströmungen den Einzelnen nicht mehr zu unerwünschter Tätigkeit hinreißt, wird das innere Licht mit größerer Klarheit hervorstrahlen. Dann wird sich langsam aber sicher auch der Hüter der Schwelle in Nichts auflösen und den Weg zur Pforte der Einweihung frei und ungehindert lassen.

Stark *mentale* Typen unterliegen der Illusion. Sie ist in Wirklichkeit ein Zustand, in dem der Aspirant ganz deutlich beherrscht wird von:

1. Einer Gedankenform, die so mächtig ist, daß sie zweierlei bewirkt:

    a. Sie beherrscht die Lebenstätigkeit oder Wesensäußerung.
    b. Sie schaltet den Aspiranten auf die Masse der Gedankenformen ein, die ähnlich geartet sind und die von anderen unter dem Banne einer ähnlichen Illusion geschaffen werden.

Dies erzeugt im schlimmsten Falle Geisteskrankheit oder Zwangsvorstellungen, aber als weniger gefährliche und normale Erscheinung den Fanatiker. Der Fanatiker ist gewöhnlich — auch wenn er selbst es nicht weiß — ein verwirrter Mensch; er steht im Banne irgendeiner mächtigen Idee, findet aber durchaus keine Möglichkeit, sie in den Gesamtrahmen des Weltbildes einzufügen, oder jene notwendigen und oft göttlich verordneten Kompromisse zu schließen, die der Menschheit wirklich helfen würden, oder das in Raum und Zeit zu verwirklichen, wozu seine natürlichen Anlagen ihn befähigen.

Das Wesen der Verblendung 45

2. Beim hochentwickelten Menschen gruppiert sich die mentale Illusion oft um eine bestimmte Intuition, und diese Intuition verdichtet sich in seinem Denken, bis sie so wirklich erscheint, daß der Betreffende das, was für die Welt getan werden sollte, so klar erschaut, daß er fanatisch all seine Zeit darauf ver-
30] wendet, auch anderen seine Vision aufzuzwingen. So verrinnt sein Leben auf den Flügeln der Illusion, und seine Inkarnation ist verhältnismäßig wertlos. In einigen seltenen Fällen erzeugt solch eine Verbindung von Intuition und mentaler Tätigkeit ein Genie auf irgendeinem Gebiet, aber dann handelt es sich nicht um Illusion, sondern um klares Denken und gründliche Ausbildung in dem betreffenden Fach oder Unternehmen.

3. Menschen von schwächerem und mehr durchschnittlichem, mentalen Gepräge fallen dem allgemeinen Illusionsbereich und der Massenillusion zum Opfer. Die Mentalebene manifestiert eine gewisse Entstellung, die anders geartet ist, als die der astralen oder der ätherischen Ebene. Die sich entwickelnde Fähigkeit, kritisch zu unterscheiden, hat schärfere Abgrenzungslinien erzeugt, und anstelle der dichten Nebelschwaden der Astralebene oder der Energiestrudel und -strömungen der ätherischen Ebene finden wir auf der Mentalebene Massen von scharfumrissenen Gedankenformen von besonderer Qualität, Note und Schwingung; und um sie herum geringere Gedankenformen, geschaffen von denen, die auf jene Formen und deren Note, Qualität und Schwingung reagieren. Dabei lassen sich vorhandene Ähnlichkeiten erkennen, die den mächtigeren Gedankenformen als Leitungswege dienen. Uralte Theologien im modernen Gewande, starre Formulierungen von Halbwahrheiten, wilde Gedankenphantasien verschiedener Weltgruppen und viele ähnliche Quellen haben — seit grauer Vorzeit — die Welt der Illusion und die Denkgewohnheiten geschaffen, welche die Menschheit in falschen Begriffen und Gedanken gefangen gehalten haben. So zahlreich sind diese Illusionen und die von ihnen erzeugten Gedanken, daß sie in der heutigen

Welt eine allgemeine Spaltung der menschlichen Rasse hervorgerufen haben, eine Spaltung in verschiedene Gedankenrichtungen (in der Philosophie, Wissenschaft, Religion, Soziologie usw. usw.), in mancherlei Parteien und Gruppen mit ähnlichen Ideen, in Gruppen von Idealisten, die einander wegen ihrer Vorliebe für bestimmte Ansichten bekämpfen, und in Zehntausende, die am Denken einer
31] Gruppe teilnehmen.Sie erzeugen die heutige Weltliteratur und bestimmen dadurch die Tendenz der öffentlichen Redner; sie inspirieren die leitenden Persönlichkeiten der Welt und sind für die heutigen Massenexperimente auf dem Gebiet der Regierung, der Erziehung und der Religion verantwortlich, die so viel Beunruhigung und demzufolge soviel Illusion in der Welt verursachen.

Was wir zurzeit brauchen, sind Denker, die sich in jener mentalen Einstellung und Unbeirrtheit schulen, die die Gefahr negativer Empfänglichkeit ausschaltet und zur gleichen Zeit auf die höhere, intuitive, Inspiration reagiert. *Es werden vermittelnde Ausleger von Ideen gebraucht, aber keine Medien.*

Emotionale Menschen reagieren mit Leichtigkeit auf die Weltverblendung und auf die individuelle Verblendung, die sie selbst ererbt oder herbeigeführt haben. Die große Masse ist rein emotional mit gelegentlichen Aufblitzen wirklich mentalen Verstehens — sehr gelegentlichen, lieber Bruder, denn meist ist davon absolut nichts zu spüren. Verblendung läßt sich mit Dunst oder Nebel vergleichen, in dem der Aspirant einhergeht, der alles, was er sieht und berührt, verzerrt und ihn daran hindert, jemals das Leben in seiner wahren Gestalt zu sehen oder die ihn umgebenden Umstände ihrem wirklichen Wesen nach zu erkennen. Wenn ein Aspirant einigermaßen fortgeschritten ist, so ist er sich der Verblendung gewahr, und gelegentlich sieht er blitzartig die Richtung, in der für ihn die Wahrheit liegen dürfte. Bald aber senkt sich wiederum der Verblendungsnebel um ihn herum und beraubt ihn der Fähigkeit, sich zu befreien oder irgendetwas Konstruktives zu unternehmen. Sein Problem verschärft sich weiterhin dadurch, daß er darunter leidet und mit sich selbst äußerst unzufrieden wird. Er wandert

stets im Nebel und sieht nichts, wie es wirklich ist. Er läßt sich von der Erscheinung täuschen und vergißt das, was die Erscheinung verschleiert. Die astralen Ausstrahlungen, auf die jeder Mensch re-
32] agiert, umgeben ihn ständig von allen Seiten, und durch diesen Dunst und Nebel hindurch sieht er auf eine verzerrte Welt. Diese Reaktionen bilden die ihn umgebende Aura, und sie vermischen und vereinigen sich mit der Weltverblendung und dem Weltnebel; sie gehören zu den Ansteckungsstoffen und zu den ungesunden Emanationen, für die die Menschenmassen seit Jahrmillionen verantwortlich sind.

An dieser Stelle möchte ich erwähnen, daß in den Zeiten von Lemuria Verblendung und Illusion vom menschlichen Standpunkte aus verhältnismäßig unbekannt waren. Der damalige Mensch reagierte nicht mental und in nur ganz geringem Maße emotional auf seine Umgebung. Er war im großen Ganzen nur ein instinktbegabtes Tier. Verblendung entstand erst in den Tagen von Atlantis, und ihr Niederschlag hat sich seitdem ständig vermehrt, so sehr, daß die Menschheit heute vom Gesichtspunkt der sie beobachtenden Hierarchie aus in dichten und stets wechselnden Strömungen zu wandeln scheint, die verhüllen und verzerren und die Menschensöhne umbranden, so daß sie das LICHT nicht sehen können, wie es ist. Dies fällt um so mehr auf, da doch die anderen Naturreiche von Verblendung und Illusion relativ frei sind. In unserer Rasse, der arischen, gewinnt die Weltillusion an Gewicht und taucht langsam im Erkenntnisbereich menschlichen Bewußtseins auf. Darin liegt wirklicher Fortschritt, denn was einmal erkannt ist, kann vernünftig behandelt werden, sofern ein Wille dazu vorhanden ist. Heute ist Illusion so mächtig, daß nur wenige Menschen, deren Denkkraft einigermaßen entwickelt ist, nicht von diesen weitverbreiteten, illusorischen Gedankenformen beherrscht werden, die ihre Wurzeln und Lebensquelle im niederen Persönlichkeitsleben und in der Wunschnatur der Menschenmassen haben. Interessant ist dabei im Zusammenhang mit unserer arischen Rasse die bereits bekannte Feststellung, daß diese Gedankenformen ihre

Lebenskraft auch aus dem *Reiche der Ideen* schöpfen, daß aber diese Ideen intuitiv falsch aufgefaßt und menschlich-egoistischen Zielen unterwürfig gemacht wurden. Ihre Formen wurden durch die stets wachsende Schöpfungskraft der Menschheit zur Wirksamkeit gebracht, und durch die einschränkende und verzerrende Macht **33]** der Sprache wurden sie menschlichen Wünschen untergeordnet. Der Niederschlag von Illusion verstärkt sich außerdem mehr, als das ohnehin der Fall wäre, durch das hingebende Bestreben vieler Idealisten, diese verzerrten Gedankenformen den Mentalkörpern der Masse aufzuzwingen. Dies bedeutet eines der Hauptprobleme, mit denen die Hierarchie sich heute beschäftigen muß; ebenso ist es einer der wichtigsten Faktoren, die ein Meister in bezug auf einen Aspiranten oder Jünger in Betracht zu ziehen hat.

Wie wir bereits festgestellt haben, ist Verblendung älteren Datums, denn sie tauchte früher auf als die Illusion. Verblendung hat nur geringen mentalen Gehalt, und sie beherrscht die Mehrzahl der Menschen. Das Ziel aller Ausbildung auf dem Pfade der Jüngerschaft und hinauf bis zur dritten Einweihung liegt im Erwecken jener klaren Denkkraft, die den Jünger von der Illusion befreien und ihm jene emotionale Stetigkeit und jenes Gleichgewicht geben soll, die den Einfluß jeder Art von Weltverblendung ausschließen. Diese Befreiung wird möglich, wenn ein Aspirant mit keiner persönlichen Verblendung mehr behaftet ist, und wenn er nicht mehr absichtlich und aus freien Stücken auf die bestimmenden Einflüsse reagiert, die von altersher Verblendung hervorgerufen haben. Mit diesen Einflüssen werden wir uns später befassen.

Maja ist das Ergebnis des Zusammentreffens von Verblendung und Illusion. Wenn sie vorhanden ist, handelt es sich um eine abgeschlossene Persönlichkeit und damit um die Fähigkeit, sich sowohl auf mentale Illusion als auch astrale Verblendung einzuschalten. Wenn das der Fall ist, steht der Jünger vor einem der größten Probleme in der Welt. Seine Hauptschwierigkeit liegt in der Tatsache, daß das Kampfgebiet seines Lebens alle Aspekte seiner Natur umfaßt. Der ganze Mensch wird in Anspruch genommen. Im technischen Sinne sollte das Wort MAJA nur in zwei Fällen benutzt werden:

1. In bezug auf die vereinte Verblendung und Illusion, auf die ein Mensch reagiert, der eine abgeschlossene Persönlichkeit ist.
34] 2. Im Zusammenhang mit den Begrenzungen des planetarischen Logos unseres Planeten.

Obige Bemerkungen enthalten viel Stoff zum Nachdenken — nicht nur im Hinblick auf die persönlichen Probleme (denn jeder Einzelne unterliegt diesen Bedingungen), sondern auch weil ich darin das Wesen der Verblendung angedeutet habe. Das Wort wird in allen esoterischen Büchern und Lehrgängen zur Bezeichnung von Zuständen benutzt, die sich im einzelnen unter den Begriffen Maja, Illusion und eigentlicher Verblendung differenzieren lassen. Später werde ich einige Lehren über die Ursachen von Verblendung und über die Methoden ihrer Zerstreuung bekanntgeben. Für den Augenblick habe ich jedoch genug gesagt, denn es ist mein Wunsch, daß der Schüler während der nächsten Monate über diese Ideen nachsinnt und dadurch etwas mehr über die tiefere Bedeutung dieser ihm anscheinend so geläufigen Worte ergründet. Wenn er sich selbst und sein Alltagsleben kritisch beobachtet, dann wird ihm der Unterschied zwischen Verblendung, Illusion und Maja klar werden. Dabei muß er versuchen, die Form zu entdecken, die sein individueller Hüter der Schwelle annehmen dürfte, wenn er ihm entgegentritt; und wer dasselbe in bezug auf die Mitbrüder der Gruppe und die unmittelbaren Bedürfnisse der Welt tut, der beschleunigt damit die eigene astrale Klärung und mentale Befreiung.

Diese Anweisungen empfehle ich mit besonderer Sorgfalt durchzustudieren, denn ich nehme mir die Zeit und Mühe in diesen geschäftigen Tagen, dem Bedürfnis des Schülers zu entsprechen und ihm soviel Licht zu bringen, wie das ohne Übergriff auf seinen freien Willen möglich ist; und ich möchte ihm helfen, sich für seinen Dienst freie Bahn zu schaffen.

Es empfiehlt sich außerdem, das vielfach mißverstandene Thema der Aura einer eingehenden Untersuchung zu unterziehen; man sollte heraussuchen, was darüber in meinen Büchern und in den Schriften steht, die in jeder guten, okkulten Bibliothek zu finden sind. Dabei sollten nicht einfach Paragraphen abgeschrieben werden, vielmehr sollte jeder sein Wissen so klar formulieren, daß er
35] alle etwa auftauchenden Fragen klar beantworten könnte. Folgende drei Fragen sind grundsätzlich:

1. Was ist die Aura und wie entsteht sie?
2. Wie kann die Aura zum Vermittler von Licht gemacht werden und wie kann das Licht, das durch die Aura scheinen sollte, verstärkt werden?
3. Hat der Schüler festgestellt, welche Wirkung die eigene Aura auf die Umgebung ausübt und wie diese Wirkung verbessert werden könnte?

Auf diese Weise läßt sich das, was ich zu lehren versuche, praktisch anwenden. In diesem Zusammenhang darf man nicht vergessen, daß jeder, der die Welt und seine eigene Umgebung betrachtet, dabei durch die eigene Aura hindurchschaut und deshalb mit Verblendung und Illusion zu rechnen hat.

Drei weitere Fragen könnte man sich vorlegen und im Lichte der eigenen Seele betrachten:

1. Leide ich hauptsächlich unter Verblendung oder unter Illusion?
2. Weiß ich, welche Qualität oder Charaktereigenschaft meines Wesens mich leicht dazu verleitet, mich auf Weltverblendung oder Weltillusion einzuschalten?
3. Bin ich so weit, daß ich meinen besonderen Hüter der Schwelle erkennen kann, und weiß ich, welche Gestalt er annimmt?

Daß jedermann individuell und auch im Rahmen einer Gruppe die Bedeutung wahrer Selbsterkenntnis erlernen und dadurch im geistigen Sein verharren möge, daß er immer freier werde von Verblendung und Illusion, ist das Gebet eines Freundes und Bruders, der seinen Weg zu einem größeren Maß von Licht hindurchgefochten hat...

36] Während der letzten sechs Monate haben vier Mitglieder meiner Schülergruppe in ihrem eigenen Leben mit Verblendung zu kämpfen gehabt, und meistenteils sind sie dabei erfolgreich gewesen. Ich erwähne das deshalb, weil man in einer Versuchsgruppe, wie dieser, mit so etwas rechnen muß; ein solches Ringen wird sich natürlicherweise ergeben, weil nur das, was man durch praktischen Versuch erfahren hat, zur wahren Erkenntnisausrüstung eines Jüngers zählt. Früher erwähnte ich bereits die Tatsache, daß der Plan der Hierarchie u. a. die Aufstellung kleiner Gruppen wie dieser umfaßt, mit der bestimmten Aufgabe, als wirksames Mittel zu dienen, um die — heute so mächtig und tiefverwurzelte — Weltverblendung zerstreuen zu können.

Die Zeit ist noch nicht reif zu einem umfassenden Angriff auf die Weltillusion, denn die Menschenrasse ist noch nicht hinreichend mental eingestellt und die Illusion (die, wie gesagt, das Resultat falsch ausgelegter Ideen ist) hat noch nicht ihren Höhepunkt erreicht. Andererseits *hat* die Stunde geschlagen, in der die ersten Schritte zur Zerstreuung der Verblendung unternommen werden müssen, und ihr beherrschender Einfluß auf die Menschheit sollte sich in Zukunft merklich verringern. Daher die praktische Ausbildung, die dieser Gruppe jetzt im eigenen Leben erteilt wird; daher auch die für diese Gruppe später vorgesehenen Anweisungen (wenn sie sich der gebotenen Gelegenheit gewachsen erweist), die sie zur Mithilfe am geplanten Großangriff auf die Weltverblendung befähigen sollen. Jeder muß deshalb seine persönlichen Probleme in diesem Sinne anpacken, liebe Brüder, denn dadurch erlangt man immer besser die Fähigkeit zu kritischem Urteil, klarem und präzisem Handeln und sicherem Verstehen.

Die Wirksamkeit unseres Bemühens, die Verblendung zu zerstreuen, hängt wesentlich von der Erkenntnis der Notwendigkeit ab, daß man dabei der Seelenenergie lediglich als Durchlaß dienen muß. Wenn der Jünger die richtige Gleichschaltung und dann den Kontakt mit seiner Seele bewirken kann, so führt das zu *mehr Licht*. Dieses Licht strömt hernieder und durchstrahlt nicht nur das Denken, sondern auch das Gehirnbewußtsein. Er sieht die Lage 37] klarer: er erkennt die gegebenen Tatsachen im Gegensatz zu seinen „bloßen Einbildungen", und so „scheint Licht auf seinem Wege". Noch ist er nicht fähig, in den größeren Bewußtseinsbereichen klar und genau zu sehen; noch ist er gebunden durch Gruppenverblendung und natürlich auch durch das ihn verwirrende Mysterium der Weltverblendung, aber seine eigene, unmittelbare Lebensaufgabe erscheint allmählich klarer, und er ist nun verhältnismäßig frei von Krankheitskeimen, die sein Gefühlsleben seit altersher verwirrten. Gleichschaltung, Fühlungnahme mit seiner Seele und dann Beharrlichkeit, das sind die Schlüssel zu seinem Erfolge.

Daraus erhellt, daß kleine Gruppen wie diese, wenn sie erst einmal in verschiedenen Ländern und Städten existieren und in ihrer persönlichen Betätigung Erfolg haben, eine höchst nützliche Rolle spielen könnten. Solche Gruppen müssen sich nach zwei Seiten hin bemühen. Sie werden mit Gruppenverblendung zu kämpfen haben, die sich unvermeidlich in das Leben der Gruppe durch die einzelnen Mitglieder einschleicht. Ihre vereinigten, persönlichen Verblendungen öffnen der Gruppenverblendung die Tür. Ein Beispiel hierfür ergab sich in dieser Gruppe, als durch L.T.S.-K. Verblendung hineingebracht wurde und dann I.B.S. in ihren Wirbel zog. Glücklicherweise wurde sie überwunden; alle wurden dadurch sogar bereichert und einiger infolge der starken Liebe, in der die anderen Gruppenmitglieder verharrten. Ich möchte L.T.S.-K. und I.B.S. daran erinnern, wieviel sie der Liebe ihrer Brüder zu verdanken haben. Die Liebe der Gruppe schützte sie. I.B.S. hat lange gebraucht, um sich von gewissen Aspekten der Verblendung freizumachen. L.T.S.-K. ist ebenfalls freier als vorher, muß aber noch viel an sich arbeiten. Drittstrahligen Menschen fällt es stets schwer, die Intuition zu pflegen. Die *anscheinend* tiefe Weisheit der mani-

pulierenden und Umwege machenden Wissenschaft der der Materie innewohnenden Intelligenz verhindert oft das Einströmen der wahren Weisheit des erleuchteten Denkvermögens. Vor sechs Monaten hielt ich es noch für unwahrscheinlich, daß L.T.S.-K. sich
38] von seiner gewohnheitsmäßigen Verblendung freimachen könnte. Heute scheint etwas mehr Licht auf seinem Wege, und wenn er sich auch weiterhin von den selbsterzeugten Gedankenformen befreit, erreicht er vielleicht die nötige Stufe.

Wenn Gruppenverblendung einigermaßen zerstreut und die Gruppe in der Lage ist, sich frei auf dem „erleuchteten Pfade" zu bewegen, dann kommt die Zeit, sie in *Gruppen-Gleichschaltung, Gruppen-Kontakt und Gruppen-Beharrlichkeit* auszubilden. Dann kann sie mit der Aufgabe beginnen, entschieden und wissenschaftlich gegen Weltverblendung vorzugehen. Es dürfte diese besondere Gruppe interessieren, wenn ich sie daran erinnere, daß sich derzeit gewisse Mitglieder der Neuen Gruppe der Weltdiener gerade auch damit befassen. Dadurch, daß gewisse grundlegende Ideen wie guter Wille und gegenseitige Abhängigkeit in der Welt betont werden, geschieht schon viel, um die Verblendung zu zerstreuen, in der die Menschen dieser Welt einhergehen. Es ist nicht die Aufgabe eines jeden Dieners, sich an dem jetzt in die Wege geleiteten Massenangriff auf die Weltverblendung zu beteiligen. Jeder muß sich mit der Verblendung in seinem eigenen, persönlichen Leben befassen, im übrigen sind aber die Funktionen und Betätigungen verschieden. Meine jetzige Sondergruppe muß sich zu geschulten Beobachtern ausbilden, und diese Ausbildung nimmt viel Zeit in Anspruch. Im Augenblick merken viele Mitglieder noch gar nicht, wenn ihnen Verblendung begegnet und sie umhüllt. Nur an ihren Wirkungen erkennen sie sie schließlich in ihrer wahren Gestalt. Mit der Zeit muß aber die Beobachtung so geschärft werden, daß Verblendung ihrem wahren Wesen nach erkannt wird, ehe sie den Einzelnen überschwemmt und in Zustände verwickelt, die ihn später fragen lassen: „Warum ließ ich mich verblenden? Warum ließ ich mich so irreführen?"

An dieser Stelle beabsichtige ich zweierlei: Ich möchte diese kurze Abhandlung über Verblendung etwas eingehender erörtern, damit unsere Ideen klar formuliert und in einem Lehrbuch für künftige Bezugnahme zusammengefaßt werden, das dieser und ähnlichen 39] Gruppen als Leitfaden für korrekte Betätigung dienen soll. Zweitens möchte ich von dem bisher Gesagten einiges zusammenfassen, um damit das Verstehen der verschiedenen Phasen der Weltverblendung zu vertiefen. Das analytische Denken muß diese Weltverblendung in voneinander getrennte Phasen zergliedern, nämlich in Illusion, Verblendung und Maja, und dazu kommt jene synthetische Gedankenform auf dem Pfade der Jüngerschaft, die von einigen esoterischen Schulen als Hüter der Schwelle bezeichnet wird.

Es ist demnach klar, liebe Brüder, daß wir uns ein umfassendes Thema vorgenommen haben, das sehr sorgfältig behandelt werden muß. Meine Aufgabe ist schwierig, weil ich für jene schreibe, die noch in den verschiedenen Aspekten der Verblendung (und gewöhnlich auch in ihren Nebenerscheinungen und in Maja) befangen sind. Die Illusion ist noch nicht ganz in Erscheinung getreten, und des Hüters ist man sich selten hinreichend gewahr. Hier möchte ich an eine bemerkenswerte okkulte Tatsache erinnern, die zu verstehen man sich bemühen sollte. Der Hüter der Schwelle taucht aus den Nebeln der Illusion und der Verblendung erst dann auf, wenn der Jünger sich den Toren des Lebens nähert. Erst wenn er gelegentlich einen schwachen Schimmer der Einweihungspforte sehen und hin und wieder ein Aufblitzen des Lichtes wahrnehmen kann, das vom Engel der Gegenwärtigkeit kommt, der neben jener Pforte wartet, erst dann kann der Jünger das Problem des *Dualitätsprinzips* in Angriff nehmen, das für ihn im Hüter und im Engel verkörpert ist. Versteht der Leser, wovon ich spreche? Noch deuten meine Worte symbolisch auf einen Zustand und eine Begebenheit hin, die in der Zukunft liegen. Es wird aber bestimmt der Tag kommen, wenn der Jünger in vollem Gewahrsein zwischen diesen Symbolen der Gegensatzpaare steht, den Engel zur Rechten und den Hüter zur Linken. Möge ihm dann die Kraft zuteil werden, schnurgerade

Das Wesen der Verblendung

vorzudringen zwischen diesen beiden Gegnern hindurch, die sich seit altersher in seinem Leben bekämpft haben; und möge er so in
40] jene Gegenwärtigkeit eingehen, in der die beiden als eins erscheinen und wo nur Leben und Göttlichkeit erkennbar ist.

Von dem, was ich über die vier Aspekte der Verblendung gesagt habe, möchte ich einiges in nachfolgender Tabelle zusammenfassen, deren sorgfältige Betrachtung ich empfehle.

Notiz:
1. Zu Zeiten von Lemuria dämmerte ein Gefühl für *Maja* auf, aber es gab keine wirkliche Verblendung und Illusion.
2. *Verblendung* tauchte in der Frühzeit von Atlantis auf.
3. *Illusion* entstand unter den fortgeschrittenen Menschen der späteren Atlantis, und sie wird in unserer arischen Rasse zu vorherrschendem Einfluß gelangen.
4. Der *Hüter der Schwelle* kommt am Ende dieser Rasse, der arischen, zu voller Macht, und ebenso im Leben aller Eingeweihten, bevor sie die dritte Einweihung beenden.
5. Die untermenschlichen Naturreiche sind frei von Verblendung und Illusion, aber in der Weltmaja versunken.
6. Buddha und seine 900 Arhats versetzten der Weltverblendung den ersten Schlag, als Er Seine Vier Edlen Wahrheiten verkündete. Christus führte den zweiten Schlag mit Seiner Lehre vom Wesen persönlicher Verantwortung und Bruderschaft. Der nächste Schlag ist der Neuen Gruppe der Weltdiener vorbehalten, die unter Leitung von Christus und Seinen Jüngern wirken, symbolisch beschrieben als „Christus und Seine 9000 Eingeweihten."
7. Die Vier Schlüssel zur Lösung der Verblendungsprobleme sind:

Intuition . . . . Erleuchtung . . . . Inspiration
 . . . . Der Engel der Gegenwärtigkeit.

ASPEKTE DER VERBLENDUNG

Name	Ebene	Gegensatz	Ziel	Kampfgebiet	Technik
Illusion	Mentalebene	Intuition Geistige Wahrnehmung	Verscheuchung	Pfad der Einweihung Ideenwelt	Kontemplation seitens der Seele
Verblendung	Astralebene	Erleuchtung Durchsichtigkeit Vision	Zerstreuung	Pfad der Jüngerschaft	Meditation Das Denken verharrt stetig im Licht
Maja	Ätherische Ebene	Inspiration	Entzug von Lebenskraft	Probepfad Läuterung	Okkultismus Handhabung von Kräften
Hüter der Schwelle	Physisches Gehirnbewußtsein	Engel der Gegenwärtigkeit	Kritische Unterscheidung	Integrierte Persönlichkeit	Einswerdung Ende der Dualität

42] Ich möchte auf die Tatsache hinweisen, daß das ganze Problem mit der richtigen oder falschen Anwendung von Kraft oder Energie zu tun hat. Dieser Gedanke wird uns viel klarer werden, wenn wir dreierlei verstehen:

1. Daß der Durchschnittsmensch im alltäglichen Leben und der Aspirant auf dem Probe- oder Läuterungspfade mit den Kräften des Lebens auf den drei Ebenen menschlichen Bemühens arbeitet, und außerdem mit dem Prinzip des Lebens selbst.
2. Daß der Jünger zwischen Kräften und Energie zu unterscheiden beginnt. Auf dem Pfade der Jüngerschaft beginnt er mit Seelenenergie zu arbeiten, die schließlich die Kräfte beherrscht.
3. Daß der Eingeweihte auf dem Pfade der Einweihung mit Energie arbeitet, und daß er zwischen der Energie des Lebens, den Seelenenergien und den Kräften der Erscheinungswelt zu unterscheiden lernt.

Weiterhin sollte betont werden, daß das Wesen dieser Kräfte und Energien sowie ihre Anwendung und Kontrolle jederzeit in vollem Bewußtsein auf der physischen Ebene erkannt und manifestiert werden müssen. Theorie muß zur Tatsache werden, und die Kämpfe, welche auf den feineren Höhenlagen der Astral- und der Mentalebene stattfinden, *müssen* im Gehirnbewußtsein erkannt werden. Dort finden sie praktische Anwendung. Soweit diese Wahrnehmungen und inneren Aktivitäten sich im Leben des Jüngers praktisch auswirken, und er ihre Folgen in seinem Wachbewußtsein klar begreift, bilden sie mit der Zeit einen Teil seiner *Wesensausrüstung*. In Wirklichkeit verarbeitet er seine Erfahrung in den drei Welten zu einer Synthese, und durch bewußte Meisterung wird er zum Meister. Er erfaßt die Tatsache, daß alle Erscheinungen und alles Geschehen auf den Kreislauf und die ständige Umwandlung von Kraft zurückzuführen sind. Er entdeckt dann, wie diese Kräfte in seiner eigenen Erfahrung und in seinem eigenen Wesen aufein-
43] ander einwirken und erfaßt damit die grundlegende Tatsache,

daß nur die Kräfte, die er selbst in seinem eigenen Leben anzuwenden und zu meistern versteht, durch ihn bei seiner Gruppentätigkeit und beim Zerstreuen der Weltverblendung zur Verwendung kommen können. Zur Erläuterung ließe sich das wie folgt ausdrücken:

1. Durch Gleichschaltung und darauffolgenden Kontakt wird die Intuition hervorgerufen, erweckt und angewandt. Sie ist das große Werkzeug zur Verjagung (der Illusion) und strömt von der Ebene der Intuition (Buddhi) durch die Seele und das Gehirn zum Herzen des Jüngers hernieder.
2. Durch Gleichschaltung und darauffolgenden Kontakt wird die Energie der Seele hervorgerufen, erweckt und angewandt. Sie ist das große Werkzeug der Zerstreuung (der Verblendung) und strömt aus dem Bereich der Seele (den höheren Stufen der Mentalebene) durch das Denkprinzip zum Gehirn des Jüngers hinab; dadurch bringt sie der Astralebene Erleuchtung.
3. Diese beiden Arten von geistiger Energie wirken verschieden auf die Kräfte der Persönlichkeit ein; der Jünger muß bei seiner Tätigkeit auf der physischen Ebene den Zweck und die Aktivität dieser beiden Energiearten in seinem Gehirnbewußtsein klar erkennen.
4. Dann und nur dann kann das Licht der Intuition und das Licht der Seele durch das bewußte Bemühen und durch den dynamischen, intelligenten Willen des dienenden Jüngers auf die Astralebene zurückstrahlen. Diese Punkte sollten durchdacht werden, denn sie sind Wegweiser zu künftigem Dienst ....

Damit habe ich einigermaßen unsere Ideen eingeordnet und den Plan umrissen, nach dem wir dieses Thema in Angriff nehmen können. Ich formulierte gewisse Grundbegriffe und skizzierte das Thema in seiner Gesamtheit. (Siehe Inhaltsverzeichnis) Heute wollen wir mit der eigentlichen Besprechung beginnen. Es ist, wie gesagt, nicht meine Absicht, eine lange und gewichtige Abhandlung über dieses Thema zu schreiben. Die diesen Jüngergruppen erteilten Unterweisungen werden zu Büchern zusammengestellt werden, die weniger umfangreich sein sollten, als die Abhandlungen über *Kosmisches Feuer* und *Weiße Magie*. Sie werden eine Reihe von verhältnismäßig kurzen Bänden ausmachen, die ihr Material in gedrängter Form und ohne jede Weitläufigkeit darbieten.

Vor allem, liebe Brüder, müssen diese Anweisungen einen ganz bestimmten, praktischen Wert haben und dem Schüler die Gewißheit verschaffen, daß er die subtile Welt der Gedankenströme und der Kräfte seines Lebensraumes besser versteht; und daß er die anzuwendenden Mittel und die Methode kennt, wie er seinen Weg von Dunkelheit und Verwirrung befreien und zu Licht und Harmonie gelangen kann. Außerdem muß unser Studium sich den jeweiligen Verhältnissen anpassen. Der Leser muß verstehen, daß er die Wahrheit nur dann unterscheiden und die für ihn ganz besonders wichtigen Aspekte der Lehre nur dann aussondern kann, wenn er das, was auf ihn zutrifft und ihm helfen könnte, auch wirklich *anwendet,* und wenn er sich darüber klar wird, ob er das Opfer von Illusion oder Verblendung ist. Im letzten Grunde muß er wissen, wo er steht, ehe er das Nötige tun kann, um einen Schritt weiter zu kommen. Der Jünger ist das Opfer und — wir wollen hoffen — auch der Zerstreuer sowohl von Illusion als auch von Verblendung; und das erklärt die Mannigfaltigkeit seines Problems und den subtilen Charakter seiner Schwierigkeiten. Auch sollte er wissen (und daraus Kraft und Ermutigung schöpfen), daß jedes bißchen Verblendung, das er zerstreut, und jede Illusion, die er erkennt und überwindet, den Weg freimacht für diejenigen, die nach ihm kommen, und seinen Mitjüngern den Pfad ebnet. Das ist der Große Dienst, im eigentlichen Sinne, und darauf möchte ich aufmerksam machen. Deshalb versuche ich, diesen Gesichtspunkt in diesen Anweisungen klarzulegen.

Eines der Probleme, denen der Aspirant gegenübersteht, ist das, eine Verblendung im Augenblick ihres Auftauchens zu erkennen, der Verblendung gewahr zu sein, mit denen der Pfad umgeben ist,

und die Illusion zu bemerken, die zwischen ihm und dem Licht
45] eine Scheidewand bilden. Es ist schon viel, wenn man das Bestehen von Verblendung und Illusion überhaupt anerkennt. Die meisten Menschen wissen nichts davon. Viele guten Leute unserer Zeit sehen das nicht ein; sie vergöttern ihre Verblendungen und betrachten ihre Illusionen als geschätzte und hart erkämpfte Besitztümer.

Die Anerkenntnis an sich bringt jedoch ihre eigenen Probleme mit sich; der Durchschnittsjünger ist außerstande, sich von den in der Vergangenheit erworbenen Fähigkeiten zur Erzeugung von Verblendung zu befreien, und es fällt ihm schwer, die Wahrheiten der Mentalebene im richtigen Verhältnis und im wahren Wertmaßstabe zu sehen und daran festzuhalten. Eine schwer errungene Wahrheit und ein wirkliches Prinzip können erfaßt werden, aber um sie herum kann dann der Jünger spielend leicht die Illusionen weben, die seinem Denken entspringen, das gerade im Begriff ist, sich selbst zu entdecken. Emotionale Verblendungen können auftauchen und sich um das Ideal sammeln, denn dieses bedarf noch der Klärung und kann leicht das anziehen, was es — rein gefühlsmäßig — zu sein oder zu besitzen wähnt.

Das möchte ich von zwei Gesichtspunkten aus erklären, die beide durchaus im Bereich der Jüngerschaft liegen oder auf dem Probepfade anzutreffen sind. Wir wollen sie „Machtillusion" und „Autoritätsverblendung" nennen. Die Wahl dieser Worte deutet bereits darauf hin, daß die eine Form auf der Astral- und die andere auf der Mentalebene vorkommt.

Die *Autoritätsverblendung* ist in den meisten Fällen eine Massenerscheinung. Sie wurzelt in Massenpsychologie und ist eines der Anzeichen dafür, daß die Menschheit noch in den Kinderschuhen steckt; in diesem Stadium werden die Menschen vor sich selbst geschützt durch irgendwelche Vorschriften, Gesetze oder Machtworte, die von einer staatlichen Führung, von einer Oligarchie oder von der Diktatur eines Einzelnen ausgehen. Allem Anschein nach zwängt das die Menschheit in starre Formen hinein und macht ihr

Das Wesen der Verblendung

Leben und Wirken gleichförmig. Diese völlige Gleichschaltung wird
46] dadurch erreicht, daß man den Furchtkomplex nährt, unter
dem die Menschheit zurzeit leidet; und diese Furcht ist eine der
ausgiebigsten Quellen der Verblendung, die es gibt. Man könnte
sie mit Recht als den Ursprung aller Verblendung auf diesem Planeten betrachten. Furcht war seit jeher die Triebfeder für die Zustände, die die Verblendung auf der Astralebene hervorgebracht
hat, jedoch nicht die Illusionen in den mentalen Bewußtseinsbereichen.

Wenn die Autoritätsverblendung sich auf das geistige Bewußtsein eines Menschen überträgt, dann ergeben sich Zustände wie
z. B. die Periode der Inquisition in ihren schlimmsten Formen, oder
die Autorität einer Kirche, die das Hauptgewicht auf Organisation, Obrigkeit und Buße legt, oder aber die unbestrittene Autorität eines Lehrers. In ihrer höchsten Ausdrucksform bedeutet sie
die Anerkennung, daß der Sonnenengel (die Seele oder das Ego) das
Recht hat, zu herrschen. Zwischen diesen beiden Extremen, nämlich
der Kindheit der Rasse und der Seelenfreiheit einer mündig gewordenen Menschheit, liegen viele Zwischenstufen und Abarten
dieser Verblendung. Was läßt sich nun im weiteren Verfolg unserer Betrachtung in bezug auf den Jünger und die besondere Art
der Verblendung sagen, die ihm zu schaffen macht? Der Jünger
hat sich vom Zwange orthodoxer Lehre und vom beherrschenden
Einfluß eines Lehrers einigermaßen freigemacht. Er ist (soweit er
das beurteilen kann) frei von solcher Kontrolle. Da er aber seine
wesentliche Schwäche und den Reiz der Persönlichkeit kennt, ist
er vor sich selbst auf der Hut und gegen den Zwang alter Vorschriften gewappnet; er lernt mehr und mehr auf eigenen Füßen
zu stehen, eigene Entschlüsse zu fassen und Wahrheit selbst zu unterscheiden. Er lernt, seinen Weg selbst zu wählen. Wie alle jedoch,
die noch keine höheren Einweihungen durchgemacht haben, kann
er sich (mit der Zeit) leicht in seine Freiheit verlieben und damit
automatisch der Verblendung *seines* Freiheitsideals verfallen —
eines Ideales, das er selbst geschaffen hat. Er wird zum Gefangenen

der Freiheit. Er verwirft jede Vorschrift außer derjenigen, die er
47] die „Richtschnur seiner eigenen Seele" nennt, wobei er vergißt,
daß sein Seelenkontakt immer noch unbeständig ist. Er beansprucht
das Recht, allein zu stehen. Er schwelgt in seiner neu entdeckten
Freiheit. Er vergißt dabei, daß er nach Verwerfung der Autorität
einer Lehre oder eines Lehrers zunächst einmal lernen muß, die
Autorität der Seele oder der Seelengruppe anzuerkennen, mit der
er durch Karma, Strahl, eigene Wahl sowie durch die unvermeidlichen Wirkungen der Einswerdung verbunden ist. Nachdem er
auf den Rat eines anderen Weggenossen auf dem Pfade verzichtet
hat und seine Augen teilweise geöffnet wurden, versucht er jetzt,
diesen Pfad bis zum Ziele zu durchwandern, vergißt aber dabei,
daß er den Pfad *gemeinsam mit anderen* beschreitet und daß es
gewisse „Regeln für den Wanderer" gibt, die er beherrschen muß und
zwar in Übereinstimmung mit anderen. Für das individuelle Gesetz hat er das Gruppengesetz eingetauscht, aber er kennt dieses
Gruppengesetz noch nicht so wie er es kennen sollte. Er geht seinen
Weg allein, so gut er kann und schwelgt in der Freiheit selbsterrungener Autorität. Er nimmt sich fest vor, keine Autorität oder
Führung zu dulden.

Diejenigen unter uns, die ihn aus lichteren Höhen des Menschenaufstiegs beobachten können, sehen jedoch, wie er sich langsam in
Nebelschwaden und in einer Verblendung verliert, die sich mehr
und mehr um ihn verdichtet, während er zum „Gefangenen des
Freiheitsnebels" wird und im Gefühl der Unabhängigkeit schwelgt,
die er für eine Tatsache hält. Sobald er klarer sieht und sein Denkvermögen sich mehr entwickelt und entfaltet hat, wird er wissen,
daß er sich dem Gesetz der Gruppe fügen wird und muß, und daß
lediglich die Herrschaft der niederen Natur gegen die der Seele
vertauscht werden muß. Es ist die Herrschaft der Gruppe, die sich
unter dem Gesetz der Gruppe auswirkt. Aus der Masse der nach
dem Pfade Suchenden hat er sich zum Pfad selbst durchgekämpft.
Er ist deshalb den Massen voraus, aber er ist nicht allein, selbst
wenn er sich allein wähnt. Er wird viele andere entdecken, die mit

Das Wesen der Verblendung

ihm denselben Weg wandern und ihre Zahl wird sich im Laufe
48] der Zeit immer mehr vergrößern. Er muß lernen, sich den Regeln der Zusammenarbeit, des Zusammenwanderns und der Gruppenerkenntnis zu unterwerfen, bis er herausfindet, daß er ein Mitglied der Neuen Gruppe der Weltdiener ist und den Bedingungen und Regeln untersteht, nach denen sie arbeiten. Er lernt, mit ihnen auf dem Pfade zu reisen, und dabei wird er sich allmählich der Motive und Methoden ihres gewählten Dienstes bewußt; er beginnt, ganz automatisch und natürlich, dem höheren Rhythmus zu folgen und den Gesetzen zuzustimmen, die das Gruppenleben und das Gruppenbewußtsein bestimmen. Schließlich findet er den Eingang zu den stillen Stätten, wo die Meister der Weisheit weilen; mit Ihnen zusammen wirkt er im Gruppenrhythmus, wobei er den Gesetzen des geistigen Bereiches gehorcht, die die subjektiven Gesetze Gottes sind.

Immer wieder wird er sich auf dem Pfade gegen eine Kontrolle auflehnen und in die Verblendung seiner vermeintlichen Freiheit zurückfallen. Tatsächlich *besteht* ein Freisein von der Kontrolle der Persönlichkeit. Ebenso *besteht* ein Freisein von der Kontrolle durch Persönlichkeiten. Es gibt aber niemals irgendein Freisein vom Gesetz des Dienens und von der ständigen wechselseitigen Einwirkung zwischen Mensch und Mensch und zwischen Seele und Seele. Wirklich frei sein heißt im klaren und ungehemmten Seelenlicht dazustehen; und das ist Gruppenbewußtsein im wahrsten und eigentlichsten Sinne.

Wenn also jemand von Ungewißheit und Unruhe geplagt wird und den Wunsch und das Verlangen hat, frei und ohne autoritären Zwang seinen Weg zu gehen, dann sehe er sich vor, daß er nicht der Verblendung unterliegt und sich etwa darnach sehnt, vom Einfluß seiner Gruppe freizuwerden; und dann prüfe er sich, ob er nicht vielleicht — als sensitive Seele — bloß einen Ausweg sucht. Ich gebrauche dabei „Ausweg" im Sinne der modernen Psychologie. Er sollte sich unbedingt erst einmal fragen: Ist meine persönliche Behaglichkeit und die Sorglosigkeit meines Denkens von solch entscheidender Bedeutung für mich und für andere, daß ich ihretwegen berechtigt bin, die Geschlossenheit der Gruppe zu opfern? 49] Ist meine eigene innere Befriedigung eine hinreichende Entschuldigung dafür, das geplante Gruppenvorhaben zu verzögern? Denn um eine Verzögerung wird es sich bestimmt handeln. Wie immer die Entscheidung ausfallen mag, sie wird ihrerseits bestimmenden Einfluß und dementsprechende Rückwirkungen auf die Gruppe haben . . . .

Was ist dieser okkulte Gehorsam, liebe Brüder, von dem man so viel spricht? Nicht das, was viele okkulte Gruppen daraus machen. Es handelt sich nicht um die Kontrolle einer äußeren Organisation, die sich sogenannten okkulten Aufgaben widmet. Es geht auch nicht um die Befolgung von Vorschriften eines Lehrers, welchen Rang er auch einnehmen mag. Okkulter Gehorsam besteht nicht darin, daß man etwa das Gefängnis einer Ideenreihe gegen das einer anderen austauscht, die vielleicht weittragender oder bedeutsamer ist. Ein Gefängnis ist ein Gefängnis, ob es nun eine kleine Zelle ist oder eine einsame Insel von großer Ausdehnung, von der ein Entkommen unmöglich ist.

Die Autorität, für die wir Lehrer auf der Innenseite des Lebens empfänglich sind und auf welche meine jetzigen Schüler (als Einheiten innerhalb einer Gruppe) eben zu reagieren beginnen, ist ihrem Wesen nach zweifach. Worauf reagieren sie?

1. Auf die langsam aufdämmernde Erkenntnis des „jenseitigen Lichtes", im symbolischen Sinne. Dieses Licht ist *in seiner Anziehungskraft* auf den Einzelnen verschieden. Trotzdem ist es EIN LICHT. Aber die Erkenntnis dieses Lichtes enthüllt neue Gesetze, neue Verantwortungen, neue Pflichten und Obliegenheiten und neue Beziehungen zu anderen. Diese sind eine unumgängliche Autorität. Keiner kann dieser Autorität entrinnen, obwohl er ihr in Zeit und Raum vorübergehend den Gehorsam verweigern darf.

2. Auf die Autorität der *Vorschriften des Weges,* deren Beachtung jedem obliegt, wenn er vom Probepfad auf den Pfad der Jüngerschaft übergeht. Und doch ist es EIN WEG. Auf diesem „wie eine Messerschneide schmalem Pfade" lernt man Selbstzucht und Taktgefühl und jene Wunschlosigkeit, die man gemeinsam mit seinen Mitjüngern erfährt.

50] Was sind nun, kurz zusammengefaßt, diese Wegvorschriften? Sechs der einfachsten Regeln will ich aufführen, wobei ich zu beachten bitte, daß sie nicht willkürlich von einem autoritären Direktorium aufgestellt wurden, wie etwa von mehreren Gruppenlehrern (von denen natürlich auch ich einer sein könnte), sondern daß sie vielmehr der Niederschlag von Zuständen sind, die auf dem Pfade selbst vorkommen. Sie tragen das Siegel der Vollmacht jeder individuellen Seele, und sie sind das Ergebnis der Erfahrungen von Millionen von Wanderern auf diesem Pfade.

Ich will diese sechs Regeln (so wie ich sie schon einem anderen Aspiranten mitgeteilt habe) *) in altertümlicher und symbolischer Form wiedergeben; ich übersetze sie, so gut ich kann, aus den uralten Urkunden, die in der Halle der Weisheit aufbewahrt werden und allen ernsthaften Jüngern zur Verfügung stehen.

DIE SECHS REGELN DES PFADES
(Wegvorschriften)

I. Der Weg wird im vollen Lichte des Tages beschritten; der Pfad wird erhellt durch das Licht Jener, Die wissen und führen. Nichts kann dann verborgen bleiben, und bei jeder Biegung muß sich der Wanderer über sich selbst Rechenschaft ablegen.

II. Auf dem Wege enthüllt sich das Verborgene. Jeder sieht und weiß um die Gemeinheit eines jeden anderen. (Ich finde keine

---

*) Vgl. *Jüngerschaft im Neuen Zeitalter,* Seite 583—584.

andere Übersetzung, lieber Bruder, für das alte Wort, das die bislang unerkannte Dummheit, Niedertracht und krasse Unwissenheit, sowie den Egoismus bezeichnet, welche die besonderen Merkmale des Durchschnittsaspiranten bilden). Trotz dieser großen Enthüllung gibt es jedoch kein Umkehren, keine gegenseitige Verachtung und kein Wanken auf dem Wege.
51] Der Weg geht vorwärts ins Tageslicht.

III. Auf diesem Wege wandert man nicht allein. Es gibt keine Hast, keine Eile. Und doch ist keine Zeit zu verlieren. Mit diesem Wissen bemüht sich jeder Pilger, vorwärts zu kommen, und er findet sich von seinen Mitmenschen umgeben. Einige kommen ihm voraus; er folgt ihnen nach. Andere bleiben zurück; für sie ist er der Schrittmacher. Er wandert *nicht* allein.

IV. Dreierlei muß der Pilger vermeiden: Das Tragen einer Kapuze, eines Schleiers, der sein Gesicht vor anderen verbirgt; das Mitnehmen eines Wasserkruges, dessen Inhalt nur für den eigenen Bedarf genügt; und das Schultern eines Stabes ohne Krücke, an der andere sich festhalten können.

V. Jeder Pilger auf dem Wege muß das mit sich führen, was er braucht: einen Feuerbehälter, um damit seine Mitmenschen zu erwärmen; eine Lampe, die ihre Strahlen auf sein Herz richtet und seinen Mitmenschen das Wesen seines verborgenen Lebens anzeigt; eine Börse mit Gold, das er nicht auf dem Wege verstreut, sondern mit anderen teilt; ein versiegeltes Gefäß, in dem er all seine Bestrebungen trägt, um sie Dem zu Füßen zu legen, Der darauf wartet, ihn am Tore zu begrüßen — ein versiegeltes Gefäß.

VI. Der Pilger muß bei seiner Wanderung auf dem Wege das offene Ohr haben, die gebende Hand, die schweigende Zunge, das geläuterte Herz, die goldene Stimme, den eilenden Fuß und das offene Auge, welches das Licht sieht. Er weiß, er wandert nicht allein.

Die *Machtillusion* ist vielleicht eine der ersten und ernstesten Prüfungen, die ein Aspirant bestehen muß. Sie ist auch eines der besten Beispiele für diesen „großen Irrtum", und deshalb weise ich
52] besonders auf diese Illusion hin mit der Bitte, sich dagegen besonders sorgfältig zu wappnen. Nur sehr selten entgeht ein Jünger den Wirkungen dieses Irrtums der Illusion, denn merkwürdigerweise beruht er auf durchaus gesundem Erfolg und rechten Motiven. Daraus erklärt sich die leicht irreführende Natur des Problems. Man könnte es etwa so erklären:

Durch rechtes Bemühen gelingt es einem Aspiranten, mit seiner Seele oder seinem Ego Fühlung aufzunehmen. Durch Meditation, gute Absicht und richtige Technik, zusammen mit dem Wunsch, zu dienen und zu lieben, erreicht er Gleichschaltung. Er wird dann der Ergebnisse seiner erfolgreichen Arbeit gewahr. Sein Denken ist erleuchtet. Ein Gefühl der Macht fließt durch seine Träger. Er empfindet und erkennt, wenigstens zeitweise, den Plan. Der Notstand in der Welt, und die Fähigkeit der Seele, diesen Notstand zu lindern, durchfluten sein Bewußtsein. Seine selbstlose Hingabe und rechte Absicht verstärken den gelenkten Zustrom geistiger Energie. Er weiß. Er liebt. Er bemüht sich, zu dienen, und er ist bei allen dreien mehr oder weniger erfolgreich. Das Ergebnis von all dem ist, daß er mehr vom Gefühl seiner Macht und von seiner Rolle als Helfer der Menschheit in Anspruch genommen wird als von dem Bestreben, nun einen gesunden Sinn für richtige Proportionen und für geistige Werte zu entwickeln. Er überschätzt seine Erfahrung und sich selbst. Anstatt seine Anstrengungen zu verdoppeln und dadurch eine engere Fühlung mit dem Reiche der Seelen herzustellen und alle Wesen inniger zu lieben, lenkt er die Aufmerksamkeit allmählich auf sich selbst, auf die ihm anvertraute Mission und auf das Vertrauen, das der Meister und sogar der planetarische Logos scheinbar in ihn setzen. Er spricht von sich selbst; er gestikuliert, erregt Aufsehen und verlangt nach Anerkennung. Dadurch wird seine Gleichschaltung mehr und mehr beeinträchtigt, sein seelischer Kontakt verringert sich, und er gesellt sich zu den vielen, die der Illusion des Machtgefühls unterlagen. Diese Form von Illusion ist immer häufiger unter Jüngern anzutreffen und unter denen, die die ersten beiden Einweihungen durchgemacht haben. Heutzutage gibt es viele Menschen in der Welt, die die erste Einweihung in einem früheren Leben erreicht haben. Wenn sie im gegenwärtigen Lebenszyklus die Ereignisse ihrer früheren Entwicklung kurz wiederholt haben, gelangen sie erneut zur damals erfahrenen Bewußtseinsstufe. Die Bedeutsamkeit ihrer Errungenschaft durchdringt sie zugleich mit dem Gefühl ihrer Verantwortung und ihres Wissens. Wiederum überschätzen sie sich und betrachten sich und ihre Mission als einzigartig unter den Menschensöhnen; dazu gesellt sich dann ihr esoterisches und subjektives Verlangen nach Anerkennung, und vereitelt das, was anderenfalls eine ergiebige Dienstgelegenheit hätte sein können. Jede Betonung der Persönlichkeit kann sehr leicht das reine Seelenlicht verzerren, das durch das niedere Selbst zu strömen sucht. Jedes Streben nach äußerer Anerkennung für die Mission oder Aufgabe, die von der Persönlichkeit unternommen wurde, lenkt von dieser Mission ab und behindert den Betreffenden in seiner Aufgabe; er verzögert ihre Erfüllung bis der Jünger gelernt hat, nichts weiter zu sein als ein Durchlaß für einströmende Liebe und aufstrahlendes Licht. Dieses Durchströmen und Hervorstrahlen muß sich spontan ergeben, ohne jeden Bezug aufs persönliche Ich.

Diese beiden Beispiele für Verblendung und Illusion zeigen nicht nur, wie heikel das Problem, sondern auch wie dringend nötig seine Erkennung ist. Es gibt heutzutage so viele Menschen, die diese beiden Eigenschaften der niederen Natur aufweisen.

1. *Verblendung auf der Mentalebene* . . . . *Illusion.*

In diesem Abschnitt unserer Erörterung werden wir weniger Zeit auf die Betrachtung von Illusion als auf die von Verblendung

Das Wesen der Verblendung

und von Maja verwenden. Die Einwirkung der Illusion wird erst dann voll erkannt und überwunden, wenn der Mensch

a. den Brennpunkt seines Bewußtseins auf die Mentalebene verlegt hat,
b. ganz deutlich bestrebt war, einsichtsvoll zu dienen,
c. sich bewußt und mit Leichtigkeit auf seine Seele einschalten kann und die Technik der Fühlungnahme fest begründet ist,
d. und die erste Einweihung durchgemacht hat.

54] Das Wort *Illusion* wird häufig leichthin zur Bezeichnung von mangelndem Wissen, schwankenden Ansichten, Verblendung, Mißverständnissen, psychischen Verwirrungen, Vorherrschen der niederen, psychischen Fähigkeiten und vielen anderen Formen der Welt-Illusion angewandt. Jetzt ist es aber an der Zeit, dieses Wort mit klarerem kritischen Verständnis zu gebrauchen; der Jünger muß klar verstehen und begreifen, was dieser Gifthauch der Erscheinungswelt, in dem die Menschheit sich bewegt, seinem Wesen nach wirklich ist. Im Interesse der Klarheit und der genauen erkennbaren Unterscheidung zwischen den Formen der Illusion, in denen die Seele sich bewegt und von denen sie sich befreien muß, wird es notwendig sein, die Große Illusion (in ihren verschiedenen Aspekten) in ihre Bestandteile in Zeit und Raum zu zerlegen; ich versuchte dies bereits zum Teil, als ich die Begriffe Maja, Verblendung, Illusion und Hüter der Schwelle definierte. Diese Unterscheidungen müssen klar im Gedächtnis behalten werden; ebenso sollte die an früherer Stelle angegebene Tabelle sorgfältig studiert werden.

Illusion kann für unsere Zwecke so verstanden werden, daß sie die Reaktion eines undisziplinierten Denkens auf die neu entdeckte Welt der Ideen kennzeichnet. Diese Entdeckung ergibt sich von dem Augenblick an, wenn ein Mensch sich gleichgeschaltet und seine niedere Natur mit der höheren in Verbindung gebracht hat. Ideen erreichen uns aus der Ebene der Intuition. Die Seele erleuchtet die

Mentalebene und die Intuitionsebene, so daß sich beide einander offenbaren und ihre Wechselbeziehung damit augenscheinlich wird. Das Denkprinzip im Menschen (das langsam zum Mittelpunkt seines Bewußtseins und zur hauptsächlichen Wirklichkeit seiner Existenz wird) gewahrt diese neue und bislang unentdeckte Welt der Ideen, und dann greift er eine Idee oder eine Ideengruppe heraus 55] und versucht, sie sich zu eigen zu machen. Im Anfang ist die Bewertung von Ideen bei den meisten Menschen und besonders beim Durchschnittsmystiker, eine vage und nebelhafte, und häufig stammt sie noch dazu aus zweiter Hand. Die Erleuchtung, die durch einen eben erst hergestellten und noch schwachen Seelenkontakt vermittelt wird, erscheint dem daran nicht gewöhnten Neuling als höchstes Wunder von lebenswichtiger Bedeutung. Die wahrgenommenen Ideen dünken ihm als etwas Erstaunliches, höchst Ungewöhnliches, als etwas, wessen die Menschheit dringend bedarf.

Das Denken ist aber immer noch auf die eigene Person eingestellt, der Kontakt schwach und die Gleichschaltung ungewiß. Die Ideen werden deshalb nur unklar aufgenommen. Aber die *Einzigartigkeit* der innerhalb seines bewußten Denkinhaltes gemachten Erfahrung führt den Jünger tief in den Bereich der Illusion hinein. Die Idee oder die Ideen, mit denen er in Berührung trat, sind jedoch in Wirklichkeit nur ein Bruchteil eines weit größeren Ganzen. Das, was er zu ihrer Auslegung mitbringt, ist unzulänglich. Die durch teilweises Erwachen seiner Intuition in seinem Bewußtsein aufgetauchte Idee wird bei ihrem Abstieg zum Gehirnbewußtsein in mehrfacher Hinsicht entstellt. Das, was er zur Verkörperung der Idee und zu ihrer Umwandlung in einen praktischen ausführbaren Plan beitragen kann, ist noch gänzlich ungeeignet. Genauigkeit läßt sich von seiner ungenügenden Ausrüstung noch nicht erwarten. Die Art, wie diese Entstellung und dieser Niederschlag einer Idee sich vollziehen, läßt sich etwa wie folgt beschreiben:

Der Übergang einer Idee von der Ebene der Intuition zum Gehirn.

Das Wesen der Verblendung

I. Die Idee wird vom Denken erkannt und „unbeirrt im Lichte der Seele festgehalten."

II. Sie sinkt auf die höheren Stufen der Mentalebene herab und bekleidet sich dort mit der Substanz derselben. Vom Standpunkte des niederen Denkens aus ist sie immer noch eine abstrakte Idee. Das sollte jeder, der seine Intuition ausbilden will, sorgfältig vermerken.

III. Die Seele wirft ihr Licht nach oben und nach außen, und die 56] nebelhafte und undeutliche Idee taucht im Bewußtsein des Menschen auf. Sie steht enthüllt da, etwa so wie ein Gegenstand enthüllt wird, wenn der helle Strahl eines kräftigen Scheinwerfers darauf gerichtet wird. In dem Bestreben, in ununterbrochenem, bewußten Kontakt mit der Seele zu bleiben und in die höhere Welt vermittels des „weit geöffneten Seelenauges" hineinzuschauen, erfaßt das Denken die Idee mit zunehmender Klarheit.

IV. Ist die Idee enthüllt, so wird sie für das aufmerksame Denken zu einem Ideal und schließlich zu etwas, das erwünscht ist und verkörpert werden sollte. Die Fähigkeit des Denkens, Gedankenformen zu schaffen, tritt dann in Tätigkeit; die der Idee innewohnende und durch Anerkennung der Seele belebte Energie setzt dann den „Gedankenstoff" in Bewegung, und damit unternimmt die Idee ihren ersten eigentlichen Schritt zur Verkörperung. Ein Ideal ist lediglich eine verkörperte Idee.

Dies sind die ersten Schritte zur Verkörperung. Dadurch wird äußere Gestaltung möglich. So entsteht Illusion.

V. Nun kommt es zur Entstellung. Sie ergibt sich aus verschiedenen Ursachen, die sich wie folgt aufzählen lassen:

1. Der Strahlentyp des Egos färbt des Menschen Auslegung der Idee. Er färbt die auftauchende Gedankenform. Symbolisch gesprochen wird das reine Licht in farbiges Licht umgewandelt. Die Idee ist dann „mit Farbe bekleidet, und dadurch senkt sich der erste Schleier auf sie herab."

2. Die vom betreffenden Menschen erreichte Evolutionsstufe hat ebenfalls ihre Wirkung; und dazu kommt der zwischen den drei Persönlichkeitsaspekten bestehende Grad der Integration und die zwischen Seele-Denken-Gehirn erzielte Gleichschaltung. Da sie notwendigerweise unvollkommen ist, ruft sie eine gewisse Verschwommenheit der Umrisse und demzufolge auch der Endform hervor. Es ergibt sich also Folgendes:

a. Unvollkommene Integration der Persönlichkeit.
b. Verschwommenheit der beabsichtigten Gedankenform.
c. Folglich wird zum Aufbau der Gedankenform falsches Material herangezogen.
d. Schwankende Aufmerksamkeit, da das Ideal nur undeutlich erschaut wurde.
e. Unbeständige Verbindung zwischen dem Denkprinzip und der empfundenen Idee.

3. Die nächste sogenannte „Verschleierung" der Idee wird durch die (Strahlen-) Qualität verursacht, welche die Entwicklung des Mentalkörpers eines Jüngers bedingt. Die Idee ist bereits durch die Strahlenfärbung der Seele verändert worden, und dazu kommt jetzt noch eine weitere und beträchtliche Entstellung durch den Strahlentyp des Mentalkörpers selber, der möglicherweise, ja sogar meistens, verschieden ist von dem des Seelenstrahles.

Dies sind die zweiten Schritte zur Verkörperung. Die Körpergestalt hat Qualität angenommen. So entsteht Illusion.

Das Wesen der Verblendung

VI. Diese Illusion bekundet sich gewöhnlich auf sieben Arten:

1. *Durch falsche Wahrnehmung einer Idee*. Der Jünger kann nicht unterscheiden zwischen einer Idee und einem Ideal, zwischen einer Idee und einer Gedankenform oder zwischen einem intuitiven und einem mentalen Begriff. Dies ist einer der Gründe für Illusion, der am häufigsten unter Aspiranten anzutreffen ist. Die mentale Atmosphäre, in der wir alle leben, ist voll von Illusion. Außerdem ist es eine Atmosphäre 58] oder ein Bereich bewußter Begegnung, worin Gedankenformen aller Art anzutreffen sind. Einige davon sind von der Hierarchie dort deponiert worden, damit der Mensch sie entdecke; einige davon sind menschliche Gedankenformen, mit denen Ideen umhüllt wurden; einige davon sind sehr alte, bereits abgelegte Ideale, die aber noch als Gedankenformen weiterbestehen; einige davon sind ganz neu und deshalb noch nicht mächtig, aber höchst anziehend. Sie alle sind vom Menschen auf der einen oder anderen Stufe seiner Einzel- und Rassenentwicklung geschaffen worden. Viele davon sind die leblosen Hüllen längst überholter Vorstellungen; andere stekken noch im Keim; einige bleiben unverändert; viele sind dabei, aus den Bereichen der Intuition herabzukommen; einige wenige sind noch vom klaren Licht der Seele erleuchtet und zur Verkörperung bereit. Eine große Anzahl anderer Gedankenformen sind dabei, sich aufzulösen. Einige dieser Formen oder verkörperten Ideen sind ihrem Wesen nach destruktiv, und zwar wegen der Art der Materie, aus der sie gebildet wurden. Andere wiederum sind konstruktiv. Alle sind von einer Strahlenenergie gefärbt. Eine große Anzahl dieser Formen entstanden zwangsläufig durch die Tätigkeit der Persönlichkeitswelt; andere sind im Entstehen begriffen durch die Wirksamkeit der Seele sowohl als auch durch die gemeinsame Aktivität beider Manifestationen. Richtige Wahrnehmung ist deshalb wesentlich für die fehlerfreie Betätigung

jedes einzelnen Denkers. Aspiranten müssen unterscheiden lernen:

    a. Zwischen einer Idee und einem Ideal.
    b. Zwischen dem, was bereits verkörpert ist, was sich noch im Begriff der Verkörperung befindet und was schon seiner Auflösung entgegensieht.
    c. Zwischen dem, was konstruktiv und dem, was destruktiv ist.
    d. Zwischen den alten und den neuen Formen und Ideen.
    e. Zwischen den Strahlenideen und den Formen, die ja die höheren Darstellungen färben.
    f. Zwischen Ideen und Gedankenformen, und zwischen solchen, die absichtlich von der Hierarchie, und denen, die von der Menschheit geschaffen werden.
    g. Zwischen rassischen Gedankenformen und Gruppenideen.

Ich könnte noch viele weitere Unterscheidungen anführen, aber die obigen dürften genügen, um die Notwendigkeit richtiger Wahrnehmung anzuzeigen und um auf die Wurzel der obwaltenden Weltillusion hinzuweisen, die durch falsche Wahrnehmung hervorgebracht wird.

Die *Ursache* ist ein ungeschultes, unerleuchtetes Denken.

Die *Abhilfe* ist Ausbildung in der Technik von Raja Yoga.

Dadurch erlernt man die Fähigkeit, das Denken unbeirrt im Licht festzuhalten, richtig wahrzunehmen, einen rechten Ausblick zu erreichen und eine rechte mentale Einstellung zu erlangen. Diese richtigen Einstellungen hatte Buddha im Sinn, als Er den Edlen, Achtfachen Pfad verkündete. Dazu gehört, daß man die rechte mentale Höhe erreicht, nicht bloß die rechte Einstellung, liebe Brüder.

Das Wesen der Verblendung

2. *Durch falsche Auslegung.* Die Idee, eine lebendige Wesenheit oder ein lebenskräftiger Keim, erscheint nur als Teilansicht, die durch die Unzulänglichkeit des Denkvermögens entstellt und häufig bis zur Belanglosigkeit verkleinert wird. Es fehlt das Instrument zum rechten Verstehen. Obgleich der Mensch sein Höchstes und Bestes darangeben mag, und obwohl er bis zu einem gewissen Grade fähig sein mag, sein Denken unbeirrt im Lichte zu halten, ist doch das, was er der Idee entgegenbringt, besten Falles nur recht armselig. Das führt zu Illusion durch falsche Auslegung.

60]

Die *Ursache* liegt in der Überschätzung der eigenen Denkkraft. Die Hauptsünde des mentalen Typs ist Hochmut, und dieser färbt in den Anfangsstadien auf alles ab, was er tut.

Die *Abhilfe* liegt in der Entwicklung geistiger Vorsicht.

3. *Durch falsche Aneignung von Ideen.* Die unrechtmäßige Aneignung einer Idee gründet sich auf die dramatisierende Fähigkeit und Tendenz der Persönlichkeit, dem kleinen Ich Geltung zu verschaffen. Das verführt den Menschen dazu, sich eine Idee persönlich anzueignen in dem Glauben, er habe sie selbst formuliert, und ihr deshalb ungebührliche Bedeutung beizumessen, weil er sie als seine eigene betrachtet. Von da an baut er *sein* Leben im Sinne *seiner* Idee auf, mißt *seinen* Absichten und *seinen* Zielen besondere Bedeutung bei und erwartet von anderen, daß sie sein Eigentumsrecht auf die Idee anerkennen. Er vergißt, daß keine einzige Idee irgend jemandem gehört, sondern daß Ideen, die ja von der Intuitionsebene herkommen, Geschenk und Gemeingut aller, und nicht das Eigentum eines einzelnen Denkers sind. Sein Leben, auch als Persönlichkeit, ordnet sich ganz dem unter, was seine Vorstellung von einer Idee, und sein Ideal von einer Idee ist. Die Idee wird zur dramatischen Triebfeder eines Lebenszweckes,

den er sich selbst auferlegt hat, und der ihn von einem Extrem zum anderen treibt. Das führt zu Illusion durch unrechtmäßige Aneignung.

61] Die *Ursache* liegt in der Überschätzung der Persönlichkeit und in der Art, wie diese Persönlichkeit durch ihre Reaktionen sowohl die empfundene Idee selbst als auch alle Menschen, die dieselbe Idee zu erfassen suchen, ungebührlich zu beeinflussen trachtet.

Die *Abhilfe* liegt im steten Bemühen, den Mittelpunkt des Lebens von der Persönlichkeit in die Seele zu verlegen.

Eines möchte ich hier klarstellen. Ideen gelangen sehr selten unmittelbar aus den intuitiven Bereichen ins Bewußtsein der Welt und ins menschliche Denken. Der heutige Stand menschlicher Entwicklung erlaubt das noch nicht. Ideen können nur dann direkt aus den Intuitionsebenen kommen, wenn ein hochentwickelter Seelenkontakt, eine starke Denkkontrolle, eine geschulte Intelligenz, ein geläuterter Gefühlskörper und (als Resultat all dieser Bedingungen) ein gesundes Drüsensystem vorhanden ist. Es empfiehlt sich, darüber nachzudenken.

Die meisten Ideen, soweit sie höherer Natur sind, werden vom Meister transformiert ins Bewußtsein seines Jüngers gebracht und ihm durch mentale Telepathie übermittelt, und zwar infolge seiner Empfänglichkeit für das, was in der tibetanischen Lehre als „psychische Geschenkwellen" bezeichnet wird. Ideen werden auch durch Gedankenaustausch unter Jüngern erspürt. Wenn Jünger zusammenkommen und sich dadurch gegenseitig in ihrem Denken anregen, und wenn sie ihre Aufmerksamkeit gemeinsam auf einen Brennpunkt richten, so können sie oft vereint mit der Ideenwelt in Berührung kommen (was sonst unmöglich wäre) und den neueren Begriffen Leben und Form geben. Ferner befinden sich gewisse große Ideen als Energieströme auf der Mentalebene, die dort durch geschulte Aufmerksamkeit von Jüngern erreicht und zur Verkör-

perung gezwungen werden können. Diese von einer Grundidee gefärbten Ströme mentaler Energie wurden von der Hierarchie dorthin gelenkt. Wenn der Neuling sie auf diese Weise entdeckt und erfaßt hat, ist er geneigt, dies als persönliche Errungenschaft anzu-
62] sehen und die Idee seiner eigenen Weisheit und Macht zuzuschreiben. Daher ist es so notwendig, solche Neuentdeckungen richtig zu verstehen und richtig auszulegen.

4. *Durch falsche Lenkung von Ideen.* Sie ergibt sich aus der Tatsache, daß der Jünger das Gesamtbild noch nicht so sieht, wie es in Wirklichkeit ist. Sein Horizont ist beschränkt, seine Vision kurzsichtig. Ein Bruchteil irgendeiner Grundidee beeindruckt sein Bewußtsein, und er legt diese Teil-Idee so aus, als ob sie zu einem Tätigkeitsbereich gehöre, mit dem sie überhaupt nichts zu tun haben mag. Er fängt daher an, sich mit der Idee zu befassen und sie in Bereiche zu lenken, wo sie gänzlich nutzlos ist; er kleidet sie von einem ganz falschen Gesichtspunkte aus in eine Form und verkörpert sie so, daß ihre Nützlichkeit zunichte gemacht wird. So hat also der Jünger vom allerersten Augenblick des Kontaktes an unter Illusion gelitten, und solange er darin verharrt, verstärkt sich die allgemeine Illusion. Dies ist eine der gewöhnlichsten Formen von Illusion, und eine der ersten Gelegenheiten, um den mentalen Hochmut eines Jüngers zu brechen. Es ist Illusion aufgrund falscher Anwendung von Anfang an, und sie führt zu falschem Gebrauch oder falscher Lenkung der Idee.

Ihre *Ursache* ist ein kleines und nicht umfassendes Denkvermögen.

Die *Abhilfe* besteht darin, das Denken so zu schulen, daß es universal, vielseitig und vom Standpunkt moderner Intelligenz wohlentwickelt ist.

5. *Durch falsche Eingliederung einer Idee.* Jeder Jünger hat einen Lebensplan und ein erwähltes Dienstgebiet. Andernfalls ist er kein Jünger. Es mag das Heim oder die Schule oder ein größeres Gebiet sein, jedenfalls ist es ein bestimmter Platz, wo er das zum Ausdruck bringt, was in ihm liegt. In seinem meditativen Leben und durch den Kontakt mit seinen Mitjüngern erhascht er irgendeine Idee, die wichtig, vielleicht sogar für die Welt wichtig ist. Sofort stürzt er sich darauf und versucht, sie seinem Lebenszweck und Lebensplan einzugliedern. Er mag dafür gar keine bestimmte Verwendung haben und er sollte sich damit überhaupt nicht befassen. Sein übergeschäftiges Denken ist wahrscheinlich dafür verantwortlich, daß er diese Idee aufgreift. Alle erspürten und erfaßten Ideen brauchen nicht notwendigerweise Ideen sein, mit denen jeder Jünger sich beschäftigen sollte. Darüber ist sich der Jünger nicht immer klar. Deshalb greift er die Idee auf und versucht, sie seinen Plänen einzugliedern, wobei er sich mit Energien abgibt, die seinem Temperament nicht angepaßt sind. Er zwingt seinem Mentalkörper einen Energiestrom auf, dem er nicht gewachsen ist; die Wirkung ist vernichtend. Viele gute Jünger weisen solch ein überfruchtbares, übergeschäftiges Denkvermögen auf und gelangen damit zu keinem konstruktiven Ziele und zu keinem aufbauenden Lebenswerk. Sie greifen jede Idee auf, die ihnen in den Weg kommt, und gebrauchen keinerlei kritisches Unterscheidungsvermögen. Dies ist die Illusion durch Aneignungssucht.

Die *Ursache* ist selbstsüchtige Bereicherung zugunsten des kleinen Ich, selbst wenn der Jünger sich dessen nicht bewußt und von der Idee der eigenen Selbstlosigkeit verblendet ist.

Die *Abhilfe* ist eine demütige Gesinnung.

6. *Durch falsche Verkörperung von Ideen.* Das bezieht sich

hauptsächlich auf die Schwierigkeiten jener entwickelten Seelen, die mit der Welt der Intuition wirklich in Berührung kommen, und die tatsächlich die großen geistigen Ideen intuitiv erfassen; diese Seelen haben die Aufgabe, die Ideen automatisch und ohne Umschweife in bestimmter Form zu verkörpern, wobei die Seele und das Denkvermögen in geschulte, rhythmische Funktion treten und stets engstens zusammenwirken müssen. Die Idee wird tatsächlich aufgegriffen, aber falsch in Denkstoff eingekleidet; damit wird auch ihre materielle Gestaltung in falscher Richtung angesetzt. Auf diesem Wege mag sie dann beispielsweise in eine Gruppengedankenform Eingang finden, deren Färbung, Grundton und Substanz völlig ungeeignet ist, die Idee richtig zum Ausdruck zu bringen. Das kommt weit öfter vor, als man denkt. Darauf bezieht sich im letzten Grunde der Hindu Ausspruch: Besser das eigene Dharma als das Dharma eines anderen.

Dies ist Illusion aufgrund von falscher Auswahl und mangelnder Urteilskraft in bezug auf die Substanz.

Ihre *Ursache* ist Mangel an esoterischer Ausbildung in schöpferischer Tätigkeit.

Die *Abhilfe* besteht darin, die Methoden des fünften Strahles, d. h. Methoden der Denkebene anzuwenden.

Ein Irrtum dieser Art findet sich selten beim Durchschnitts-Aspiranten und hängt mit einer Illusion zusammen, mit der viele Eingeweihte ziemlich hohen Grades geprüft werden. Die gewöhnlichen Jünger, z. B. die in meiner Gruppe, kommen selten mit einer reinen Idee in Berührung und stehen daher selten vor der Aufgabe, sie zu verkörpern.

7. *Durch falsche Anwendung von Ideen.* Wie oft senkt sich diese Form von Illusion auf einen Jünger nieder! Er berührt eine Idee sowohl intuitiv als auch verstandesmäßig (der hierin gemachte Unterschied ist beachtenswert) und wendet sie dann

falsch an. Dies ist vielleicht ein Aspekt der synthetischen Illusion oder der Illusion der gesamten Mentalebene, soweit der
65] moderne Mensch mit ihr in Berührung kommt. Illusion verändert sich von Zeitalter zu Zeitalter, je nachdem, was die Hierarchie anstrebt und welche allgemeine Tendenz das menschliche Denken einschlägt. Der Jünger kann sich daher zu falscher Betätigung und zu falscher Anwendung von Ideen verleiten lassen, weil sein Denken von der (aus den oben erwähnten sechs Arten von Illusion erwachsenden) allgemeinen Illusion übermäßig beeinflußt wird.

Ich könnte noch ausführlicher darüber berichten, wie die Illusion den ahnungslosen Jünger einfängt, aber das bisher Gesagte dürfte genügen, um den Schüler zu jener konstruktiven Analyse anzuregen, durch welche Wissen zu praktischer Weisheit wird. Wir haben festgestellt, daß Illusion hauptsächlich auf siebenerlei Art und Weise in Erscheinung tritt:

1. Durch falsche Wahrnehmung.
2. Durch falsche Auslegung.
3. Durch falsche Aneignung.
4. Durch falsche Lenkung.
5. Durch falsche Integration.
6. Durch falsche Verkörperung.
7. Durch falsche Anwendung.

Es sind dies die dritten Stufen auf dem Wege zur Darstellung. Die Form der Darstellung oder des Ausdrucks nimmt außerdem auch die Qualität (des Strahles) an. So entstehen die sieben Arten der Illusion.

Damit habe ich die Ursachen und verschiedenen Arten der Illusion beschrieben, zu denen der Jünger neigt. In ihrer reinen Form muß dieser Illusion entgegengetreten werden, und sie muß auch eines Tages überwunden werden; sie muß vom Eingeweihten herausgefunden und zerstreut werden. In seinem letzten, erfolgreichen Bemühen, dies zu tun, sah sich Jesus am Kreuze veranlaßt, einen anscheinenden Notschrei auszustoßen. Er zerstreute dann endgültig die Illusion der persönlichen, objektiven Gottheit. In jenem **66]** Augenblick kam Ihm voll zu Bewußtsein, daß er selbst Gott war und sonst nichts; daß die von Ihm im 17. Kapitel des Johannes-Evangeliums aufgestellte Einheitstheorie wirklich und wahrhaftig eine unumstößlich bewiesene Tatsache in Seinem Eigenen Bewußtsein war. Dennoch überkam Ihn in diesem unendlichen und höchsten Gewahrsein vorübergehend ein Gefühl des Verlustes und der Leere, das seiner sterbenden Persönlichkeit jene ungeheuere Äußerung entrang, die so viele verwirrt und zur gleichen Zeit getröstet hat. Sie bedeutet die Überwindung der letzten, synthetischen Illusion. Wenn sie zerstreut ist, verschwindet Illusion, soweit sie menschlich faßbar ist. Der Mensch ist frei. Die Illusion der Mentalebene kann ihn nicht länger betören. Sein Denkvermögen ist ein reines Werkzeug zur Widerspiegelung von Licht und von Wahrheit. Die Verblendungen der Astralebene halten ihn nicht mehr im Bann, und der Astralkörper selber erlischt.

In meiner *Abhandlung über Weiße Magie* deutete ich bereits an, daß der Astralkörper selbst eine Illusion ist. Für das illusorische Denken auf der Mentalebene ist er die Definition dessen, was wir die Gesamtheit der Wunschnatur eines inkarnierten Menschen nennen. Wenn sowohl Illusion als auch Verblendung überwunden sind, erlischt der Astralkörper im menschlichen Bewußtsein. Es gibt keinen Wunsch mehr für das abgesonderte Selbst. Kama-Manas verschwindet, und der Mensch wird dann seinen wesentlichen Bestandteilen nach als Seele-Denkvermögen-Gehirn innerhalb der körperlichen Natur betrachtet. Das ist ein großes Mysterium; seine Bedeutung wird erst dann verständlich, wenn ein Mensch sich seine Persönlichkeit dienstbar gemacht und alle Aspekte von Verblendung und von Illusion ausgeschaltet hat. Diese Vollkommenheit muß errungen werden. Diese Meisterschaft wird durch Meistern erlangt.

Diese Ausmerzung des Wünschens wird durch bewußtes Ausmerzen erreicht. Darum sage ich: An die Arbeit, liebe Brüder, dann wird die Klärung des Problems zwangläufig erfolgen!

67] Der Gegenpol der Illusion ist bekanntlich die Intuition. Intuition ist jene Erkenntnis der Wirklichkeit, die in dem Maße möglich wird, wie Verblendung und Illusion verschwinden. Eine intuitive Empfänglichkeit für Wahrheit stellt sich ein, wenn es dem Jünger — auf einem besonderen Annäherungswege zur Wahrheit — gelungen ist, den Hang seines Denkens zur Erschaffung von Gedankenformen zu beruhigen, so daß ihm Licht aus den höheren, geistigen Welten direkt und ohne jede Umleitung zufließen kann. Die Intuition kann erst dann ihr Vorhandensein geltend machen, wenn Verblendung den niederen Menschen nicht länger in Fesseln hält, und wenn seine niederen und höheren Wünsche nicht mehr durch rein gefühlsmäßige oder egozentrische Auslegung zwischen sein Gehirnbewußtsein und die Seele treten können. Flüchtige Augenblicke dieses hohen Freiseins werden allen wahren Aspiranten im Laufe ihres Lebenskampfes hin und wieder zuteil. Sie erfahren dann ein blitzartiges Aufleuchten intuitiven Verstehens. Die Umrisse der Zukunft und das Wesen der Wahrheit durchfluten in dem Augenblick ihr Bewußtsein, und danach kann ihr Leben nie wieder ganz in die alten Bahnen zurückkehren. Sie haben die unvergeßliche Erfahrung gemacht, daß alles Kämpfen gerechtfertigt ist und eine gebührende Belohnung einbringen wird.

Wie bereits angedeutet (siehe Tabelle, Seite 54), ist es die Kontemplation (und zwar notwendigerweise eine Kontemplation vonseiten der Seele), die die Illusion verscheucht und sie durch wahre geistige und unfehlbare Wahrnehmung ersetzt. Vielleicht wird die Reihenfolge der Entwicklung etwas klarer, wenn man sich vergegenwärtigt, daß der gesamte Meditationsvorgang sich wie folgt in drei Hauptteile zerlegen läßt:

1. Der Aspirant . . . Probepfad . . . . Konzentration . . . Maja.
2. Der Jünger . . . . Pfad der Jüngerschaft . Meditation . . . . . Verblendung.
3. Der Eingeweihte . Pfad der Einweihung . . Kontemplation . . . Illusion.

Diese Übersicht dürfte genügen, um den Meditationsvorgang, wie er in der Arkanschule gelehrt wird, mit dem Problem in Beziehung zu bringen, das jeder Schüler für sich zu lösen hat.

68] Die Technik, die der Eingeweihte zur Verscheuchung von Illusion verwendet, ist die der Kontemplation. Was nützt es mir aber, dies mit einem Menschen zu besprechen, der noch kein Eingeweihter ist? Könnte er überhaupt daraus lernen, oder würde es nur seine Neugierde befriedigen, wenn ich das besondere Verfahren erklärte, das eine Seele in Kontemplation anwendet, um Illusion zu durchdringen und sie (durch einen geschulten Willensakt und durch erststrahlige Formeln) zu verscheuchen? Nichts, das ich mir vorstellen könnte.

Deshalb will ich meine Bemerkungen über Illusion vom Gesichtswinkel der Evolutionsstufe meiner jetzigen Schüler beenden. Verblendung ist ihr Problem, wie es das Problem der heutigen Welt ist. Einige unter ihnen, deren Mentalkörper sich schon im Stadium der Organisation befinden, mögen zwar bis zu einem gewissen Grade unter Illusion leiden, aber ihr Hauptproblem — als Gruppe und als Individuen — ist das der Verblendung. Ihr lebendiges Erfahrungsgebiet liegt in den höheren Bereichen der Astralebene. Ihre Aufgabe ist es, Verblendung im eigenen Leben und als Gruppe zu überwinden, als Vorbereitung auf die spätere, schwere Aufgabe, bei Zerstreuung der Weltverblendung mitzuwirken. Das sollte später möglich werden, wenn alle sich der Schulung unterwerfen und der Einzelne seine persönlichen Verblendungen versteht und meistert. Sobald meine Schüler damit einen Anfang gemacht haben, kann ich damit beginnen, sie *als Gruppe* zu verwenden. Ehe aber eine solche Gruppe wirksame Arbeit leisten und dazu beitragen kann, die Weltverblendung zu zerstreuen, muß jeder die Verblendungen und Illusionen seiner Persönlichkeit besser verstehen und bewältigen. Die Zeit ist jetzt für mich gekommen, um meinen Schülern wirksamer zu helfen, mit diesem Verblendungsproblem fertig zu werden, und zwar im Hinblick auf den ihnen bestimmten Gruppendienst und nicht etwa auf ihre persönliche Befreiung ...

Ich bitte deshalb, mit frischem Mut, mit Entschlossenheit und mit neuem Verständnis ans Werk zu gehen und es ein weiteres Jahr lang fortzusetzen. Will jeder Einzelne dieser Arbeit seine besten Kräfte widmen? Denn es handelt sich um eine mühselige Arbeit.

2. Verblendung auf der Astralebene . . . . Verblendung.

69] Ich habe im Vorhergehenden das Problem der Illusion oder der Verblendung auf der Mentalebene behandelt. Dies geschah in knapper und gedrängter Form, wobei ich darauf hinwies, daß Illusion nicht das erste und hauptsächliche Problem dieser Gruppe von Aspiranten ist, sondern daß sie — in Gemeinschaft mit dem Weltaspiranten „Menschheit" — vorerst mit Verblendung beschäftigt sind. Jene Aspiranten, die in der vordersten Frontlinie der Menschheit stehen und deren Aufgabe es ist, der Weltverblendung gegenüber zu treten und durch sie hindurch eine Bresche zu schlagen, müssen lernen, Seelenenergie und wirksame Denkkraft freizusetzen. In die Reihen dieser bahnbrechenden Seelen sollten meine Schüler eintreten, im Bewußtsein der Bedeutung der sich bietenden Gelegenheit und der nahe bevorstehenden Stunde der Befreiung.

Sie stehen an der Schwelle akzeptierter Jüngerschaft. Das bedeutet, daß diese Schüler in Kürze außer ihrem Kampf gegen Verblendung auch noch den Kampf gegen Illusion aufnehmen müssen. Sind sie dazu stark genug? Ich erinnere daran, daß ein Jünger, der nicht nur mit dem geistigen Auftrieb seines Wesens beschäftigt ist, sondern außerdem mit den Problemen eines mental polarisierten Bewußtseins und mit den durch Seelenkontakt ausgelösten Energien zu kämpfen hat, unmittelbar im Begriff ist, eine integrierte Persönlichkeit zu werden. Seine Aufgabe ist demnach nicht leicht und verlangt eine zielklare Betätigung des Besten, was in ihm liegt. Damit meine ich die Seele und die aufwärts strebende Persönlichkeit.

Das Wesen der Verblendung

Schon kämpfen diese Jünger bis zu einem gewissen Grade mit der Illusion der in meinem letzten Brief behandelten Ideen. Sie entwickeln dabei allmählich jenes kritische Unterscheidungsvermögen, das die rechte Auswahl einer Lebensaufgabe ermöglicht. In meinen heutigen Anweisungen möchte ich erstens einiges Licht auf die Verblendung lenken, der der Jünger individuell ausgesetzt ist, und zweitens die besondere Art von Verblendung betrachten, mit der er während seiner Ausbildung zum Weltdiener rechnen muß.

Symbolisch möchte ich sagen, daß der planetarische Astralkörper (von den Ebenen der Seele aus gesehen) in tiefem Nebel versunken erscheint. Wenn man in einer klaren Nacht den Himmel 70] betrachtet, sieht man die Sterne und Sonnen und Planeten mit klarem, kaltem Strahlenglanz und glitzerndem Flammenlicht leuchten, das viele Millionen von Meilen (oder sogenannte Lichtjahre) durcheilt, bis das menschliche Auge es wahrnimmt und die Existenz jener leuchtenden Sterne bemerkt. Eine Betrachtung des Astralkörpers unseres Planeten, die den meisten leider unmöglich ist, würde jedoch kein solch klares Licht ergeben, sondern bloß eine trübe, anscheinend aus Dampf, Dunst und Nebel bestehende Kugel. Dieser Nebel ist von einer Stärke und Dichte, die ihn nicht nur undurchdringlich erscheinen läßt, sondern auch auf Zustände deutet, die für ein Leben ungünstig sind. Dennoch gehen wir da ein und aus, wir Lehrer auf der Innenseite; und in diesem Nebel plagen sich die Menschensöhne, die alle Dinge verunstaltet und verzerrt sehen. Einige sind an den Nebel und die Dichte so gewöhnt, daß sie davon gar keine Notiz nehmen; sie finden diesen Zustand für recht und gut und betrachten ihn als unabänderlichen Schauplatz ihres täglichen Lebens. Andere haben einen flüchtigen Blick von einer helleren Welt erhascht, in der vollendetere Formen und Gestalten sichtbar werden, und wo kein Nebel eine dunkel erahnte Wirklichkeit verbirgt; allerdings wissen sie nicht, was diese Wirklichkeit sein mag. Wieder andere, wie z. B. einige meiner Schüler, sehen einen offenen Pfad vor sich, der in das klare Licht des Tages führt. Noch wissen sie jedoch nicht, daß sie, indem sie ihn betreten, auf dem Pfade selbst sich mit Fleiß und Einsicht mit der ihn umgebenden Verblendung befassen müssen; sie folgen den Fußtapfen derer, die sich aus den Nebelhüllen befreit haben und in eine Welt hellerer Horizonte eingegangen sind. Jünger auf dem Pfade verbringen einen großen Teil ihrer Zeit damit, fast in zyklischer Folge in Verblendung und Nebel zu versinken, worauf dann immer wieder Stunden der Klarheit und geistigen Schau folgen.

Wer sich mit Verblendung abzugeben bemüht ist, muß sich über vier Bedingungen klar werden, über vier grundlegende Erkenntnisse, deren Verständnis dazu dienen wird, seinen Weg klarer und leichter, und damit ebener zu gestalten:

1. Jedes Menschenwesen steht im Mittelpunkte einer Welt von Verblendung, die das Ergebnis folgender Ursachen ist:

a. Seine eigene Vergangenheit, mit ihrem irrtümlichen Denken, ihrem selbstsüchtigen Wünschen und ihrer Mißdeutung der Lebensabsichten. Es besteht, oder bestand bisher kein Verständnis für den beabsichtigten Lebenszweck, wie die Seele ihn erschaut; und dieses Verstehen ist erst dann möglich, wenn der Mentalkörper ein bestimmtes organisches Gefüge anzunehmen beginnt.

b. Das „Wunschleben" seiner Familie, sowohl das vergangene als das gegenwärtige. Diese Einwirkung steigert sich in dem Maße, wie die Evolution fortschreitet, und wenn das Wunschleben der Familieneinheit besonders betont wird, entstehen daraus ererbte und ausgeprägte psychologische Neigungen und Eigenschaften.

c. Nationale Verblendung, die Summe des Wunschlebens und der Illusionen irgend einer Nation. Wir bezeichnen sie als nationale Merkmale, die so hartnäckig und ausgeprägt sind, daß sie gewöhnlich als die Verkörperung der psychologischen Charakterzüge einer Nation anerkannt werden. Diese begründen sich natürlich auf Strahleneinflüsse, geschichtliche Vergangenheit und Wechselbeziehungen zur übrigen Welt, stellen aber an sich einen Verblendungszustand dar, aus dem sich jede Nation herausarbeiten muß, während sie dem Ziel der Erkenntnis (und Identifizierung mit) höherer Realität zustrebt.

d. Eine Erweiterung obiger Idee zur sogenannten Rassenverblendung, wobei mit Rasse die ganze Menschheit gemeint ist. Das ist eine sehr alte Verblendung oder beinahe eine Kette von Verblendungen, eingewurzelten Wünschen, mächtigen Bestrebungen irgendwelcher Art und rein menschlichen Schöpfungsformen, die — ewig in Bewegung, umhüllend und voll strotzender Lebenskraft — das Bewußtsein der Menschheit

72] auf der Astralebene festzuhalten suchen. Solch ein Verblendungsbegriff ist der des Geldes und seines materiellen Wertes. Dieser eitle Wunsch danach gleicht einem dichten, weitverbreiteten Nebel, der das Erschauen der Wahrheit unterbindet und eine sehr große Anzahl menschlicher Werte verdreht.

2. Dieser Nebel, diese Verblendung, welche die Menschheit zurzeit umhüllt, muß unbedingt als ein Gegenstand von greifbarer Wirklichkeit erkannt und dementsprechend behandelt werden. Der Jünger oder Aspirant, der entweder in seinem eigenen Leben oder in seinem Dienst an der Welt Verblendung zu zerstreuen sucht, muß wissen, daß er es mit wirklicher Substanz zu tun hat, mit dem Zerschlagen der von ihr angenommenen Formen und mit der Zerstreuung einer materiellen, allumfassenden Substanz — materiell im gleichen Sinne, wie Gedankenformen substantielle Dinge sind, wenn auch (und das ist wichtig) weniger substantiell als die Verblendungsformen der Astralebene. Wir vergessen nicht so leicht, daß „Gedanken Dinge sind" und daß sie als Formgestalten ihr eigenes Leben führen und eigene Zwecke verfolgen. Sie sind jedoch von besonderer Art und neigen zur Trennung, sie sind klarer umrissen und leichter zu definieren. Die Verblendungsformen der Astralebene sind in noch höherem Maße substantiell, aber weniger scharf umgrenzt. Gedankenformen sind dynamisch, eindringlich,

klar umrissen und abgegrenzt. Verblendungen dagegen sind lastend, unbestimmt und umwallend. Man versinkt in ihnen wie in einem Ozean oder in einem „Nebelmeer". Gedankenformen begegnet man und faßt sie ins Auge, aber man versinkt nicht darin. Fast könnte man sagen, daß der menschliche Astralkörper als Bestandteil der allgemeinen Weltverblendung entsteht; deshalb kann der Mensch schwer unterscheiden zwischen seinem eigenen Astralkörper und den Verblendungen, die ihn beeinflussen und ihn überschwemmen. Sein Problem auf der Mentalebene ist klarer umgrenzt, wenngleich ebenso schwierig.

73] 3. Astrale Verblendung ist eine Form von Energie, und zwar einer Energie, die aus drei Gründen sehr wirksam ist:

a. Da sie astraler Substanz selbst innewohnt, ist ihr Rhythmus so alt, daß ein Mensch nur mit großer Schwierigkeit ihrer gewahr wird oder sie versteht; sie ist das Resultat menschlicher Wunschbetätigung seit altersher.

b. Sie ist ein Bestandteil der natürlichen Energie eines jeden Menschen und darum die Richtung des geringsten Widerstandes; sie ist ein Teil eines großen Weltvorganges und deshalb auch ein Teil des individuellen Lebensverlaufes; an sich ist sie nicht unrecht, sondern ein Aspekt der Wirklichkeit. Diese Erkenntnis macht es dem Menschen um so schwieriger, klar darüber nachzudenken.

c. Zudem ist sie ihrem Wesen nach ausgesprochen atlantisch, da sie in jener Rasse einen hohen Grad ihrer Entwicklung erreichte. Deshalb kann sie nur von der arischen Rasse unter Anwendung der richtigen Technik endgültig zerstreut werden. Der Einzelne, der Verblendung zu zerstreuen lernt, muß zweierlei tun:

1. In geistigem Sein verharren.
2. Sein Denken unbeirrt im Licht festhalten.

Das Wesen der Verblendung 89

Daraus geht hervor, daß die Energie der Astralebene, wie sie sich im Gefühlsleben der menschlichen Rasse ausdrückt, die hauptsächlichen Verblendungen der Menschheit hervorruft, und daß sie nur dadurch zerstreut, verscheucht und vertrieben werden kann, daß die höhere Energie eines seelisch beeinflußten Denkens gegen sie eingesetzt wird.

4. Die Verblendungen, die die Menschheit im Banne halten, sind:

    a. Die Verblendung materieller Interessen.
    b. Die Verblendung der Gefühle.
    c. Die Verblendung der Hingabe.
74]   d. Die Verblendung der Gegensatzpaare.
    e. Die Verblendungen des Pfades.

Diese Verblendungen möchte ich jetzt im einzelnen erläutern.

Die *Verblendung materieller Interessen* ist die Ursache aller gegenwärtigen Bedrängnisse in der Welt, denn das sogenannte Wirtschaftsproblem ist nur das Resultat dieser besonderen Verblendung. Seit altersher hat die Menschenrasse an dieser Verblendung wachsendes Interesse genommen, bis am Ende die ganze Welt in den Rhythmus finanzieller Interessen hineingerissen wurde. Seit jeher bestand ein aus den Bereichen der Seele kommender Rhythmus, der von Jenen geschaffen wurde, Die sich von der Vorherrschaft materieller Anforderungen, von der Knechtschaft des Geldes und von der Liebe zum Besitz freigemacht haben. Heute ist dieser höhere Rhythmus der niederen, rhythmischen Verblendung angemessen, und deshalb denkt die ganze Welt darüber nach, wie sie einen Ausweg aus der heutigen, materiellen Sackgasse finden könnte. Jene Seelen, die im Licht auf dem Berggipfel der Befreiung stehen, und jene anderen, die aus den Nebeln materieller Bindungen aufwärts streben, sind jetzt zahlenmäßig stark genug, um energisch an der Zerstreuung dieser Verblendung zu arbeiten. Der Einfluß ihrer Gedanken, ihrer Worte und ihres Lebens kann und wird eine Umwertung der Werte und einen neuen Lebensstandard für die Rasse zuwege bringen, gegründet auf klare Sicht, auf ein richtiges Gefühl für relative Wichtigkeit und auf eine Erkenntnis der wahren Wesensbeziehung zwischen Seele und Form, zwischen Geist und Materie. Was einem wirklichen und lebenswichtigen Bedürfnisse entspricht, ist jederzeit im göttlichen Plane vorgesehen. Was zur rechten Ausdrucksgebung der Gottnatur und zu einem vollen, segensreichen Leben unnötig ist, läßt sich wohl erringen und besitzen, aber nur durch den Verlust des Wirklicheren und durch Verneinung des Wesentlichen.

Dabei darf man allerdings nicht vergessen, daß das Notwendige sich ändert je nach der Entwicklungsstufe, die der Einzelne erreicht
75] hat. Für manche Leute mag z. B. materieller Besitz eine ebenso große, geistige Erfahrung und wirksame Lehre im Lebensausdruck bedeuten, wie die höheren und weniger materiellen Bedürfnisse des Mystikers oder Einsiedlers. In bezug auf Betätigung und Gesichtspunkt werden wir nach unserem jeweiligen Platz auf der Evolutionsleiter eingeschätzt. Genau genommen werden wir nach unserem Gesichtspunkt und nicht nach unseren Lebensansprüchen eingeschätzt. Der geistig gesinnte Mensch und derjenige, der sich auf den Probepfad begeben hat und das nicht auszudrücken versucht, woran er glaubt, wird ebenso scharf beurteilt und muß einen ebenso hohen Preis zahlen, wie der reine Materialist — der Mensch, dessen Wünsche sich um greifbare Dinge bewegen. Das muß man bedenken und sich nicht verächtlich auf den Richterstuhl setzen.

Heute ist die Verblendung materieller Interessen merklich im Rückgang begriffen. Die Völker der Welt treten jetzt in die sogenannte „Wüstenerfahrung" ein und werden in der Wüste entdecken, wie wenig zu einem vollen Leben, zu wahrer Erfahrung und wirklichem Glück nötig ist. Der unersättliche Wunsch nach Besitztümern gilt heute nicht mehr so ehrenwert wie früher; und wer sich Reichtum ersehnt, kann sich daran nicht mehr so festklammern wie in früheren Zeiten menschlicher Geschichte. Dinge und Besitztümer entgleiten den Händen, die sich bislang fest daran angeklammert haben, und erst wenn Menschen mit leeren Händen und neuen Wertmaßstäben dastehen, werden sie erneut das Recht erlangen, Eigentum zu besitzen. Wenn der Mensch nichts wünscht und nichts fürs abgesonderte Selbst anstrebt, kann ihm die Verantwortung für materiellen Reichtum wiedergegeben werden, aber sein Gesichtspunkt wird dann frei sein von dieser besonderen Verblendung, und die Nebel astraler Wünsche werden verringert sein. Illusion in mannigfacher Form mag immer noch vorhanden, aber die Verblendung materieller Interessen wird verschwunden sein; sie ist als erste zum Verschwinden bestimmt. Man darf nicht vergessen, daß jede Art von Besitz und alle materiellen Gegenstände, sei es Geld, ein Haus, ein Bild oder ein Automobil ihr eigenes Innenleben, eine eigene Ausstrahlung und ein Tätigkeitsgebiet haben, das wesentlich ihrer eigenen, atomischen Struktur entspricht (denn ein Atom ist eine aktive Energie-Einheit). Daraus entstehen Gegenstücke in der Welt des ätherischen und astralen Lebens, aber nicht in der mentalen Welt. Diese subtileren Formen und besonderen Emanationen vergrößern die Macht des Wunschlebens in der Welt; sie tragen zur Weltverblendung bei und bilden einen Teil der großen und mächtigen Welt des Miasma, die sich auf dem involutionären Abstieg befindet, in der aber die Menschheit in ihrem evolutionären Aufstieg trotzdem versunken ist. Deshalb halten es die Führer der Menschheit für notwendig, nichts dagegen zu tun, wenn die vom Menschen selbst angesetzten Kräfte sich daran machen, ihn zu entblößen und ihn dadurch freimachen, in der Wüste zu wandern. Dort kann er unter, wie man sagt, beschränkten Verhältnissen sein Leben neu ordnen und seine Lebensweise ändern, wobei er feststellt, daß Freiheit von materiellen Bindungen ihre eigene Freude und Schönheit, ihren eigenen Lohn und Ruhm mit sich bringt. So wird er frei gemacht zum Leben des Denkers.

Die Verblendung der Gefühle hält die guten Menschen dieser Welt in Bann und im dichten Nebel gefühlsmäßiger Reaktionen. Die Rasse ist auf einem Punkt ihrer Entwicklung angelangt, wo Menschen mit guter Absicht, mit wirklichem Verständnis und mit einer gewissen Freiheit von der Liebe zum Golde (womit symbo-

lisch die Verblendung durch materielle Interessen gemeint ist) ihre Wünsche auf ihre Pflicht, ihre Verantwortungen und ihre Einwirkungen auf andere, sowie auf ihr sentimentales Verständnis für das Wesen der Liebe richten. Liebe ist für viele, ja sogar für die meisten keine eigentliche Liebe, sondern eine Mischung vom Wunsch, zu lieben und dem Wunsch, geliebt zu werden, und die Bereitwilligkeit, alles zu tun, um dieses Gefühl hervorzurufen und demzufolge sich im eigenen Innenleben wohler zu fühlen. Die Selbstsucht derer, die selbstlos zu sein wünschen, ist groß; denn viele zusätzliche Gefühle sammeln sich um das Gefühl oder den Wunsch, jene liebenswürdigen und angenehmen Eigenschaften aufzuweisen, die dementsprechende Gegenbeweise in jenem Menschen hervorrufen sol-
77] len, der lieben und dienen möchte, der aber jetzt noch ganz von der Verblendung der Gefühle umgeben ist.

Gerade diese Scheinliebe, die sich hauptsächlich auf eine Theorie von Liebe und Dienst gründet, ist für so viele menschliche Beziehungen wie z. B. die zwischen Mann und Frau oder zwischen Eltern und Kindern bezeichnend. Von ihren Gefühlen verblendet und ohne viel von der Seelenliebe zu wissen, die selbst frei ist und andere ebenso frei läßt, wandern sie in einem dichten Nebel und ziehen oft diejenigen mit hinein, denen sie zu dienen wünschen, um eine Erwiderung ihrer Zuneigung zu erwecken. Das Wort „Zuneigung", lieber Bruder, sollte auf seine wahre Bedeutung hin untersucht werden. Zuneigung ist keine Liebe. Sie ist ein Wunsch, den wir durch den Einsatz des Astralkörpers ausdrücken, und dieses Bestreben beeinflußt unsere Beziehungen; sie ist etwas anderes als die spontane Wunschlosigkeit der Seele, die nichts fürs abgesonderte Selbst beansprucht. Die Verblendung der Gefühle hält alle guten Menschen dieser Welt gefangen, verwirrt sie, legt ihnen Verpflichtungen auf, die gar nicht existieren und führt zu weiterer Verblendung, die am Ende durch das Einströmen wahrer und selbstloser Liebe zerstreut werden muß.

Ich erwähne diese Verblendungen nur kurz, denn der Schüler kann weitere Einzelheiten für sich selbst ausarbeiten; und dabei wird er feststellen, wo er selbst in der Welt des Nebels und der Verblendung steht. Das erlangte Wissen wird ihm dazu verhelfen, sich allmählich daraus zu befreien.

Die Verblendung der Hingabe ist die Ursache dafür, daß viele Probejünger in der Wunschwelt im Kreise herum wandern. Personen des sechsten Strahls werden hauptsächlich von dieser Verblendung betroffen, die heutzutage besonders wirksam ist, weil der sechste Strahl während des Fische-Zeitalters jahrhundertlang aktiv war. Sie ist heute eine der mächtigen Verblendungen des wirklich hingebungsvollen Aspiranten. Er gibt sich einer Sache hin, einem Lehrer, einer Glaubensrichtung, einer Person, einer Pflicht oder einer Verantwortung. Darüber sollte man nachdenken. Solche harmlose idealistische Gegenstände des Verlangens werden mit der Zeit jedoch schädlich, sowohl für den Betreffenden als auch für andere, 78] weil sie alle durch diese Verblendung der Hingabe in den Rhythmus der Weltverblendung hineinschwingen, die ihrem Wesen nach der Nebel der Wünsche ist. Wenn starkes Wünschen irgendwelcher Art die umfassendere geistige Schau auslöscht und den Menschen auf seinen winzigen Wunschbereich einengt, innerhalb dessen er sein Bedürfnis nach Hingabe befriedigt, dann wirkt solches Wünschen ebenso hemmend, wie irgend eine der anderen Verblendungsformen, ja es ist sogar gefährlicher, weil der daraus entstehende Nebel eine so schöne Färbung annimmt. Der Mensch verliert sich dann im Hochgefühl seines eigenen Nebels, der von seinem Astralkörper ausgeht und sich aus Gefühlsmalereien zusammensetzt, mit denen er eigenes Wünschen und die Hingabe an selbsterwählte Ziele ausschmückt.

Dieses Gefühl der Hingabe kann bei allen wahren Aspiranten wegen der erhöhten Wirkungskraft ihrer Schwingungen besondere Schwierigkeiten verursachen und zu längerer Versklavung führen. Ein Beispiel hierfür ist das Gefühl der Hingabe, mit denen Probejünger in verblendeter Überschwenglichkeit die Meister der Weisheit überschütten. Die Namen der Mitglieder der Hierarchie, Ihr Werk sowie das Werk der Eingeweihten und der disziplinierten

Jünger (diese Bezeichnung ist beachtlich) werden mit schillerndem Blendwerk umwoben, das Sie daran verhindert, den Jünger je zu erreichen, oder das umgekehrt den Jünger von Ihnen fernhält. Es ist nicht möglich, die dichte Verblendung der Hingabe zu durchdringen, deren dynamische, begeisterte Lebensschwingungen von der konzentrierten Energie eines Jüngers ausgesendet werden, der immer noch durch sein Sonnengeflechts-Zentrum fungiert.

Gegen diese Verblendung gibt es einige uralte Regeln: Fühlungnahme mit dem größeren Selbst durch Vermittlung des höheren Selbstes, wodurch man das kleine Selbst, seine Reaktionen, Wünsche und Absichten aus dem Auge verliert. Oder: Man läßt reine Seelenliebe, die in keiner Weise personifiziert ist und keinerlei Anerkennung sucht, in die Verblendungswelt hineinströmen, die den Betreffenden umgibt, und die Nebel seiner Hingabe (auf die er 79] stolz ist) werden sich zerteilen.

Auf dem Probepfade kommt es zum bewußt verspürten Hin- und Herschwanken zwischen den Gegensatzpaaren, bis der auftauchende Mittelweg sichtbar wird. Dieser Prozeß führt zur *Verblendung der Gegensatzpaare*, die ihrem Wesen nach einem dichten Nebel gleicht, der manchmal mit Freude und Seligkeit, manchmal mit Trübsinn und Niedergeschlagenheit gefärbt ist, während der Jünger zwischen den Gegenpolen hin- und herschwankt. Dieser Zustand hält nur solange an, wie das *Gefühl* tonangebend bleibt — ein Gefühl, das die ganze Tonleiter durchläuft zwischen mächtiger Freudigkeit, während der Mensch sich mit dem Gegenstand seiner Hingabe oder seines Strebens zu identifizieren sucht, und schwärzester Verzweiflung und einem Gefühl des Unvermögens, wenn der Versuch mißlingt. All das ist jedoch seinem Wesen nach astral und seiner Qualität nach nur eine Sinnesempfindung, hat also mit der Seele nichts zu tun. Aspiranten bleiben viele Jahre lang und oft für viele Inkarnationen im Gefängnis dieser Verblendung. Wenn der Jünger sich aus der Gefühlswelt loslöst und sich in der Welt des erleuchteten Denkens polarisiert, wird er diese Verblendung, die ein Teil der großen Irrlehre vom Getrenntsein ist, zer-

Das Wesen der Verblendung

streuen. Sobald jemand sein Leben in Dreiheiten absondert (was unvermeidlich ist, solange er sich mit den Gegensatzpaaren abgibt und sich mit einem davon identifiziert), unterliegt er der Trennungs-Verblendung. Vielleicht wird dieser Gesichtspunkt helfen, vielleicht bleibt er ein Geheimnis, denn der Schlüssel zur Weltverblendung liegt in dem Gedanken verborgen, daß diese dreifache Absonderung das Schöpfungsgeheimnis verhüllt. Gott Selbst rief die Gegensatzpaare — Geist und Materie — hervor und schuf auch den Mittelweg, nämlich den Bewußtseins- oder Seelenaspekt. Dieser Gedanke sollte tief durchdacht werden.

Diese Dreiheit der Gegensatzpaare und des engen Weges, des edlen Mittelweges, der zwischen ihnen die Schwebe hält, ist das astrale Spiegelbild der Tätigkeit von Geist, Seele und Körper, oder 80] Leben, Bewußtsein und Form, der drei Aspekte der Gottnatur — die alle gleichermaßen göttlich sind.

Wenn der Aspirant sich von den genannten Verblendungen freizumachen lernt, entdeckt er eine weitere Welt von Dunst und Nebel, durch die der Pfad zu führen scheint und die er durchdringen muß, um sich von den *Verblendungen des Pfades* zu befreien. Worin bestehen diese Verblendungen, liebe Brüder? Studiert die drei Versuchungen Jesu, wenn ihr darüber Klarheit gewinnen möchtet. Untersucht auch die Wirkung, die die bejahenden Glaubensrichtungen, die eine (materiell angewandte) Gottnatur betonen, auf die Welt der Gedanken ausüben; untersucht die Fehlschläge von Jüngern durch Stolz, Messiaskomplexe, Dienstkomplexe und all die verschiedenen Verdrehungen der Wirklichkeit, die ein Mensch auf dem Pfade antrifft, die seinen Fortschritt behindern und den Dienst verderben, den er anderen leisten sollte. Man muß im eigenen Denken die Unmittelbarkeit des Seelenlebens betonen und sie nicht verderben durch die Verblendung hoher, aber eigennützig ausgelegter Ziele; das Bestreben, sich selbst in den Mittelpunkt zu stellen, Selbstopferung, angriffslustige Selbstbehauptung oder persönliches Geltungsbedürfnis im geistigen Wirken — das sind einige der Verblendungen des Pfades.

Nunmehr wollen wir die Verblendung auf der ätherischen Ebene und den Hüter der Schwelle betrachten und damit den kurzen Umriß unseres Problems beenden, wofür der erste Teil dieser Abhandlung bestimmt war.

Ehe ich darauf im einzelnen eingehe, möchte ich zu unserer vorherigen Betrachtung des Verblendungsproblems etwas hinzufügen. In unserer letzten Instruktion ging ich etwas näher auf die verschiedenen Arten von Verblendung ein und betonte dabei deren große Bedeutung im Leben des Einzelnen. Das Kampfgebiet (für den Menschen, der sich der akzeptierten Jüngerschaft nähert oder der sich im akademischen Sinne auf dem Pfade der Jüngerschaft befindet) ist in der Hauptsache das der Verblendung. Das ist das 81] Hauptproblem, und seine Lösung ist eine unmittelbare und dringende Aufgabe für alle Jünger und älteren Aspiranten. Daraus erklärt sich, warum im Arischen Zeitalter die Notwendigkeit betont worden ist, Raja Yoga zu studieren und sich seiner Disziplin zu unterwerfen. Nur durch Raja Yoga kann ein Mensch stetig im Lichte verharren, und nur durch Erleuchtung und durch Erlangung einer klaren Vision können die Nebel und Ansteckungsstoffe der Verblendung schließlich zerstreut werden. Nur wenn der Jünger lernt, sein Denken „stetig im Lichte" festzuhalten, und nur wenn die Strahlen reinen Lichtes von der Seele her ausströmen, kann Verblendung entdeckt, unterschieden und ihrem Wesen nach erkannt und dadurch zum Verschwinden gebracht werden, gleichwie die Nebel der Erde sich in den Strahlen der aufgehenden Sonne auflösen. Deshalb möchte ich empfehlen, der Meditation angemessenere Aufmerksamkeit zu widmen, die Fähigkeit zum Nachdenken zu pflegen und während des ganzen Tages eine besinnliche Geisteshaltung zu bewahren.

Es wird sich als wirklich wertvoll herausstellen, tief darüber nachzusinnen, weshalb die Intuition gepflegt und ein erleuchtetes Denken entwickelt werden muß; und dabei sollte man sich fragen, ob diese Beweggründe ihrem Ziel nach identisch sind und ob sie zeitlich zusammenfallen. Dann dürfte man feststellen, daß ihre

Ziele sich unterscheiden und daß die Wirkungen ihrer klar erkennbaren Entfaltung auf die Persönlichkeit ebenfalls verschieden sind. Verblendung wird nicht durch Intuition zerstreut, und ebensowenig wird Illusion durch erleuchtetes Denken überwunden.

Die Intuition ist eine höhere Fähigkeit als das Denken; sie ist eine Fähigkeit, die in der Geistigen Triade schlummert; sie ist die Fähigkeit der reinen Vernunft, ein Ausdruck des buddhischen Prinzips, jenseits der Welt des Egos und der Form. Nur wer ein Eingeweihter ist, kann wahre Intuition normalerweise ausüben. Damit will ich sagen, daß die Intuition dann ebenso leicht in Funktion treten kann wie das Denkprinzip in einem wirklich intelligenten Menschen. In Fällen äußerster Not oder dringenden Bedarfs macht sich die Intuition jedoch schon viel früher bemerkbar.

82] Die *Erleuchtung* ist es, was die meisten Aspiranten, wie die Mitglieder meiner Schülergruppe, anstreben müssen; sie müssen die Fähigkeit ausbilden, ihr Denken als Reflektor des Seelenlichtes zu gebrauchen, den sie auf die Bereiche der Verblendung einstellen, um sie damit zu zerstreuen. Die Schwierigkeit, liebe Brüder, liegt darin, dies inmitten der Nöte und Täuschungen der Verblendung zu tun. Das bedingt, daß man sein Denken und Wünschen still aus der Welt zurückzieht, in der die Persönlichkeit zu wirken gewohnt ist, und daß man das Bewußtsein in die Welt der Seele verlegt, um dort schweigend und geduldig das Kommende abzuwarten in der Gewißheit, daß das Licht erscheinen und die Erleuchtung mit der Zeit stattfinden wird.

Tiefes Mißtrauen gegenüber den eigenen Reaktionen auf Leben und Umstände ist dann wertvoll, wenn diese Reaktionen *Kritiksucht*, *Absonderungstendenz* oder *Stolz* erregen. Die hier aufgezählten Eigenschaften sind ganz bestimmt Brutstätten der Verblendung. Sie sind im okkulten Sinne die „Verblendungsmerkmale". Darüber sollte man nachdenken. Wenn jemand sich von diesen Eigenschaften frei machen kann, ist er nahe daran, alle Verblendung abzustreifen und zu zerstreuen. Ich wähle meine Worte mit Sorgfalt, um des Lesers Aufmerksamkeit zu fesseln.

Illusion wird durch bewußte Anwendung der Intuition zerstreut, abgewiesen und verworfen. Der Eingeweihte *isoliert* sich von der Welt der Illusion, von illusorischen Formen und von Anziehungsgelüsten persönlicher Art; durch diese Isolierung kommt er mit der Wirklichkeit aller Formen in Berührung, die bislang hinter dem Schleier der Illusion versteckt lag. Dies ist einer der Widersprüche des Pfades. Absonderung und Isolierung, von der richtigen Art und Weise, führen zu richtigen Beziehungen und zu korrekten Kontakten mit dem Wirklichen. Sie führen am Ende zur Einswerdung mit der Wirklichkeit durch Absonderung gegenüber dem Unwirklichen. Diese Idee ist es, die den Lehren des letzten 83] Buches der Yoga Sutras des Patanjali zugrunde liegt. Diese Lehren sind oft mißverstanden worden; ihr Sinn und ihre Absicht wurde aus separatistischen und egoistischen Motiven verzerrt und zum Vorwand für eine Isolierung irriger Art genommen.

Die Seele selbst ist es, die die Illusion durch die Kraft der Intuition verscheucht. Erleuchtetes Denken dagegen zerstreut die Verblendung.

Hier möchte ich darauf hinweisen, daß viele wohlmeinende Aspiranten an dieser Stelle versagen, weil sie zwei Irrtümer begehen.

1. Sie beachten nicht den Unterschied zwischen Illusion und Verblendung.

2. Sie versuchen, Verblendung auf eine Weise zu zerstreuen, die sie für die richtige halten, nämlich dadurch, daß sie die Seele anrufen, während sie es in Wirklichkeit nötig haben, ihr Denkvermögen in der richtigen Weise anzuwenden.

Wenn man sich inmitten von Nebeln und Verblendungen befindet, ist es jedoch viel leichter, sich hinzusetzen und sich in den Glauben hineinzusteigern, daß man „die Seele zu Hilfe ruft", als seine astrale Gefühlsnatur der Disziplin harten und gradlinigen Denkens zu unterwerfen und dabei das Denkvermögen als Werk-

Das Wesen der Verblendung

zeug zu benutzen, durch das Verblendung zerstreut werden kann. So seltsam es auch scheinen mag, kann das „Herbeirufen der Seele" zur direkten Bekämpfung von Verblendung die Schwierigkeit vergrößern (und das ist häufig der Fall). Das Denkvermögen ist das Werkzeug, mit dem das Licht auf alle Verblendungszustände gelenkt werden kann, und die Schüler tun gut daran, diesen Gedanken stets im Bewußtsein festzuhalten. Der Vorgang besteht darin, daß man das Denken mit der Seele gleichschaltet, dann aber bewußt und scharf im Denkvermögen oder Mentalkörper, und nicht in der Seele oder egoischen Form konzentriert bleibt. Sodann geht man daran, durch Analyse, kritische Unterscheidung und rechtes Denken sich mit dem Problem der Verblendung zu befassen. Erschwerend ist die Tatsache, daß Jünger den Zustand oft nicht 84] als Verblendung erkennen, und es ist schwierig, eine klare und unfehlbare Regel dafür aufzustellen, wie diese Erkenntnis erlangt werden könnte. Immerhin läßt sich sagen, daß Verblendung stets dann vorliegt, wenn Folgendes zu bemerken ist:

1. Kritik in solchen Fällen, wo eine sorgfältige Analyse zeigen würde, daß in Wirklichkeit keine Kritik angebracht ist.
2. Kritik dort, wo keine persönliche Verantwortung vorliegt. Damit meine ich, wo den Betreffenden weder seine Stellung noch seine Pflichten zur Kritik veranlaßt.
3. Stolz auf eigene Leistung oder Befriedigung darüber, daß man Jünger ist.
4. Irgendein Überlegenheitsgefühl oder eine separatistische Tendenz.

Es ließen sich noch viele andere Anhaltspunkte zur Erkennung von Verblendung anführen, aber wenn jeder Aspirant den vier oben genannten Hinweisen sorgfältige Beachtung zollte, würde er sein Leben merklich vom Einfluß der Verblendung befreien und folglich seinen Mitmenschen größere Dienste leisten können. Damit habe ich versucht, ein wenig praktischen Beistand zu leisten in diesem schwierigen Kampf zwischen den Gegensatzpaaren, der die Hauptursache der Verblendung ist.

3. *Verblendung auf ätherischem Gebiet* . . . . *Maja*

Wir kommen jetzt zur Betrachtung der Mittel und Wege, wie die *Maja* zu Ende kommen und der Jünger sich von den *Krafteinflüssen der physischen Ebene* freimachen kann. In dieser Feststellung ist alles enthalten, was über Maja zu sagen ist. Man könnte hinzufügen (was vielleicht nicht völlig zutrifft, aber immerhin genügend wahr ist, um erwähnt zu werden), daß Maja in ihrer Auswirkung erst dann erkennbar wird, wenn man auf dem Pfade ist, angefangen mit dem Probe- oder Läuterungspfade. Man ist allerzeit von Kräften umgeben, aber Maja wird erst dann zu einem Problem, wenn sie als solches erkannt ist, was in den Frühstadien 85] der Evolution nicht möglich ist. Auf dem Pfade fängt man an, auf Kräfte aufmerksam zu werden und ihre Wirkungen zu entdecken; man wird sich bewußt, das Opfer von Kraftströmungen zu sein; man wird von unkontrollierten Kräften zu irgendeiner Tätigkeit hingerissen, und die Welt der Kräfte wird für den sich mühenden Aspiranten zur bewußt empfundenen Wirklichkeit. Eben deshalb habe ich gesagt, daß Maja vor allem ein Problem des Ätherkörpers ist, denn Maja bezieht sich auf die Kräfte, die durch die sieben Zentren des Körpers strömen und die (in allen oder einigen davon) Reaktionen oder Wirkungen hervorrufen, die entweder wünschenswert oder vernichtend sind.

Natürlich muß man sich darüber klar sein, daß jedwede Manifestation auf jeder Ebene ein Ausdruck von Kraft ist, aber die Kräfte, die ich hier als Maja bezeichne, sind jene unkontrollierten Energien, jene ziellosen Impulse, die von der Welt des Prana und von der in der Materie selbst schlummernden Kraft herrühren. Sie reißen einen Menschen mit sich fort zu unerwünschter Betätigung und umgeben ihn mit einem Strudel von Wirkungen und Zuständen, gegen die er völlig hilflos ist. Er ist das Opfer der Kraftmasse,

Das Wesen der Verblendung

die in der Tiernatur oder in der Welt und den Zuständen seiner Umgebung verborgen ist. Wenn zur Kraft der Maja noch der Verblendungszustand und außerdem die Illusionen des fortgeschrittenen Jüngers hinzukommen, dann versteht man, wie notwendig es ist, zwischen den drei Arten der Täuschung ruhig unterscheiden zu können. Wenn wir von „Täuschung" sprechen, so meinen wir, wie erinnerlich, Täuschung vom Gesichtswinkel der Seele aus. Der Aspirant muß lernen, sich von Illusion, Verblendung und Maja freizumachen, und zu diesem Zwecke muß er die Mittel zu seiner Befreiung erkennen, nämlich Intuition, Erleuchtung und Inspiration.

Das Majaproblem wird durch die Tatsache erschwert, daß wir es auf der physischen Ebene (ebenso wie auf der Astralebene, obwohl das noch wenig bekannt ist) mit dem Kampf zwischen zwei Gegensätzen zu tun haben. Sie sind in mancher Beziehung verschieden von denen auf der Astralebene. Auf der physischen Ebene (und damit meine ich die ätherischen Stufen der physischen Ebene, auf welchen man die täuschende Kraft der Maja erlebt) treffen sich die Kräfte der subjektiven Welt der Persönlichkeit und die uralten Energien der Materie selbst, die uns als schlummernde Saat von einem vorhergehenden Sonnensystem überliefert wurden.

Vielleicht wird es das Verständnis des Lesers erleichtern, wenn ich die Wahrheit in bezug auf Maja in folgende Worte fasse:

Wenn die im Persönlichkeitsleben schlummernden Impulse von der Seele abgesondert sind und von ihr nicht geleitet werden, vermischen sie sich mit den Prana-Fluiden innerhalb des Einflußbereichs der Persönlichkeit; sie werden dann zu mächtigen Kraftströmen, die in eine bestimmte Richtung ausgesandt werden und danach trachten, vermittels der sieben Zentren im physischen Körper sichtbar in Erscheinung zu treten. Diese Kräfte oder Impulse, dazu das vorhandene Prana, bilden den Äther-Körper des unentwickelten und oft auch des durchschnittlichen Menschen. Daraus erhellt, wie sehr der unentwickelte Mensch das Opfer von Massenenergie einer niedrigen Ordnung ist, denn sein Äther-Körper reagiert auf das allgemeine Prana der Umgebung und entnimmt ihm seine Kraft; das bleibt so lange so, bis es zu einer bestimmten Richtunggebung und höheren Kontrolle kommt — entweder aufgrund neuer Zielsetzung und gedanklicher Disziplinierung, oder später als Folge seelischer Einwirkung.

Diese in einem individuellen Ätherkörper angesammelte Energie durchläuft zwei Stadien, die der Periode der Jüngerschaft vorangehen:

1. Das Stadium, in welchem er die an zweiter Stelle genannte Kraft in sich aufnimmt, nämlich die in der dichten physischen Form schlummernde Kraft, die Energie der atomischen Substanz, wodurch eine deutliche Fusion und Vermengung erzielt wird. Dies zwingt die Tiernatur, sich völlig den inneren Impulsen anzupassen, die beim ganz unentwickelten Menschen aus
87] der Welt des Prana, und beim höher entwickelten oder Durchschnittsmenschen aus der niederen Astralgegend stammen.

2. Sobald jedoch eine innere Orientierung auf die Welt höherer Werte stattfindet, gerät die ätherische oder Lebenskraft in Konflikt mit dem niedersten menschlichen Aspekt, dem dichten, physischen Körper; dann kommt es zum Kampf zwischen den niederen Gegensatzpaaren.

Es ist interessant festzustellen, daß gerade auf dieser Stufe physische Disziplinen betont werden, wie völlige Abstinenz, Zölibat, vegetarische Kost, Körperhygiene und Leibesübungen. Dadurch kann die Macht des Lebens der Materie, des niedrigsten Ausdrucks des dritten Aspektes der Gottheit, gebrochen und der Mensch freigemacht werden zum wahren Kampf zwischen den Gegensatzpaaren. Dieser zweite Kampf ist das wahre Kurukshetra und wird innerhalb der Astralnatur ausgefochten, zwischen den Gegensatzpaaren, die für unser Sonnensystem genauso bezeichnend sind, wie die physischen Gegensatzpaare für das vorausgegangene Sonnensystem. Das Tierreich bietet einen interessanten Ausblick auf den

Das Wesen der Verblendung

Kampf der Gegensätze auf der niederen Spirale, wo es sich um den physischen Körper in seinen beiden Aspekten handelt. In diesem Falle fungieren Menschen als Vermittler der Disziplinierung; die Haustiere, die sich menschlicher Kontrolle anzupassen gezwungen sind, kämpfen (wenn auch von unserem Standpunkt aus unbewußt) mit dem Problem dieses niederen Gegensatzpaares. Ihr Kampf wird vermittels des physischen Körpers und der ätherischen Kräfte ausgefochten, und dadurch wird ein höheres Streben zum Ausdruck gebracht. Dieser Vorgang ruft in ihnen die Erfahrung hervor, die wir „Individualisierung" nennen, wobei der Keim zur Persönlichkeit gesät wird. Auf dem menschlichen Kampfgebiet, dem Kurukshetra, kommt der höhere Aspekt der Seele allmählich zur Vorherrschaft, und dies führt im Laufe der Zeit zur göttlichmenschlichen Integration, die wir „Einweihung" nennen. Darüber sollte man nachsinnen.

Wenn ein Aspirant die Entwicklungsstufe erreicht, auf der die Kontrolle der physischen Natur als dringend notwendig erscheint, dann macht er in seinem eigenen Leben eine Wiederholung dieses früheren Kampfes mit den niedrigsten Gegensatzpaaren durch, und er beginnt dann seine dichte, physische Natur zu disziplinieren.

Im Sinne einer weitgehenden Verallgemeinerung ließe sich sagen, daß die menschliche Familie in ihrer Gesamtheit diesen physisch-ätherischen Konflikt im Weltkriege ausgefochten hat, der ihre Disziplin in schärfster Weise auf die Probe stellte. Bekanntlich legen wir uns unsere Prüfungen und Disziplinen selbst auf, denn sie erwachsen aus unseren Beschränkungen und den sich uns bietenden Gelegenheiten. Infolge dieser Prüfung und aufgrund der damit verbundenen Reinigung und Läuterung ging eine große Anzahl von menschlichen Wesen auf den Probepfad über. Dieser Läuterungsprozeß bereitete sie zu einem gewissen Grade auf den lange währenden Konflikt auf der Astralebene vor, der allen Aspiranten bevorsteht, ehe sie eine Einweihung erlangen. Es ist die „Arjuna-Erfahrung". Dieser Punkt ist interessant und sollte durchdacht werden, da er viel Licht auf das schwerverständliche Geheimnis der *Stufenfolge* menschlicher Entfaltung wirft. Der einzelne Aspirant neigt dazu, nur an sich selbst und seine eigenen Prüfungen und Erprobungen zu denken. Er muß lernen, an die Massenvorgänge zu denken und deren vorbereitende Wirkung auf die gesamte Menschheit zu verstehen. Der Weltkrieg bedeutete einen Höhepunkt im „Schwächen und Entkräften" der Weltmaja. Viel Kraft wurde ausgelöst und erschöpft, und viel Energie verausgabt. Infolgedessen klärte sich Vieles.

Viele Menschen sind heute in ihrem individuellen Leben mit genau dem gleichen Vorgang und Konflikt beschäftigt. Was im Weltkriege im Großen geschah, wirkt sich in kleinem Maßstabe in ihren Einzelleben aus. Sie befassen sich mit dem Problem der 89] Maja, und deshalb wird heute immer mehr Wert gelegt auf Körperpflege, körperliche Disziplin und Schulung, wie z. B. in der Sportwelt, bei athletischen Übungen und bei der militärischen Ausbildung. Trotz aller irrigen Motive und schlimmen Wirkungen (wiederum im Sinne einer weitgehenden Verallgemeinerung) ist die organisierte, körperliche Ausbildung der Jugend, besonders in den europäischen Ländern mit militärischer Dienstpflicht, für Millionen die Vorbereitungsstufe für den Pfad der Läuterung. Ist das eine harte Wahrheit, liebe Brüder? Die Menschheit steht unter rechter Lenkung, selbst wenn sie (im Augenblick noch) den Vorgang mißversteht, und falsche Motive auf richtige Handlungen anwendet.

Auf all diese Punkte werden wir später näher eingehen, wenn wir zum dritten Teil kommen und die Methoden zur Beendigung von Verblendung, Illusion und Maja studieren. An dieser Stelle möchte ich nur einen allgemeinen Überblick geben und die Tabelle auf Seite 54 etwas weiter ausführen. Der Leser sollte diese Tabelle sorgfältig studieren und wenn möglich auswendig lernen, denn ein richtiges Verstehen dürfte sich als sehr nützlich erweisen.

Im Zusammenhang mit dem Majaproblem möchte ich darauf hinweisen, daß physische Koordinierung eine der ersten Maßnahmen zu ihrer richtigen Behandlung ist; daraus erklärt sich, daß

Das Wesen der Verblendung

heute auf die Ausbildung von Kindern so viel Wert gelegt wird; eine ebensolche Bedeutung hat ein von uns angewandter, ähnlicher Vorgang, den wir als „Gleichschaltung" bezeichnen, wobei es um Meditationsarbeit und um das Bestreben geht, eine zunehmende Seelenkontrolle herbeizuführen. Schüler tun gut daran, dies im Auge zu behalten und über folgende Ausdrücke eingehend nachzudenken:

1. Physische Koordinierung.
2. Astrale Orientierung.
3. Mentale Zielsetzung.
4. Gleichschaltung der Persönlichkeit.

Mit diesen Worten versuche ich, den Vorgang „rechter Betätigung 90] auf dem Pfade der Rückkehr" zu beschreiben. Diese Rückkehr ist das Ziel der menschlichen Familie und der Gipfelpunkt in der Entwicklung der vier Naturreiche. Wir könnten diesen Gedanken noch dadurch erweitern, daß wir die Wahrheit in folgender Weise ausdrücken:

Vorgang	*Entsprechung*	*Hindernis*
1. Physische Koordinierung	Mineralreich	Maja.
2. Astrale Orientierung	Pflanzenreich	Verblendung.
3. Mentale Zielsetzung	Tierreich	Illusion.
4. Gleichschaltung der Persönlichkeit	Menschenreich	Hüter der Schwelle.

Diese Vorgänge haben demnach ihren Gegenwert in allen Naturreichen und führen zu folgenden Zielen:

1. Zur Entfaltung göttlichen Bewußtseins.
   Dies beginnt im Mineralreich.
2. Zur Wesensäußerung der Seele.
   Ein typisches Beispiel hierfür ist das Pflanzenreich in seiner Dienstleistung und Schönheit.
3. Zur Manifestation Christi.
   Das ist das anerkannte Ziel des Tierreiches, das auf die Individualisierung hinarbeitet.

4. Zur Enthüllung der Herrlichkeit Gottes.
Diesem Ziel strebt die Menschheit zu.

4. *Verblendung auf den höheren Mentalebenen* . . . .
Der Hüter der Schwelle

Wir wollen jetzt kurz das Problem des *Hüters der Schwelle* besprechen. Dieser Hüter wird oft als ein Unglück angesehen, als ein Schrecken, dem man ausweichen sollte, und als der letzte Höhepunkt alles Bösen. Demgegenüber möchte ich daran erinnern, daß der Hüter der „eine" ist, „der vor dem Tore Gottes steht", der im Schatten der Einweihungspforte weilt, und der mit offenen Augen dem Engel der Gegenwärtigkeit ins Gesicht sieht, wie es in den alten Aufzeichnungen heißt. Man kann den Hüter als die Gesamtsumme der Kräfte der niederen Natur definieren, die sich in der Persönlichkeit zum Ausdruck bringen, ehe sich Erleuchtung, 91] Inspiration und Einweihung einstellen. Auf dieser Stufe ist die Persönlichkeit äußerst kraftvoll. Der Hüter verkörpert all die psychischen und mentalen Kräfte, die im Lauf der Jahrtausende in einem Menschen entfaltet und sorgfältig genährt worden sind; er kann als die Potenz der dreifältigen, materiellen Form angesehen werden, bevor diese Form geweiht und dem Leben der Seele und dem Dienst der Hierarchie, Gottes und der Menschheit gewidmet wurde.

Der Hüter der Schwelle ist all das, was ein Mensch ist, abgesehen von seinem höheren, geistigen Selbst; er ist der dritte Aspekt der Gottheit, wie er sich im menschlichen Mechanismus ausdrückt, und dieser dritte Aspekt muß am Ende dem zweiten Aspekt, der Seele, untergeordnet werden.

Die zwei großen, gegensätzlichen Kräfte, der ENGEL und der HÜTER, werden einander — von Angesicht zu Angesicht — gegenübergestellt und der Endkampf findet statt. Wiederum kann man bemerken, daß es sich um ein Zusammentreffen und einen Kampf handelt zwischen einem weiteren und höheren Gegensatzpaare. Der

Aspirant muß also auf seinem Weg ins Licht und in die Freiheit mit drei Gegensatzpaaren fertig werden.

Die Gegensatzpaare

1. Auf der physischen Ebene . . . . Kräfte der Materie und ätherische Kräfte.
Ausgefochten auf dem Pfade der Läuterung.
2. Auf der Astralebene . . . . Die wohlbekannten Zweiheiten.
Ausgefochten auf dem Pfade der Jüngerschaft.
3. Auf der Mentalebene . . . . Der Engel und der Hüter.
Ausgefochten auf dem Pfade der Einweihung.

Damit habe ich meines Erachtens dem Leser genug Stoff zum Nachdenken gegeben; immerhin möchte ich abschließend auf den durchaus praktischen Wert des von mir Gesagten hinweisen und jedem empfehlen, aus eigener Erfahrung herauszufinden, worin 92] sein eigener Kampf seinem Wesen nach besteht. Im Hinblick auf dieses Ziel möchte ich meinen Schülern in ganz bestimmter Weise behilflich sein.

Es wird meinen Schülern von Nutzen sein, wenn ich jedem einzelnen die Strahlen mitteile, die seine dreifache Persönlichkeit beherrschen. Sie werden dann in der Lage sein, mit größerer Weisheit an sich zu arbeiten, die Ursachen ihrer Schwierigkeiten leichter zu erkennen und mit größerem Verständnis die Wirkungen zu beobachten, die sie aufeinander und auf diejenigen ausüben, mit denen sie im täglichen Leben in Berührung kommen. Ich werde im einzelnen die Schulung ausarbeiten, die jeder der drei Körper, einer nach dem anderen, durchmachen sollte, und das Problem erklären, das vom Schüler in bezug auf jeden dieser Träger zu lösen ist; außerdem werde ich eine Meditation anweisen, die es dem Schüler ermöglichen wird, die Persönlichkeit von diesem besonderen Gesichtswinkel aus leichter zu lenken.

Daraus geht hervor, daß ich jeden Einzelnen einer sorgfältigeren und intensiveren Ausbildung unterziehen möchte. Wird er daraus Nutzen ziehen? Als Vorbereitung auf die Wahrheit dessen, was ich später mitteilen werde, bitte ich jeden Schüler, sich während der nächsten sechs Monate sorgfältig zu beobachten, um meine späteren Angaben auf ihre Richtigkeit hin prüfen zu können. Das Buch: *„Eine Abhandlung über die Sieben Strahlen"* enthält Angaben, die als Richtlinien bei dieser Selbstanalyse dienen können; ich möchte daran erinnern, daß die Strahlen die drei Körper in folgender Weise lenken und bestimmen:

1. Strahlen, die den Mentalkörper regieren . . . 1., 4., 5. Strahl.
2. Strahlen, die den Astralkörper regieren . . . . 2., 6. Strahl.
3. Strahlen, die den physischen Körper regieren . . 3., 7. Strahl.

Daraus ist ersichtlich, daß alle Strahlen im Mechanismus des Menschen ihre Rolle spielen, daß sie alle sich bietende Gelegenheiten ausnutzen und alle Umstände als Mittel zur Entfaltung verwenden. Diese Zusammenstellung der regierenden Strahlen ist eine unfehlbare Regel, ausgenommen im Falle von akzeptierten Jüngern.

Beim Lesen und Studieren wird es von Wert sein, über folgende Fragen nachzudenken und sie dann zu beantworten:

93] 1. In welcher Beziehung steht die *Intuition* zum Problem der Illusion?
2. Auf welche Weise kann *Erleuchtung* die Verblendung zerstreuen, und wie kann sie hervorgerufen werden?
3. Was ist Maja, und was versteht man unter *Inspiration* als Mittel zu ihrer Zerstreuung?

Ich habe diese Technik absichtlich nicht weiter erläutert, um jedem Einzelnen Gelegenheit zu geben, seine eigenen Ideen darüber zu entwickeln. Ich möchte dringend ersuchen, die Gruppenmeditation sorgfältig zu befolgen. Sie ist von tiefer Bedeutung für die

Gruppe im Interesse ihrer Integration und einer wirklich geistigen Zusammenarbeit. Die zurzeit des Vollmondes zu leistende Arbeit wird ebenfalls an Bedeutung zunehmen. Später wird es dann leichter werden, das Wesen der zu zerstreuenden Verblendung zu erkennen und wahrzunehmen, und sich den Vorgang der Lichtverbreitung bildlich vorzustellen.

ZWEITER TEIL
DIE URSACHEN DER VERBLENDUNG

1. *Rassische und individuelle Entwicklung der Verblendung.*

In diesem Zusammenhang gebrauchen wir das Wort „Verblendung" zur Bezeichnung für alle Phasen jener Täuschungen, Illusionen, Mißverständnisse und Mißdeutungen, denen der Aspirant auf jedem Schritte seines Weges ausgesetzt ist, bis er die Einheit erlangt. Dieses Wort „Einheit" ist bemerkenswert, denn es birgt das Geheimnis des Freiwerdens von Illusion, wie die Loslösung von der Verblendung okkult genannt worden ist. Wer diese Anweisungen sorgfältig studiert hat, wird sich darüber klar sein, daß die grundlegende Ursache der Verblendung hauptsächlich das Gefühl der Dualität ist. Wenn solch eine Dualität oder Zweiheit nicht vorhanden wäre, gäbe es keine Verblendung, und die Wahrnehmung der Doppelnatur aller Manifestation ist die eigentliche Wurzel aller Schwierigkeiten, denen die Menschheit — in Zeit und Raum — gegenübertritt. Diese Wahrnehmung macht verschiedene Stadien durch und bildet das große Problem der bewußten Einheit. Es handelt sich dabei um eine Schwierigkeit, die im Bereich des Bewußtseins liegt, also in keiner Weise der Substanz oder Materie innewohnt. Der Bewohner des Körpers nimmt nicht richtig wahr: er legt das Wahrgenommene falsch aus; daraufhin identifiziert er sich mit etwas, das nicht er selbst ist; er verlegt sein Bewußtsein in den Bereich der Erscheinungen, der ihn so lange umwogt, täuscht und gefangen hält, bis er rastlos und unzufrieden wird in dem Gefühl, daß etwas nicht stimmt. Dann kommt er schließlich zur Erkenntnis, daß er nicht das ist, was er zu sein scheint, und daß die phänomenale Welt der Erscheinungen nicht mit der Wirklichkeit identisch ist, wie er das bislang geglaubt hatte.

95] Von da an hat er das Gefühl einer Dualität; er kommt zur Erkenntnis von „Etwas Anderem" und zur Wahrnehmung, daß dieses Gefühl überwunden werden muß, und daß Schritte zur Vereinheitlichung und der Versuch der Einswerdung unternommen werden sollten. Fortab beobachtet er die Schwierigkeiten des sich entwickelnden Menschen, gegen die er bewußt ankämpft; er steht vor einer langen Periode der „Freimachung von der Verblendung und des Eintretens in jene Welt, in der nichts als Einheit bekannt ist." Von dann an ergeben sich folgende Stadien:

Erstens: Das Stadium, in welchem die materielle Welt anerkannt und geschätzt wird. Vorübergehend wird sie zum Ziel aller Betätigung; der Mensch weigert sich, den Unterschied zwischen sich und der materiellen Naturwelt anzuerkennen; er identifiziert sich mit ihr und findet seine Befriedigung in rein physischen Vergnügungen und Betätigungen. Dieses Stadium zerfällt in zwei Teile:

a. In der ersten Hälfte sucht der Mensch Befriedigung darin, daß er fast automatisch auf die physischen Instinkte reagiert, wie Fortpflanzung, Ernährung und Wärme. Diese sind für sein Bewußtsein von großer Bedeutung. Die Tiernatur wird zum Mittelpunkt des Versuches, ein Gefühl der Einheit hervorzurufen. Weil der innere und subtile Mensch vorerst nur „einen schwachen Eindruck" macht (wie man das esoterisch ausdrückt), findet eine vorübergehende, physische Einswerdung statt, die dazu dient, die Verblendung zu vertiefen und den Fortschritt zur Freiheit zu verzögern.

b. In der zweiten Hälfte wird Befriedigung und das Gefühl des Einsseins im Bereich materiellen Besitzes und in dem Bestreben gesucht, das Leben auf der physischen Ebene zum Mittelpunkt der Schönheit und persönlichen Behaglichkeit zu machen. Dort kann der Mensch sich zu Hause fühlen und das Gefühl des Dualismus vergessen, das sich von Tag zu Tag immer stärker bemerkbar macht. Aber dazu kommt es erst Jahrtausende

96] später, wenn der Aspirant danach strebt, eine neue geistige Einstellung zur Wahrheit zu gewinnen und die ersten Schritte zum Probepfad hin zu unternehmen. Dieses Stadium entspricht gegen Ende des Evolutionspfades der vorhergenannten Periode, nur daß der Mensch, der die damalige Erfahrung durchgemacht hat, sich erheblich unterscheidet von dem, der jetzt in der Materialisierung von Schönheit auf der physischen Ebene nach Synthese strebt. Der subtile, innere Mensch macht sich jetzt allmählich geltend.

Zweitens: Das Stadium, in dem der Mensch vor allem der Dualität gewahr wird, die sich mit den Worten „der Mensch und die Kräfte" ausdrücken läßt. Er empfindet lebhaft die Tatsache, daß er selbst und alle anderen Menschen Opfer von Kräften und Energien sind, über die sie keine Macht haben und von denen sie hin und her getrieben werden. Er verspürt auch Kräfte und Energien in seinem eigenen Innern, die er auch nicht beherrscht, und die ihn in verschiedener Weise zum Handeln zwingen; sie machen ihn häufig zum Opfer seines Aufruhrs, seines Tuns und von Energien, die er auf selbstsüchtige Ziele lenkt. Hier entdeckt der Mensch (zuerst unbewußt und später bewußt) die erste Dualität — den physischen und den vitalen (oder ätherischen) Körper. Der eine ist das Kontakt-Instrument auf der physischen Ebene, der andere das Instrument, um mit den inneren Kräften, Energien und Welten in Verbindung zu kommen. Der Vitalkörper beherrscht und belebt den physischen Körper und treibt ihn zu fast automatischer Aktivität. Auf diese Dualität nahm ich an früherer Stelle Bezug. Dieses Stadium bereitet sowohl dem Einzelmenschen als auch der gesamten Menschheit erhebliche Schwierigkeiten. Die Menschen wissen immer noch so wenig von der „Wirklichkeit, die unter der sie umgebenden Hülle leuchtet" (wie der *Alte Kommentar* es nennt), daß wahre Erkenntnis schwierig und im Anfang nahezu unmöglich ist. Blind und unwissend müssen sich die Menschen mit dem ersten Gegensatzpaare abmühen. Gerade diesen Vorgang können wir jetzt in der Welt beobachten. Die Massen erwachen zu der Erkenntnis, daß sie die Opfer von Kräften sind, über die sie keine Macht haben 97] und von denen sie nichts verstehen. Sie möchten darüber Macht gewinnen und sind auch dazu entschlossen, wann immer es möglich ist. Dies ist heute das Hauptproblem im täglichen Leben, in der Volkswirtschaft und in der Regierungspolitik.

Die Spannung in der heutigen Welt beruht auf der Tatsache, daß physische Kraft und ätherische Energie aneinandergeraten sind. Dabei darf man nicht vergessen, daß, wie bereits erwähnt, die ätherische Kraft in enger Beziehung zur Monade, dem höchsten geistigen Aspekt steht. Es ist das Leben selbst, das nahe daran ist, in der äußeren Welt in Erscheinung zu treten. Deshalb wird heute der Geist der Menschheit, der Geist einer Nation und der Geist einer Gruppe betont. All das resultiert aus dem Kampf, der von diesem Gegensatzpaar im Leben der Menschheit und im Leben des einzelnen Durchschnittsmenschen ausgefochten wird. Immerhin ist es dieser — bis zur Synthese und zur Einswerdung durchgefochtene — Konflikt, der die neue geistige Einstellung der Rasse und des Einzelnen auf wahrere Werte und auf die Welt der Wirklichkeit hervorbringt. Wenn dieser Konflikt erfolgreich ausgekämpft ist, bringt er den Menschen als Individuum und in der Masse auf den Pfad der Läuterung. Wenn es zur Vereinigung dieser Energien auf der physischen Ebene kommt, so führt das zu zielbewußter Aktivität und zum Entschluß, in einer bestimmten Richtung fortzuschreiten. Darauf folgt die „Lösung" (im Sinne von „Entschluß" sowohl als „Auflösung") der Dualität zu einer Einheit.

Diese Lösung führt (beim Durchschnittsaspiranten) zuerst zu einer vorübergehenden astralen Einheit, aus der dann der starrsinnige Meinungsfanatiker auftaucht. Er ist auf allen Gebieten anzutreffen — in der Religion, Wissenschaft, Politik — oder irgendeinem anderen Lebensbereich. Seine ätherische Einheit und folglich Neuorientierung — mit ihren Folgeerscheinungen: klare Vision, Erfassen der Wahrheit und Erschauen des unmittelbar nächsten Zieles — trägt vorübergehend dazu bei, den Betreffenden mit

Die Ursachen der Verblendung

einem Gefühl der Errungenschaft, der Gewißheit (seiner Überzeugung), der Macht und Schicksalsbestimmung zu verblenden. Blind, 98] ungestüm und rücksichtslos geht er seinen Weg, bis er sich plötzlich und unerwartet vor wechselnden Bedingungen gestellt sieht und einer anderen und weit schwierigeren Sachlage gewahr wird. Die Gegensatzpaare auf der Astralebene treten ihm entgegen und er wird zum Arjuna auf dem Schlachtfelde. All sein Gefühl des Eins-Seins, sein Zielbewußtsein und seine sichere und oft selbstgefällige Genugtuung verschwinden und er geht in den Nebeln und Verblendungen der Astralebene verloren. Das ist die mißliche Lage, in der sich viele wohlmeinende Jünger zu dieser Zeit befinden, und darauf muß ich etwas näher eingehen, weil meine Schülergruppe, sofern sie als Gruppe fungieren kann, sich die Auflösung eines Teiles der Weltverblendung zur Aufgabe gemacht hat. Diese und andere, ähnliche Gruppen sollten eines Tages (und wir wollen hoffen bald) geschlossen und unter Leitung ihres Meisters sich der Aufgabe widmen, die Weltverblendung zu durchdringen und mehr Licht und Erleuchtung herein zu lassen, damit die Menschen fortab mit mehr Klarheit und Sicherheit auf dem *Wege* weitergehen können.

Ich habe deshalb zur Teilnahme an diesem Werk verschiedene Aspiranten ausgesucht, die leicht der Verblendung unterliegen, obwohl zwei von ihnen weniger dazu neigen als die anderen. Diese beiden sind verhältnismäßig frei von Verblendung, und das war einer der Gründe, weshalb ich sie auswählte. Es sind D. L. R. und D. P. R. (vergl. Jüngerschaft im Neuen Zeitalter, Seite 301 bezw. 382). Sie sollten ihr Leben von jeder Verblendungstendenz freihalten, wenn sie ihren Brüdern in der rechten und von mir gewünschten Weise dienen wollen. In meinen persönlichen Unterweisungen werde ich auf ihre Tendenz in dieser Richtung hinweisen. Die anderen Gruppenmitglieder neigen schnell zu Verblendung, aber sie leiden auch darunter. Diese Neigung kann jedoch eben so schnell in einen Aktivposten umgewandelt werden. Wie kann denn Weltverblendung zerstreut werden, wenn nicht von denen, die sie als solche erkennen, und die in ihrem täglichen Leben damit gerungen haben? Wie kann denn Weltverblendung mit Erfolg durch Erleuchtung beseitigt werden? Doch nur dadurch, daß diese Erleuchtung von denen hervorgerufen wird, die gelernt haben, den Scheinwerfer der Seele auf die dunklen Stätten und die sie umgebende 99] Verblendung zu richten, so daß diese deutlich erkennbar verschwindet. Die Gruppenmitglieder sollten sich durch diese „Verblendungsschwäche" nicht entmutigen lassen; sie sollten vielmehr ihr Bestreben, das Problem zu verstehen und es möglichst im eigenen Leben zu lösen, als einen Beitrag ansehen, den sie zu diesem schwersten aller Weltprobleme leisten können. Sie sollten ihre Verblendung dadurch lösen, daß sie im Lichte verharren, ihr Denken stetig in diesem Lichte festhalten und lernen, dieses Licht auf die Verblendungsnebel der Astralwelt zu richten. Sie sollten die Lösung nicht dadurch versuchen (wie gewisse Aspiranten es so oft tun), daß sie sagen: „jetzt verstehe ich", während sie (wie auch viele andere Schüler) in Wirklichkeit bloß auf eine selbstverständliche, okkulte Binsenwahrheit reagieren.

Drittens: Dieses Stadium der Verblendung wird oft die Arjuna-Erfahrung genannt. Heute steht der Welt-Arjuna den Gegensatzpaaren gegenüber, genauso wie der individuelle Jünger; und wenn diese Paare zu einer Einheit aufgelöst sind, sind beide bereit, den Pfad der Jüngerschaft zu betreten.

Dazu ließe sich Folgendes bemerken:

1. Die großen Massen in allen Ländern mühen sich mit dem ersten Gegensatzpaare ab, also mit den Gegensätzen auf der physischen Ebene. Wenn die „Lösung" erfolgt ist, werden diese Massen den Läuterungspfad betreten. Das geschieht heute in beschleunigtem Maße. Es ist dies ein langwieriger Vorgang, weil das Bewußtsein — auf dieser Stufe — noch nicht das intelligente Gewahrsein des denkenden Menschen erreicht hat; es ist das blinde Bewußtsein des physischen Menschen im Zusammenwirken mit den eigentlichen Naturkräften.

2. Der gebildete Durchschnittsmensch aller Länder steht heute vor der Arjuna-Erfahrung und vor den Gegensatzpaaren auf der Astralebene. So erklärt sich das intensive Gefühlsleben in der ganzen Welt und ebenso das Suchen nach Erleuchtung durch Erziehung, Religion und durch die vielen Methoden mentaler
100] Ausbildung, so daß Wissen, Weisheit und rechte Beziehungen ständig zunehmen. Diese Intellektuellen lassen sich normalerweise in zwei Klassen einteilen:

a. Diejenigen, die zwar überzeugt sind, daß im Denken und Auswählen Entschlossenheit und Urteilskraft notwendig sind, die sich aber über die möglichen Auswirkungen noch nicht völlig klar sind. Sie machen das sogenannte „Verwirrungsstadium der Arjuna-Erfahrung" durch und unterliegen außer der rassischen, nationalen und persönlichen Verblendung noch obendrein einer geistigen Verblendung, die den Nebel verdichtet.
b. Diejenigen, die sich aus diesem Zustand herausgearbeitet haben und ihr Problem allmählich erkennen. Sie sehen die Gegensatzpaare und treten in das „Erkenntnisstadium der Arjuna-Erlösung" ein. Sie sehen die Form Gottes und die dieser Form innewohnende Wirklichkeit, und sie kommen zu dem Entschluß, den weiteren Kampf dem inneren Krieger zu überlassen. Sie werden dann (wenn sie den rechten Entschluß gefaßt und die rechte Entscheidung getroffen haben) „sich erheben und kämpfen"; dann werden sie sich nicht mehr auf dem Probepfade, sondern auf dem der Jüngerschaft befinden.

Mit diesem Stadium sind wir alle vertraut. Aspiranten wie diejenigen meiner Schülergruppe brauchen von mir keine Unterweisung mehr in bezug auf den Pfad, der aus Verblendung ins Licht führt. Die Regeln sind wohlbekannt. Dem Aspiranten sind die Verblendungen, für die er selbst anfällig ist, ebenso vertraut wie diejenigen, denen die Menschheit leicht verfällt. Er braucht

also nur dem alten Weg des Raja Yoga zu folgen und seine Denkkraft als Werkzeug zur Zerstreuung einzusetzen; dadurch lernt er, „im Lichte" zwischen den Gegensatzpaaren zu verharren und durch dieses „Licht" auf dem Edlen Mittelweg zur Freiheit zu gelangen. Manchmal habe ich das Empfinden, liebe Brüder, daß ihr theoretisch so viel wißt, aber so wenig davon in die Praxis umgesetzt habt. Dann frage ich mich, ob ich mir nicht
101] durch Ausgabe weiterer Unterweisungen nur ungebührliche Verantwortung auflade. Ich bin aber dessen eingedenk, daß ich auch für andere schreibe, und daß meine Zeit für diesen besonderen Dienst kurz bemessen ist.

Die Auflösung dieser Dualitäten erfolgt dann, wenn die Seele, der wahre geistige Mensch, sich nicht länger mit einem der beiden Gegensätze identifiziert, sondern frei auf diesem mittleren Wege dasteht; dann sieht der Jünger den „erleuchteten Weg voraus" und lernt ihn zu beschreiben, ohne in die Verblendungswelten hineingezogen zu werden, die sich zur Rechten und zur Linken erstrecken. Er geht geradewegs auf sein Ziel zu.

3. Das Stadium, in welchem der intelligente, denkende Mensch, sei er Jünger oder wohlmeinender Aspirant, oder ein Eingeweihter des ersten oder zweiten Grades, lernen muß, zwischen der Wahrheit und den Wahrheiten, zwischen Wissen und Weisheit, zwischen Wirklichkeit und Illusion zu unterscheiden. Dieses Stadium führt am Ende zur dritten Einweihung, bei der die Persönlichkeit (die zu Maja, Verblendung und Illusion neigt) frei wird; sie erfährt wiederum ein Gefühl des Einsseins. Es beruht auf der Entfaltung der Intuition, die dem Jünger ein unfehlbares Werkzeug zur kritischen Unterscheidung in die Hand gibt. Seine Wahrnehmung wird allmählich genau, und er ist verhältnismäßig frei von Täuschung und von falscher Identifizierung und Auslegung.

Wir konnten also beobachten, wie die Höherentwicklung den Menschen aus einer Dualitätskrise zu einer relativen Einheit führte, und wie dieses Einheitsgefühl dann immer wieder durch ein neues Erkennen einer höheren und tieferen Dualität gestört wurde. Diese Dualität führt dann vorübergehend zu einer weiteren Spaltung im menschlichen Leben, und damit beginnt von neuem der mühselige Prozeß der Überbrückung oder „okkulten 102] Heilung" dieser Bruchstelle in der Kontinuität des geistigen Bewußtseins. Dabei möchte ich daran erinnern, daß dieses Gefühl des Friedens oder das Gewahrsein einer Spaltung selber eine Illusion und eine Art von Verblendung ist, da es auf der illusorischen Identifizierung mit dem beruht, was *nicht* das Selbst oder die Seele ist. Das Problem kann vollständig dadurch gelöst werden, daß das Bewußtsein sich nicht mehr mit den niederen Erfahrungsformen, sondern mit dem wirklichen und wahren Menschen identifiziert.

4. Stufe um Stufe ist der Mensch von einem Illusions- oder Verblendungszustand zum anderen, von einer Gelegenheit zu kritischer Beurteilung zur anderen vorgerückt, bis er drei hauptsächliche Fähigkeiten in sich entwickelt hat:

1. Die Fähigkeit, mit Kraft umzugehen.
2. Die Fähigkeit, den Mittelweg zwischen den Gegensatzpaaren zu gehen.
3. Die Fähigkeit, die Intuition zu benutzen.

Diese Fähigkeiten hat er dadurch entwickelt, daß er die Gegensatzpaare auf der physischen, astralen und niederen Mentalebene aufgelöst hat. Mit diesen Kräften gewappnet, steht er nun vor der höchsten Lösung (und Entscheidung). Er wird jetzt jener zwei großen und scheinbar gegensätzlichen Wesenheiten gewahr (und identifiziert sich bewußt mit beiden) — des Engels der Gegenwärtigkeit und des Hüters der Schwelle. Hinter dem Engel erspürt er verschwommen nicht etwa eine weitere Dualität, sondern eine große Identität, eine lebendige Einheit, die wir — in Ermangelung einer besseren Bezeichnung — die GEGENWÄRTIGKEIT nennen.

Er entdeckt dann, daß in diesem Falle der Ausweg nicht in der Handhabung von Kraft oder in der Zurücklassung beider Gegensatzpaare oder in rechter intuitiver Erkenntnis besteht, sondern daß dieser Hüter und dieser Engel zusammengebracht werden müssen; die niedere Wesenheit muß „im Licht ausgelöscht" oder „innerhalb des Strahlenglanzes zum Verschwinden gezwungen" werden. Das ist die Aufgabe der höheren von den beiden Wesenheiten, mit der sich der Jünger oder der Eingeweihte bewußt und vorsätzlich identifiziert. Mit diesem Vorgange werden wir uns später befassen. Dies ist das Problem, das der Eingeweihte zu lösen hat, ehe er die letzten drei Einweihungen durchmacht.

Dabei ist zu beachten, daß in Wirklichkeit keines der drei Stadien von den anderen getrennt oder durch klare Grenzlinien abgesondert, und daß auch ihre Reihenfolge durchaus nicht klar bestimmt ist. Sie greifen vielfach ineinander über und fallen zum Teil oft zeitlich zusammen. Erst wenn der Jünger vor gewissen Einweihungen steht, leuchtet ihm die Tatsache dieser Unterschiede ein. Man könnte also folgende Feststellungen machen:

1. In der ersten Einweihung beweist der Jünger, daß er die Dualitäten der physischen Ebene gelöst hat, und daß er ätherische Energie (die höhere von beiden) in richtiger Weise der physischen Energie auferlegen kann.
2. In der zweiten Einweihung beweist der Eingeweihte, daß er zwischen den Gegensatzpaaren wählen und entschlossen auf dem „Mittelwege" fortschreiten kann.
3. In der dritten Einweihung weiß der Eingeweihte die Intuition zwecks rechter Wahrnehmung von Wahrheit anzuwenden, und

in dieser Einweihung erhascht er den ersten, kurzen Ausblick auf den Hüter der Schwelle und den Engel der Gegenwärtigkeit.

4. In der vierten Einweihung beweist der Eingeweihte, daß er eine vollkommene Einswerdung zwischen dem höheren und dem niederen Aspekt der sich manifestierenden Seele hervorbringen kann; und er sieht, wie der Hüter der Schwelle in dem Engel der Gegenwärtigkeit aufgeht.

5. In der fünften Einweihung — und hier können Worte die Wahrheit nicht ausdrücken — sieht er den Hüter der Schwelle, 104] den Engel und die Gegenwärtigkeit zu einer göttlichen Synthese vereint.

Man fragt sich, was diese Verblendung und Illusion hervorruft. Das Thema ist so ausgedehnt (da es ja das Gesamtgebiet planetarischer Geschichte umfaßt), daß ich mich darauf beschränken muß, nur einige der Ursachen anzugeben. Nur wenige davon ließen sich bis jetzt abstellen, ausgenommen im Falle von Individuen. Das heißt also: Wenn Individuen die Evolutionsstufe erreichen, auf der sie sich mit ihrem höheren Aspekt, der Seele, identifizieren und dann Seelenenergie hereinbringen können, um die niederen Kräfte der Persönlichkeit unwirksam zu machen, zu unterwerfen und zu beherrschen, dann wird es möglich und sogar unvermeidlich, daß Abhilfe stattfindet. Wenn also die Zeit kommt, daß eine große Anzahl von Menschen den Verblendungszustand der Welt erkennt (dadurch, daß sie ihn im eigenen Leben entdecken und bekämpfen), dann werden sich ganze Gruppen mit dem Problem befassen. Dann wird es zu einem energischen Angriff auf die Weltverblendung kommen, wodurch — esoterisch gesprochen — „eine Bresche geschlagen wird, die das Licht der Sonnensphäre hereinläßt. Unter dem Strahlenglanz der Sonne werden die Nebel langsam verschwinden, und die Pilger werden dann den erleuchteten WEG finden, der aus dem Herzen des Nebels direkt zu den Toren des Lichtes führt".

Um festzustellen, wie weit die Aspiranten und Jünger gelernt haben, dieses Problem zu verstehen und zu behandeln, wurde solch ein Versuch, wie er jetzt innerhalb dieser Gruppen stattfindet, unternommen und gestattet.

2. Die Ursachen der Weltverblendung.

Die Ursachen, die die Weltverblendung hervorrufen, können in drei Gruppen eingeteilt werden:

105] A. Planetarische Ursachen.
  B. Ursachen, die von der Menschheit selbst eingeleitet wurden.
  C. Ursachen, die von einer Einzelperson hervorgerufen, die aber trotzdem auf die beiden obigen Gruppen von bestimmenden Faktoren zurückzuführen sind.

A. *Planetarische Ursachen.* Es sind ihrer zwei, und sie liegen jenseits des begrenzten Begriffsvermögen meiner Leser. Ich erwähne sie lediglich mit der Bitte, sie als denkbar mögliche Spekulationen und als möglicherweise zutreffende Hypothesen hinzunehmen.

1. Ursachen, die der Substanz selbst innewohnen. Die Atome, aus denen alle Formen geschaffen sind, bilden das Erbe eines früheren Universums oder Sonnensystems und sind deshalb durch die Ergebnisse jener großen, schöpferischen Manifestation „gefärbt" und beeinflußt. Die in jenem Ausdruck göttlichen Daseins hervorgerufenen Wirkungen bilden im jetzigen Sonnensystem und planetarischen Leben die vorbestimmenden Tendenzen und anfänglichen Ursachen. Diese bedingenden und ererbten Faktoren lassen sich nicht umgehen. Sie bestimmen das Wesen des Lebenstriebes, die Richtung der evolutionären Entfaltung und die innewohnenden Tendenzen aller Formen, wie z. B. die Fähig-

Die Ursachen der Verblendung

keit, zu wachsen und sich zu enfalten, jedem Typus seine Richtung zu weisen und das Urbild (oder die Grundidee) in Zeit und Raum auszudrücken und den Aufbau der Naturreiche zu umgrenzen und zu bestimmen, in die die Wissenschaft die natürliche Welt einteilt. Dies sind nur einige wenige der eingewurzelten und der Substanz anhaftenden Merkmale, die ererbt sind und unsere gegenwärtige Manifestation göttlichen Lebens bedingen.

2. Das Leben oder die Manifestation des planetarischen Logos, des „Einen, in Dem wir leben und weben und sind", wird durch Sein Eigenes Wesen bestimmt. Für uns verkörpert dieses große Leben alle Vollendung; die Eigenschaften, die Ihn auszeichnen, sind für uns das Ziel höchsten Strebens. Vom Gesichtspunkte **106]** Jener Lebensträger jedoch, die Ihm auf dem kosmischen Pfade voraus sind (ich spreche symbolisch und im Sinne menschlicher Erfahrung), gehört Er zu den „unvollkommenen Göttern". Wenn diese Unvollkommenheiten, die die Entfaltung oder den vollendeten Ausdruck göttlicher Energie behindern, mit den ererbten Eigenschaften und Tendenzen der Substanzen zusammentreffen, durch welche Er Sein Leben, Seine Vorhaben und Absichten ausdrücken muß, dann bewirken sie die „Keime des Todes und des Zerfalls", die für unsere planetarische Evolution in allen vier Naturreichen kennzeichnend sind. Sie schaffen die Hürden, Hindernisse und Hemmungen, gegen die die Seele in allen Schöpfungsformen zu kämpfen hat, um dadurch Stärke und Erkenntnisvermögen, und am Ende Befreiung zu erlangen.

Dies sind die zwei hauptsächlichen, planetarischen Ursachen. Sie können die Seele nicht auf die Dauer von ihrer Freiwerdung abschrecken, aber sie können verhindern und verzögern und tun dies in der Tat. Über diese Hypothesen nachzugrübeln ist zwecklos für Menschen mit ihrer gegenwärtigen, unzulänglichen Ausrüstung und heutigem Gehirntypus. Nichts käme dabei heraus und keiner würde davon weiser werden.

B. *Ursachen, für die die Menschheit selbst verantwortlich ist.* Allmählich und schrittweise hat die Menschheit jenen Verblendungszustand des Bewußtseins geschaffen, den wir die Astralebene nennen. Alle Verblendung entsteht dadurch, daß Energieströme aufeinandertreffen und vorübergehend einen Energiestrudel erzeugen; sie bewirken vom Standpunkte des Menschen — als Zuschauer und Teilnehmer — einen Zustand der Dunkelheit und der Verwirrung, der eine klare Auswahl und kritische Unterscheidung schwierig und in den Anfangsstadien unmöglich macht. Es entsteht eine Aura, die heute so allgemein und so allumfassend ist, daß — bildlich gesprochen — jedermann darin eingehüllt ist. In den Kindertagen 107] der Rasse umgab diese Aura nur die vorgeschritteneren Menschen. Zum Verständnis dieser Feststellung verweise ich auf die Tatsache, daß sehr unintelligente Leute, also diejenigen, die zum niedrigsten Menschentypus gehören und die in ihrem Handeln wenig mehr sind als hauptsächlich von ihren Instinkten bewegte Tiere, im allgemeinen sehr einfach und ohne alle Umschweife mit den Tatsachen ihrer Existenz fertig werden, die für sie von größter oder alleiniger Wichtigkeit sind — wie Hunger, Geburt und Tod, Selbstschutz und Fortpflanzung. Das Leben und seine Umstände erregen in ihnen wenig wirkliche Verblendung, und ihre kindhafte Einfalt hilft ihnen und schützt sie vor vielem Übel feinerer Art. Ihre Gemütsregungen sind einfach und natürlich, ihr Denkvermögen schlummert. In dem Maße jedoch, wie die Menschheit sich entwickelte, wie die höheren Ebenen des Rassenbewußtseins sich verfeinerten und das Denkvermögen aktiver wurde, entwickelten sich Verblendung und Illusion sehr schnell.

Die ersten Anzeichen von Verblendung tauchten in der lemurischen Welt auf, als die damaligen Jünger und Aspiranten (deren Problem im rechten Verstehen, in der richtigen Funktion und Kontrolle des physischen Körpers lag) anfingen, zwischen sich selbst als selbstbewußten Wesen, und den physischen und vitalen Kräften zu unterscheiden. Das bewirkte sofort eine ungeheure Aktivität des Kehlkopfzentrums, welches der höhere Aspekt des Kreuzbein-(oder

Die Ursachen der Verblendung   125

Geschlechts-) Zentrums ist; und so kam es zum Beginn der Verblendung und zur erstmaligen klaren Erkenntnis und Bewußtheit des Geschlechtstriebes, der sexualen Anziehung, und — für den Eingeweihten jener Periode — der notwendigen Umwandlung des Geschlechtstriebes. Das geschah Hand in Hand mit dem frühesten Yoga, oder dem Kult des physischen Körpers in dem Bestreben, den Körper unter Seelenkontrolle zu bringen und sodann das Bewußte mit dem Unterbewußten zu verschmelzen.

Um die damaligen Aspiranten herum wurden dann die ersten Nebelwolken der Verblendung sichtbar, aber Illusion war noch **108]** nirgends vorhanden. Das erste Erkennen der Gefühls- oder Astralebene wurde im Bewußtsein jener Gruppen hervorgerufen, die sich in Vorbereitung auf die erste Einweihung befanden, die höchstmögliche zur damaligen Zeit. Dieses langsame Auftauchen des astralen Bewußtseins im physisch-polarisierten Aspiranten jener Tage beruhte auf der Tatsache, daß eines der Einweihungsgeheimnisse im rechten Verstehen und Gebrauch des Bewußtseins besteht, das sich auf einer Gewahrseins-Ebene betätigen kann, die höher ist als diejenige, auf der die jeweilige Menschheit als Ganzes lebt. Zu lemurischen Zeiten umfaßte demnach das Gewahrsein des physisch eingestellten Menschen, der unmittelbar vor seiner Zulassung zum Pfade stand, folgendes:

1. Die physische Dualität, in der sein Bewußtsein sich normalerweise zu bewegen gewohnt war, und den Konflikt zwischen dem grob-physischen und dem vital-ätherischen Körper.
2. Ein dumpf verspürtes, höheres Bewußtsein, das sich durch Qualität und Empfindsamkeit auszeichnete. Das war zu jener Zeit der einzige Berührungspunkt des Menschen mit der Astralebene, die heute die vertrauteste von allen ist.
3. Einen zunehmenden Sinn für Selbstidentifizierung, der die erwachende Seele oder das Selbst betraf, den Meister, der ihn aus rein physischem Bewußtsein in das nächste göttliche Stadium, das astrale Bewußtsein führen sollte. Man darf in seiner Vertrautheit

und Kampfesmüdigkeit nicht vergessen, daß jede einzelne Entwicklungsstufe göttlichen Charakter trägt.

Wenn das oben Gesagte eine wirkliche Feststellung von Tatsachen ist, so erhellt daraus, daß Verblendung aus dem Erkennen dieser Bewußtseinsfaktoren entstand und eine Folge davon war, wie der Mensch auf die Vielschichtigkeit seiner eigenen Konstitution und auf die Energie seiner eigenen Seele reagierte.

109] Mit der Zeit wurde die ganze menschliche Familie des neu auftauchenden Dualismus zwischen der physischen Konstitution und der Astralebene gewahr; außerdem verspürte sie die Tätigkeit des Zentrums im Innern, das auf dieser Stufe als Gewissen und als eingeborene — und zu der Zeit vernunftlose — Erkenntnis eines Dranges nach höherem Leben oder einer Tendenz zu niederer Betätigung in die Erscheinung trat. Dieses nebelhafte Gewissen entwickelte sich schließlich zu dem, was wir die Stimme des Gewissens nennen. Damit erhöhten sich die Komplikationen und Schwierigkeiten des Lebens erheblich, und die Verblendung hatte auf der Erde endgültig Wurzel gefaßt. Sie war das, was das Niedere auf Kosten des Höheren umfaßte und überbetonte, und was dazu diente, die Aufmerksamkeit des Aspiranten von der Wirklichkeit abzulenken. Wiederum möchte ich betonen, daß in jener Frühzeit die Verblendung nur von hoch entwickelten Menschen hervorgebracht und innerlich festgestellt wurde.

Die lemurische Rasse schwand langsam dahin und die atlantische Rasse erschien auf der Bildfläche. Während der Millionen von Jahren, in denen diese Rasse auf Erden gedieh, gab es jedoch immer noch eine Unmenge von Menschen mit lemurischem Bewußtsein. Genau so ist es heute, in dieser jetzigen, arischen Rasse; es leben viele, viele Millionen Leute, die das atlantische Bewußtsein manifestieren und in ihren Astralkörpern polarisiert sind, wodurch sie zu Opfern ihrer Gefühle und der daraus folgenden Verblendung werden.

In der atlantischen Rasse wurde dann die physische Dualität gelöst: der physische und der ätherische Körper wurden zu einer Einheit, wie das bis heute beim gesunden Menschen der Fall ist. Das Dualitätsgefühl änderte sich damals in ein zunehmendes Erkennen des Widerstreites im Bereich der Qualität und auf dem Gebiete der „Gegensatzpaare", wie wir sie heute nennen — Gut und Böse, Freud und Leid, Recht und Unrecht, Sinn und Unsinn, und die zahllosen Gegensätze, mit denen sich der Aspirant heute befassen muß.

110] Jede dieser Rassen errang in ihrer Frühperiode vorübergehend ein Einheitsgefühl, nachdem vorherige Spaltungen behoben worden waren und die anfängliche Dualität sich in eine Einheit aufgelöst hatte. Dann folgt und entwickelt sich das Erkennen eines neuen Bereiches, innerhalb dessen eine Auswahl zu treffen ist; und schließlich kommt für den Einzelmenschen und die Gesamtmenschheit eine Zeit der Gewissenskämpfe, wenn sie den Versuch unternehmen, diese Dualität zu lösen.

Diese Lösung kommt zustande, wenn ein höherer Aspekt des Bewußtseins dunkel erschaut wird, und wenn die Menschen sich allmählich als denkende Wesen erkennen. Dann verstärkt sich immer mehr das Verlangen, das Denkvermögen zu entwickeln und zur Wirkung zu bringen, um das Problem der Gegensätze auf der Astralebene zu lösen.

Gleichzeitig wächst das Gefühl für die eigene Identität oder das „Ich bin"-Bewußtsein immer mehr; der Eingeweihte der betreffenden Periode steht vor der Aufgabe, sich aus dem Sinnenzauber der Astralebene und aus dem dichten Verblendungsnebel, in die seine Sinneswahrnehmung in hineingebracht hat, zu befreien, und sein Freisein durch eine vollkommene Beherrschung des Astralkörpers zu beweisen. Das erreicht er schließlich dadurch, daß er die Fähigkeit entwickelt, zwischen den Gegensatzpaaren hindurchzugehen, ohne sich von einem der beiden beeinflussen zu lassen; auf diese Weise läßt er sie hinter sich. Er benutzt zu diesem Zweck sein Denkvermögen als die Lichtquelle, die den „Mittelweg" enthüllt und die Verblendung durch ihren strahlenden Glanz zerstreut.

Diese Verblendung vertiefte und verstärkte sich in dem Maße, wie es immer mehr Menschen gelang, die anfängliche physische Spaltung zu lösen und den Mittelpunkt ihres Bewußtseins ins Astrale zu verlegen. So groß ist heute diese Verblendung und so erfolgreich der Evolutionsprozeß, daß die Menschheit als Ganzes in den Nebeln und im Sumpfbrodem der Welt des Empfindungsbewußtseins umherwandert. Wenn ich das Wort „Empfindung" benutze, 111] so meine ich damit nicht den Empfindungmechanismus des physischen Nervensystems, sondern das empfindende Gewahrsein des höheren Selbstes, das heute dermaßen in Verblendung versunken ist, daß die Masse der Menschen sich gänzlich mit der Welt des Gefühls identifiziert, mit der Welt der Qualität, wechselseitiger Empfindungen und gefühlsmäßiger Reaktionen mit ihren Zuneigungen und Abneigungen und ihrer vorherrschenden Selbstbemitleidung. Selbstbemitleidung ist eine der hauptsächlichen Verblendungen des vorgeschrittenen und fein empfindenden Menschen. Gerade die vorgeschrittenen Menschen tragen am meisten zur Weltverblendung bei. Die Hauptverblendung liegt in der Art und Weise, wie der Aspirant auf die Wahrheit und die Wirklichkeit reagiert, wenn er erstmalig dessen gewahr wird, was jenseits der Astralebene liegt. Alles, was er dort sieht und erspürt, legt er im Sinne von Verblendung, von gefühlsmäßigem Verstehen und von fanatischer Schwärmerei aus. Er vergißt, daß Wahrheit ganz und gar jenseits der Welt der Gefühle liegt, daß sie davon unberührt bleibt und in ihrer Reinheit erst dann erspürt werden kann, wenn man das Gefühl hinter sich gelassen und umgewandelt hat. Die zweitwichtigste Verblendung ist Selbstbemitleidung.

Die heutige Welt läßt sich in drei Gruppen einteilen, von denen jede bestimmten Phasen der Verblendung unterworfen ist:

1. Diejenigen, die ihrem Bewußtsein nach atlantisch sind und deshalb völlig geblendet werden durch:

a. Das, was materiell und wünschenswert ist.

b. Das, was sie in all ihren Beziehungen *gefühlsmäßig* empfinden.
c. Das, was sie für ideal, wahr oder unrecht halten, je nachdem, wie sie auf zeitgenössische Denker reagieren, die sie aber gedanklich nicht verstehen.
d. Das, was sie an Schönheit und an gefühlsmäßiger Behaglichkeit verlangen.
e. Das, was ihnen im Bereich der Religion und des religiösen Wünschens geistigen Trost verschafft. Man beachte diese Formulierung.

112] 2. Diejenigen, die in ihrem Bewußtsein viel deutlicher arisch eingestellt sind. Das bedeutet, daß in ihnen das Denkvermögen erwacht ist und entsprechende Schwierigkeiten bereitet, und daß jetzt zu den Verblendungen der Astralwelt noch die Illusionen der Mentalebene hinzugekommen sind. Diese Illusionen sind theoretischer und intellektueller Natur.

3. Diejenigen, die aus den Reihen derer, die im Banne der Illusion und der Verblendung stehen, heraustreten und für die Stimme der Stille und die Anforderungen der Seele empfänglich sind.

Das psychologische Problem der Jetztzeit wird durch die Tatsache erschwert, daß in unserer Rasse und Periode eine Synthese aller Verblendungen stattfindet und die Illusionen auf der Mentalebene auftauchen. Heute gibt es Aspiranten auf allen Stufen der Entfaltung. Die Masse der Menschen wiederholte die verschiedenen Phasen der Evolution, wobei die niedrigste Schicht der menschlichen Rasse noch deutlich lemurisch in ihrem Bewußtsein ist; allerdings ist ihre Anzahl verhältnismäßig gering.

Die Illusion wächst rasch in dem Maße, wie sich das Denkvermögen der Rasse entwickelt, denn Illusion bedeutet, daß man den mächtigen Gedankenformen unterliegt, die von den Denkern der jeweiligen Zeit und der unmittelbar vorangegangenen Periode geschaffen wurden, und die zur Zeit ihres Entstehens die Zukunfts-

Rasse	Dualität	Problem	Methode	Ziel
Lemurische	Physische Kraft gegenüber vitaler Energie	Maja	Astrale Kontrolle Hatha Yoga: Aspiranten Laya Yoga: Jünger	1. Einweihung *Inspiration*
Atlantische	Die Gegensatzpaare Empfindung	Verblendung	Gedankenkontrolle Bhakti Yoga: Aspiranten Raja Yoga: Jünger	2. Einweihung *Erleuchtung*
Arische	Hüter der Schwelle Engel der Gegenwärtigkeit	Illusion	Seelenkontrolle Raja Yoga: Aspiranten Agni Yoga: Jünger	3. Einweihung *Intuition*

hoffnung der Rasse darstellten. Wenn diese Formen altern und verknöchern, werden sie gefährlich und verhindern das Wachstum neuen Lebens. Es wird noch Jahrhunderte dauern, bis die Probleme der Illusion voll erkannt sein werden und bis die Rasse die Verblendung überwunden haben wird; es wird dann nur mehr wenige Leute mit atlantischer Einstellung geben und überhaupt keine mehr mit lemurischem Bewußtsein. Der Verlauf der Evolution beschleunigt sich jedoch immer mehr, und die Zeit, da die Menschheit sich durch vorwiegend arisches Bewußtsein auszeichnen wird, liegt nicht so fern, wie man allgemein annimmt. Mit dem 114] Begriff „Arische Rasse" meine ich nicht das, was man jetzt allgemein darunter versteht, und ich gebrauche diesen Ausdruck auch nicht im „nordischen" Sinne.

C. *Ursachen, für die der Einzelne verantwortlich ist.* Wer das oben Gesagte mit der nötigen Sorgfalt studiert hat, wird sich darüber klar sein, daß der sich inkarnierende Mensch mit einer bereits bestehenden Verblendung belastet ist, die uralten Ursprungs ist, und er ist auf dieser Stufe völlig außerstande, diese zu beherrschen. Sie ist äußerst wirkungsvoll. Ich sage absichtlich „belastet", in Ermangelung eines besseren Ausdrucks. Gleichwohl möchte ich darauf hinweisen, daß die wahre Bedeutung dieser Sachlage auf der Tatsache beruht, daß diese Zustände dem Menschen Gelegenheit geben, das Erkenntnisvermögen und den Standpunkt der Seele anzurufen, denn sie sind die Mittel, um Erfahrung zu sammeln. Diese Erfahrung wird am Ende dazu führen, daß die Seele die Leitung des Mechanismus, der Persönlichkeit, übernimmt und auf diese Weise ein bestimmtes Dienstgebiet gewinnt. Die Träger oder Körper, durch welche die Seele Erfahrung und Ausdruck sucht, sind normaler- und natürlicher Weise den Weltverblendungen, den Verblendungen der Menschheit und außerdem der Illusion unterworfen. Wenn die Seele in den Anfangsstadien ihrer Erfahrung dem Banne von Maja, Verblendung und schließlich von Illusion verfällt, so liegt das daran, daß sie sich mit jenen Formen und demnach mit der sie umgebenden Verblendung identifiziert; es ist ihr daher unmöglich, die Identifizierung mit sich selbst zu erlangen. Im Laufe der Evolution wird der inkarnierten Seele das Wesen des Problems offenbar; dann beginnt ein Vorgang, in dessen Verlauf die Seele sich von den Folgen falscher Identifizierung befreit. Jede inkarnierte Seele, der es gelingt, ihr Bewußtsein aus der Welt der Illusion und der Verblendung loszulösen, leistet der Rasse einen wesentlichen Dienst und hilft mit, die Menschheit aus dieser alten und mächtigen Knechtschaft zu befreien.

115] Man darf aber nicht vergessen, daß ein Mensch, der sich der Bewußtseinsstufe nähert, auf der sowohl der Astral- als auch der Mentalkörper in voller Tätigkeit sind, selbst zum Erzeuger von Verblendung wird. Er kämpft mit Kräften in seinem Inneren und der Welt, in der er lebt; und die zunehmende Kraft der einströmenden Seelenenergie (die mit den Kräften der Persönlichkeit in Konflikt gerät) erzeugt um ihn herum allmählich ein Feld der Verblendung und einen Bereich der Illusion, der die dritte Art von Verblendung zu voller Wirkung bringt.

Diese Verblendungen hängen vom Ausdruck der verschiedenen Kräfte ab, die die niedere Natur eines Menschen ausmachen, und die er in zunehmendem Maße wahrnimmt. Sie machen vom Augenblick ihres Auftauchens an die verschiedenen Stadien des Erkanntwerdens, der Entwicklung zu voller Ausdruckskraft und Erzeugung heftiger Konflikte durch, bis die ringende Seele — gleichwie Arjuna — sich inmitten der beiden gegnerischen Kräfte (Persönlichkeitskraft und Seelenenergie) niedersetzt und sich folgende Fragen vorlegt:

1. Was ist richtig, dies oder das?
2. Wie kann ich herausfinden, wo meine Pflicht oder meine Verantwortung liegt?
3. Wie kann ich einen Ausweg aus dieser verwirrenden Lage finden?

Die Ursachen der Verblendung

4. Wie kann ich den Krieger zur Vorherrschaft bringen, so daß die beiden Kräftegruppen, die ich liebe, zu einer Einheit werden könnten?
5. Wie kann ich aus dieser Sackgasse herauskommen?
6. Warum muß ich dem Leid antun, das ich liebe, und durch das ich mir seit altersher Ausdruck verschafft habe?
7. Wie kann ich jener mentalen Erleuchtung gewahr werden, die den „Mittelweg" zwischen den Gegensatzpaaren enthüllt?
8. Wie kann ich Gott erschauen? Oder wenigstens Gottes Formgestalt?

116] Viele solche Fragen tauchen im Denken des Aspiranten auf. Sie deuten auf Bedrängnis, Verwirrung, Erkenntnis der ihn umgebenden Verblendung, ein Stadium der Illusion und einen Zustand der Ohnmacht. Gegen den Jünger kämpfen alle Kräfte seiner eigenen Natur, und dazu noch die der Gesamtmenschheit und des Planeten. Er fühlt sich hilflos, schlaff, schwach und hoffnungslos. Er kann nicht einmal einen Ausweg sehen. Nur eine klare Tatsache bleibt ihm, nämlich die Tatsache der Seele, der unsterblichen Identität, des Kriegers hinter den Kulissen, des Wagenlenkers, Krishna, des Christus im Innern.

Die *Bhagavad Gita* kann insgesamt als des Jüngers Kampf mit Verblendung aufgefaßt werden, und die Schüler täten gut daran, sie in diesem Sinne zu studieren.

Die einzelnen Verblendungen, deren der Jünger gewahr wird, bestehen demnach aus fünf Arten von Kraft. Wenn diese zur gleichen Zeit wirksam werden, rufen sie jene Verblendungen hervor, die ausschließlich vom Menschen selbst eingeleitet und bewirkt werden. Es sind dies:

1. Die Kräfte seiner dichten, physischen Natur und des Ätherkörpers, welch'letzterer sich durch die dichte, physische Natur auswirkt und dabei einen Zustand von Maja oder unbeherrschter Energie hervorruft.

2. Die Kräfte der astralen Natur, die auf Wünschen und Empfindungen beruhen. Sie zerfallen auf dieser Stufe in zwei Gruppen, die wir die Gegensatzpaare nennen. In dieser Epoche in der Geschichte des Einzelmenschen ist ihr Einfluß außerordentlich stark, denn der Jünger ist in den meisten Fällen in seinem Astralkörper polarisiert und deshalb den Verblendungen unterworfen, die sich aus dem Wechselspiel der Gegensätze und der oben erwähnten Maja ergeben.

3. Die Kräfte der niederen Denknatur, des Chitta oder Gedankenstoffes, aus dem der Mentalkörper besteht. Dieser ist entsprechend seiner Wirksamkeit in der Vergangenheit „gefärbt", so wie die Substanz aller anderen Träger. Dadurch kommt zu Maja und Verblendung noch der Zustand der Illusion hinzu.

4. Dann macht sich der Persönlichkeitsstrahl bemerkbar und verstärkt diese drei Aspekte der Kraftäußerung. Am Ende bringt er sie zu einer Synthese zusammen, und dann geht der sogenannte „dreifältige Verblendungszustand" in eine einzige größere Verblendung über.

5. Der Strahl oder die Energie der Seele verstärkt während dieser ganzen Zeit ihre rhythmische Wirkungskraft und ist bestrebt, ihre Absicht und ihren Willen der Persönlichkeit aufzuerlegen. Diese vereinte Beziehung und gegenseitige Einwirkung zwischen diesen beiden ist es, was den Menschen — sobald ein Gleichgewichtszustand erreicht wurde — vorwärts treibt auf den Probepfad, den Pfad der Jüngerschaft und bis hinauf zur Pforte der Einweihung. Dort, vor der Pforte stehend, erkennt er die letzte Dualität, die auf die Lösung wartet: den Hüter der Schwelle und den Engel der GEGENWÄRTIGKEIT.

Die Art dieser Verblendungen ist bei einzelnen Menschen verschieden, denn die Strahlenqualität bestimmt sowohl die Art der Verblendung oder der Illusion, der ein Mensch am ehesten unterliegt, als auch die besondere Verblendung, die er am leichtesten hervorruft. Jünger müssen unterscheiden lernen zwischen:

1. Verblendungen oder Verblendung, die bereits in seiner Umgebung vorhanden sind, zu denen er sich leicht hingezogen fühlt oder die er leicht anzieht, da sie seiner natürlichen Neigung entsprechen und er ihnen am wenigsten zu widerstehen vermag.
2. Verblendung, die er neu erschafft, weil er in sein Leben eine ganz bestimmte Anlage oder Ausrüstung mitgebracht hat, die gefärbt ist durch die Erfahrungen vergangener Inkarnationen und durch die Strahlenqualität, mit der er ins Leben trat.

118] Dieses Thema ist so verwickelt, daß es keinen Zweck hat, auf weitere Einzelheiten einzugehen. Ich kann nur die hauptsächlichen Verblendungen erwähnen (einschließlich der verschiedenen Arten von Maja und Illusion), zu denen ein Mensch aufgrund der verschiedenen Strahleneinflüsse im voraus veranlagt ist. Wenn man diese Einflüsse auf die drei Träger der Manifestation, auf die Persönlichkeit und auf die Seele anwendet, dann versteht man, wie kompliziert das Problem ist. Dennoch ist Folgendes zu bedenken, lieber Bruder:

Der Ausgang ist gewiß und vorherbestimmt, denn in diesem Sonnensystem steht der Sieg der Seele und ihre endliche Vorherrschaft von vornherein fest, wie groß auch die Verblendung und wie hart auch der Kampf sein mögen. Deshalb ist für den Aspiranten die Feststellung seiner Strahleneinflüsse einer der ersten Schritte, um sein Problem zu verstehen, und auch die Methode, um frei zu werden. Die Psychologie der Zukunft wird sich eifrig mit der Entdeckung der beiden Strahlen befassen, die die Seele und die Persönlichkeit beherrschen. Nach Untersuchung des physischen Typus, der Gefühlsreaktionen und der mentalen Neigungen wird sich die Psychologie der Entdeckung derjenigen Strahlen zuwenden, die die einzelnen Träger beeinflussen. Wenn diese fünf Strahlen (der egoische, Persönlichkeits-, physische, astrale und mentale Strahl) annähernd festgestellt sind, müssen folgende Faktoren in Betracht gezogen werden:

1. Beschaffenheit, Qualität und Dauerhaftigkeit des Drüsensystems.
2. Die in der Evolution erreichte Stufe. Dies geschieht durch sorgfältige Beobachtung der Zentren und der Drüsen sowie ihrer Beziehung zueinander.
3. Erkennen der einzelnen Zwiespältigkeiten oder der Spaltungen innerhalb der Persönlichkeit. Solche mögen bestehen:

a. Zwischen dem physischen und dem ätherischen Körper, was zu mangelnder Lebenskraft, physischer Schwäche, Besessenheit und vielen anderen Beschwerden führt.

119] b. Im Gefühls- oder Astralkörper, was zu zahlreichen Problemen und psychologischen Schwierigkeiten führt; diese beruhen auf übermäßiger Empfindlichkeit, auf Erregbarkeit durch Verblendung in der Umgebung, auf angeborenen Verblendungstendenzen der einzelnen Träger oder auf der Fähigkeit, die Verblendungen anderer Menschen zu empfinden.

c. Im Mentalkörper, bedingt durch mentale Illusionen mancherlei Art; das sind z. B. die Macht selbsterzeugter Gedankenformen, Empfänglichkeit für Gedankenformen irgendeiner weltweiten, nationalen oder lokalen Geistesrichtung, eine *fixe Idee*, eine Neigung zu Dramatik oder zur Wichtigtuerei, fanatische Anhänglichkeit an ererbte Ideengruppen oder mentale Reaktionen rein persönlicher Natur.

d. Zwischen irgendeiner dieser Kräftegruppen, die wir Körper (oder Träger) nennen:

Zwischen dem ätherischen und dem astralen Körper.
Zwischen dem astralen und dem mentalen Körper.

So besteht beispielsweise eine bestimmte Parallele zwischen der negativen Einstellung auf das äußere Leben, die auf mangelnder Integration zwischen dem physischen und dem ätherischen Körper beruht, und der Interesselosigkeit des abstrakten und wissenschaftlichen Denkers gegenüber den Notwendigkeiten

des physischen Daseins. Bei beiden Gruppen kommt es zu keiner bestimmten und entschiedenen Manifestation auf der physischen Ebene, beide sind unfähig, sich mit den Problemen der physischen Ebene in klarer und befriedigender Weise zu befassen, beide sind physisch nicht-positiv, aber diese verhältnismäßig ähnlichen Zustände beruhen auf völlig verschiedenen Ursachen — wenn sie auch ähnliche Wirkungen zeitigen.
4. Klares Erkennen des Lebenspfades eines Menschen durch Erforschung seiner astrologischen Anzeichen. In diesem Zusammen-
120] hange muß das Sonnenzeichen, in dem ein Mensch geboren wurde, als ein Hinweis auf die Neigungen seiner Persönlichkeit angesehen werden, und als Verkörperung der Eigenschaften, die er aus der Vergangenheit ererbt hat, während das aufsteigende Zeichen die Richtung weist, in der die Seele den Menschen gehen lassen möchte.

Viele andere Faktoren verdienen ebenfalls eine sorgfältige Beachtung. Das Problem des Einzelnen wird durch gewisse ererbte Tendenzen kompliziert, die im Wesen seiner Familie, Nation und Rasse liegen. Sie beeinflussen in hohem Maße beide Aspekte des physischen Körpers und führen zu Verblendungen vielerlei Art. Der physische Körper wird außerdem von bestimmten, ererbten Ideen beeinflußt, welche die Wahrheitssuche der Familie, Nation und Rasse gedanklich verkörpern. Sie schaffen starke Illusionen, denen der einzelne Mensch leicht zum Opfer fällt. Dazu kommen die einströmenden Kräfte des Zeichens, in das die Sonne vielleicht gerade eintritt, wie das z. B. jetzt der Fall ist, da unsere Sonne in ein neues Zeichen des Zodiak übergeht. Infolgedessen wirken neue und mächtige Energien auf die Menschheit ein und machen sich in allen drei Körpern bemerkbar. Sie rufen Verblendungen in der Gefühlsnatur und Illusionen in der mentalen Natur wach. Diejenigen, die leicht der Verblendung anheimfallen, verspüren jetzt in besonderem Maße eine Dualität. Aus all dem läßt sich ermessen, wie umfangreich das Thema ist; diese Wissenschaft der psychologischen

Einflüsse und ihrer Einwirkung auf den menschlichen Mechanismus steckt immer noch in den Kinderschuhen. Immerhin habe ich genügende Andeutungen gemacht, um Interesse zu erwecken und Nachforschungen auf diesem neuen Gebiet psychologischer Tätigkeit anzuregen.

Damit kommen wir zurück zur Betrachtung der vielen Verblendungen, die von bestimmten Strahlenarten hervorgerufen werden und zu diesen in Beziehung stehen:

I. STRAHL.
 Die Verblendung physischer Stärke.
 Die Verblendung persönlicher Anziehungskraft.
121]
 Die Verblendung des Ich-Standpunktes und der persönlichen Macht.
 Die Verblendung des „Einen im Mittelpunkt."
 Die Verblendung selbstsüchtigen, persönlichen Ehrgeizes.
 Die Verblendung des Herrschens, der Diktatur und weitreichender Kontrolle.
 Die Verblendung des Messias-Komplexes auf dem Gebiet der Politik.
 Die Verblendung eines selbstsüchtigen Schicksalsbewußtseins, des Gottesgnadentums der Könige im Sinne eines persönlichen Rechtsanspruches.
 Die Verblendung der Zerstörung.
 Die Verblendung der Selbst-Isolierung, des Alleinseins, der Weltflucht.
 Die Verblendung des — anderen Menschen oder Gruppen — aufgezwungenen Willens.

II. STRAHL
 Die Verblendung der Liebebedürftigkeit.
 Die Verblendung der Popularität.
 Die Verblendung persönlicher Weisheit.

Die Verblendung eines selbstsüchtigen Verantwortungsgefühls.
Die Verblendung eines zu umfassenden Verstehens, das rechtes Handeln zunichte macht.
Die Verblendung der Selbstbemitleidung, die für diesen Strahl grundlegend ist.
Die Verblendung des Messiaskomplexes auf dem Gebiet der Religion und der Weltnot.
Die Verblendung der Furcht, die auf übermäßiger Empfindsamkeit beruht.
Die Verblendung der Selbstaufopferung.
Die Verblendung selbstsüchtiger Selbstlosigkeit.
Die Verblendung der Selbstzufriedenheit.
Die Verblendung selbstsüchtigen Dienstes.

III. STRAHL.
Die Verblendung der Geschäftigkeit.
Die Verblendung, mit dem großen Plan individuell und nicht mit einer Gruppe zusammen zu arbeiten.
Die Verblendung emsiger Plänemacherei.
Die Verblendung schöpferischer Arbeit — ohne wahres Motiv.
Die Verblendung guter Absichten, die im Grunde selbstsüchtig sind.
Die Verblendung der „Spinne im Mittelpunkt".
Die Verblendung des „Gottes in der Maschine".
Die Verblendung abwegiger und fortgesetzter Manipulationen.
Die Verblendung der eigenen Bedeutung, vom Standpunkte des Wissens und der Tüchtigkeit.

IV. STRAHL.
Die Verblendung der Harmonie, die nach persönlicher Behaglichkeit und Befriedigung trachtet.
Die Verblendung des Krieges.
Die Verblendung der Gegnerschaft, die Rechtschaffenheit und Frieden gewaltsam aufzuerlegen sucht.

Die Verblendung vager, künstlerischer Empfindung.
Die Verblendung psychischer Wahrnehmung anstelle von Intuition.
Die Verblendung musikalischen Empfindens.
Die Verblendung der Gegensatzpaare, im höheren Sinne.

V. STRAHL.
Die Verblendung der Körperlichkeit oder der Überbetonung von Form.
Die Verblendung des Intellektes.
Die Verblendung des Wissens und der Definition.
Die Verblendung der festen Überzeugung, die auf Engstirnigkeit beruht.
Die Verblendung der Form, die die Wirklichkeit verhüllt.
Die Verblendung der Organisation.
Die Verblendung des Äußeren, das das Innere verhüllt.

123]
VI. STRAHL.
Die Verblendung der verehrungsvollen Hingabe.
Die Verblendung der Anhänglichkeit an Formen und Personen.
Die Verblendung des Idealismus.
Die Verblendung der Gefolgstreue und der Glaubensbekanntnisse.
Die Verblendung der gefühlsmäßigen Reaktion.
Die Verblendung der Sentimentalität.
Die Verblendung der Einmischung.
Die Verblendung der niederen Gegensatzpaare.
Die Verblendung der Welterlöser und Weltlehrer.
Die Verblendung der engstirnigen Vision.
Die Verblendung des Fanatismus.

VII. STRAHL
Die Verblendung magischen Wirkens.

Die Verblendung der Beziehung zwischen den Gegenpolen.
Die Verblendung der unterirdischen Mächte.
Die Verblendung dessen, was zusammenbringt.
Die Verblendung des physischen Körpers.
Die Verblendung des Mysteriösen und des Geheimen.
Die Verblendung der Sexualmagie.
Die Verblendung der in der Manifestation zutage tretenden Kräfte.

Damit habe ich viele Verblendungen aufgezählt, aber ihre Namen sind Legion; und ich habe die Möglichkeiten auf dem Gebiet der Verblendung keineswegs erschöpft.

Eine der Gruppen, mit denen ich gearbeitet habe, hatte bestimmte Merkmale und Schwierigkeiten, deren Erwähnung an dieser Stelle von Wert sein könnte.

Diese Gruppe hatte einen merkwürdigen Werdegang in Beziehung zu anderen Gruppen, weil ihr Personal mehrere Male wechselte. Jedesmal hatte die Person, welche die Gruppe verließ, ihr aufgrund karmischer Berechtigung und alter Beziehung zu mir oder zu den Mitgliedern der Gruppe angehört, und deshalb mußte ihr von Rechts wegen Gelegenheit geboten werden, an dieser Aufgabe teilzunehmen. Jedesmal versagten die Betreffenden und jedesmal aus Persönlichkeitsgründen. Es mangelte ihnen an *Gruppen*-Gewahrsein, und sie waren ersichtlich nur mit sich selbst beschäftigt. Die neue und weitere Vision fehlte ihnen. Deshalb schlossen sie sich selbst von dieser neuzeitlichen Betätigung aus. Ich erwähne das, denn es ist wertvoll für Jünger, die Tatsache zu begreifen, daß eine karmische Beziehung nicht ignoriert werden darf, und daß eine Gelegenheit zum Gruppendienst auch dann geboten werden muß, wenn dieser dadurch anfänglich verzögert werden sollte. Einige Mitglieder der Gruppe hatten noch mit Verblendung zu kämpfen und brauchten noch etwas Zeit, um sich umzustellen, sobald sie eine Verblendung als solche erkannt hatten. Die Hauptaufgabe der Gruppe lag darin, einen Teil der Weltverblendung durch eine ganz bestimmte, gemeinsame Meditation zu zerstreuen. Einige der Gruppenmitglieder standen außerdem vor größeren Umwälzungen in ihrem Leben oder hatten diese durchgemacht, und es brauchte einige Zeit, bis sich der notwendige, subjektive Rhythmus durchgesetzt hatte. Aber alle arbeiteten mit Verständnis, Beharrlichkeit und Begeisterung mit, und es dauerte nicht lange, bis die Gruppenarbeit in Gang kam.

Es dürfte sich als zweckdienlich erweisen, über folgende Fragen nachzudenken:

1. Durch welche Methode werden Ideen entwickelt von dem Augenblick an, wenn sie das Denken irgend eines intuitiven Menschen beeindrucken?

Wie schon öfters erwähnt, machen sie allgemein gesprochen folgende Stadien durch:

    a. Die Idee .... gründet sich auf intuitiver Wahrnehmung.
    b. Das Ideal ..... gründet sich auf gedankliche Formulierung und Verbreitung.
    c. Das Idol ..... gründet sich auf die Tendenz physischer Manifestation.

2. Welche Verblendungen erscheinen in der heutigen Welt als besonders vorherrschend und warum ist das so?
3. Ich habe oft von dem Werk gesprochen, das diese und bestimmte andere Gruppen vorhaben, um die Verblendung in der Welt zu zerstreuen. Wie sollte man da vorgehen und was wird dabei vom Einzelnen verlangt werden?

3. *Die Gegensätze zwischen den höheren und den niederen Arten der Verblendung.*

Im vorhergehenden Teil dieser Betrachtung besprachen wir (kurz und allzu oberflächlich) einige der Ursachen für die dichte Ver-

Die Ursachen der Verblendung 143

blendung, die die Menschheit umgibt. Daß diese Verblendung sehr alt, wirksam organisiert und für die Astralebene besonders charakteristisch ist, ging klar daraus hervor; ebenso klar war die Tatsache der drei sekundären Hauptursachen, die den Menschen von Haus aus für Verblendung empfänglich machen:

1. Die durch das planetarische Leben hervorgerufenen und der Substanz selbst anhaftenden Verblendungen.
2. Jene Verblendungen, die von der Gesamtmenschheit primär hervorgebracht und im Laufe vergangener Äonen verstärkt wurden.
3. Verblendung, die vom Einzelnen selbst verursacht wurde, entweder durch Teilnahme an der Weltverblendung in der Vergangenheit oder erst in diesem Leben.

Zu all diesen Verblendungen neigt jeder einzelne Mensch, und seit vielen Inkarnationen ist er das hilflose Opfer von dem, was er später als irrig, falsch und trügerisch erkennt. Er lernt dann, daß er der — astralen, emotionalen und verblendenden — Vergangenheit nicht blind unterwürfig zu sein braucht, sondern daß er, wenn er es nur wüßte, eine hinreichende Ausrüstung besitzt, um damit fertig zu werden; und er erfährt weiter, daß es Methoden und eine Technik gibt, wie er als Überwinder der Illusion, als Zerstreuer der Verblendung und als Meister der Maja hervorgehen kann. Dies ist die erste Entdeckung; und wenn er deren volle Bedeutung er-
126] kannt und sich daran gemacht hat, den unerwünschten Zustand zu überwinden, dann gelangt er später zur Erkenntnis einer wesentlichen Dualität. Diese ist, im Augenblick wenigstens, durchaus keine Illusion. Er erkennt die Beziehung zwischen sich als Persönlichkeit, dem wahren Hüter der Schwelle, und dem Engel der GEGENWÄRTIGKEIT — der die Einweihungspforte bewacht. Das ist ein kritischer Augenblick im Leben des Jüngers, der Zeitpunkt nämlich, da er sich dazu anschicken kann, den Pfad der Einweihung zu gehen, wenn er den Wunsch und die dazu notwendige Kraft hat.

Im letzten Grunde ist die teilweise Überwindung der Verblendung und das Entkommen aus der völligen Knechtschaft der Illusion ein Anzeichen für die beobachtende Hierarchie, daß ein Mensch für den Einweihungsvorgang reif ist. Solange er noch völlig der Täuschung unterliegt und auch nicht einigermaßen mental frei ist, ist es ihm unmöglich, dem wartenden Engel entgegenzutreten und durch die Pforte hindurch zu gehen. Auf eines möchte ich dabei aufmerksam machen: nachdem der Jünger die Einweihungspforte passiert hat, kehrt er jedesmal zurück, um sich erneut seinen Aufgaben in den drei Welten zu widmen; hier macht er die früheren Vorgänge erneut durch — kurz und mit vollem Verständnis — und dann geht er dazu über, die wesentlichen Punkte der nächsten Einweihungslektion zu meistern. Ich fasse hier allerhand Aufschlüsse in sehr knapper Form zusammen, aber das ist alles, was zurzeit möglich ist.

Für geraume Zeit durchdringt das Dualitätsgefühl das Wesen des Jüngers und läßt sein Leben als endlosen Konflikt zwischen den Gegensatzpaaren erscheinen. Der Kampf der Gegensätze findet im Leben des Jüngers bewußt statt. Abwechselnd durchlebt er die Erfahrungen der Vergangenheit und die Erinnerung an die Einweihung, die er durchgemacht hat; dabei betont er zunächst einmal die früheren Erfahrungen, und erst später die letzte, große Erfahrung, die sein inneres Leben so wesentlich prägt und beeinflußt. Er erlebt länger anhaltende Momente, in denen er der verwirrte, mit Verblendung kämpfende Jünger, und kurze Momente, in denen er der triumphierende Eingeweihte ist. Er entdeckt in sich die Quellen **127]** der Verblendung und Illusion sowie die Lockung der Maja, bis der Augenblick kommt, da er wiederum vor der Pforte steht und den bedeutendsten Dualitäten in seinem eigenen kleinen Kosmos gegenübertritt — dem Hüter und dem Engel. Anfänglich fürchtet er den Engel und schreckt vor dem Licht zurück, das von des Engels Antlitz strömt, weil es das Wesen des Hüters, der er selbst ist, zu lebendiger Wirklichkeit bringt. Er erspürt, wie nie zuvor, die ihm bevorstehende, ungeheure Aufgabe und die wahre Be-

Die Ursachen der Verblendung

deutung des Unternehmens, dem er sich verpflichtet hat. Allmählich wird ihm zweierlei erstaunlich klar:
1. Die Bedeutung seiner eigenen Natur, mit ihrem wesentlichen Dualismus.
2. Die Erkenntnis der Beziehung zwischen den Gegensatzpaaren, mit denen er sich als Jünger zu befassen hat.

Sobald er die Beziehung der hauptsächlichen, niederen Dualität erfaßt hat (die der Persönlichkeit und der Seele), ist er bereit, zur höheren Wirklichkeit überzugehen, nämlich zu der des integrierten Selbstes (Persönlichkeit und Seele) und dessen Beziehung zur GEGENWÄRTIGKEIT. Hier ist mit ein paar knappen Worten das Resultat der drei ersten und der beiden letzten Einweihungen ausgedrückt. Darüber sollte man nachdenken.

Es dürfte für den Leser wirklich wertvoll sein, wenn ich die verschiedenen Gegensätze erwähne, die für den intelligenten Menschen und den Jünger charakteristisch sind, wobei ich das Wort „Jünger" auf alle Entwicklungsstufen vom akzeptierten Jünger bis zum Meister anwende. Es gibt im Grunde nichts als die Hierarchie, im Sinne eines steten Fortschritts von einem niederen zu einem höheren Daseins- und Bewußtseinsstadium. In jedem Falle handelt es sich dabei um das Bewußtseinsstadium eines Wesens, das von Substanz umgrenzt und beherrscht wird. Absichtlich sage ich „Substanz" und 128] nicht „Form", denn in Wirklichkeit ist es *Substanz*, was den Geist während eines langen, sehr langen Ausdruckszyklus beherrscht; es ist nicht die Materie, was herrscht und bestimmt, denn die grobe Materie wird stets von den Kräften gelenkt, die (im esoterischen Sinne) ihrem Wesen nach als ätherisch und deshalb als Substanz, aber nicht als Form bezeichnet werden. Das muß man stets im Gedächtnis behalten, denn darin liegt der Schlüssel zum wahren Verständnis der niederen Natur.

Wir wollen deshalb die grundlegenden und wesentlichen Gegensätze betrachten, die der Jünger intuitiv erfassen und mit denen er sich vertraut machen muß. Wir wollen das Thema in vier Teile zerlegen und uns kurz, aber, wie ich hoffe, anregend mit jedem davon befassen:

a. Der Gegensatz zwischen Illusion und
   ihrem Gegenpol . . . . Intuition.
b. Der Gegensatz zwischen Verblendung und
   ihrem Gegenpol . . . . Erleuchtung.
c. Der Gegensatz zwischen Maja und
   ihrem Gegenpol . . . . Inspiration.
d. Der Gegensatz zwischen dem Hüter an der
   Schwelle und seinem Gegenpol, dem . . . . Engel der
   GEGENWÄRTIGKEIT.

Wie leicht ersichtlich, handelt es sich um ein umfassendes Thema, das das Hauptproblem des Jüngers betrifft. In diesem Zusammenhang möchte ich auf das Bezug nehmen, was ich bereits über die vier Aspekte von Verblendung gesagt habe; und die verschiedenen Tabellen und Aufstellungen, die von Zeit zu Zeit eingeschaltet wurden, sollten aufmerksame Beachtung finden.

a. *Der Gegensatz zwischen Illusion und Intuition.*

Ich habe diesen als den ersten zu behandelnden Gegensatz ausgewählt, da er die hauptsächliche Verblendung der Mitglieder meiner jetzigen Gruppe darstellen sollte (wenn das auch wahrscheinlich nicht der Fall ist). Leider herrscht die emotionale Verblendung noch vor, und für die meisten meiner Schüler wird sich der zweite Gegensatz, d h. der zwischen Verblendung und Erleuchtung, als der nützlichste und aufschlußreichste erweisen.

Illusion ist die Macht irgendeiner mentalen Gedankenform, eines **129]** Ideales und eines — in mentaler Form erspürten, erfaßten und ausgelegten — Begriffes, um die Denkvorgänge eines Individuums oder der Rasse zu beherrschen, wodurch die Wesensäußerung des Einzelnen oder einer Gruppe beeinträchtigt und beschränkt wird. Solche Ideen oder Begriffe können bekanntlich von dreierlei Art sein:

1. Es mögen *ererbte* Ideen sein, wie das bei denen der Fall ist, die sich so schwer der neuen Vision des Weltlebens und der in den neueren Ideologien ausgedrückten sozialen Ordnung anpassen können. Sie stehen unter dem mächtigen Einfluß ihrer Kaste, ihrer Tradition und ihrer Erziehung.
2. Es mögen *modernere Ideen* sein, die letzten Endes die Reaktionen modernen Denkens auf die Zustände in der Welt sind; dafür sind auch viele andere Aspiranten sehr empfänglich und das ist ganz natürlich, besonders bei denen, die in dem Kraftstrudel leben, den wir das moderne Europa nennen. Solche moderne Ideen werden heutzutage zu größeren Gedankenströmungen und vorherrschenden Ideologien zusammengefügt, und darauf muß jeder intelligente Mensch unvermeidlich reagieren; allerdings vergißt er dabei, daß diese Reaktion auf Tradition und auf nationaler und internationaler Veranlagung beruht.
3. Es mögen *die dunkel erahnten, neueren Ideen sein,* die die Macht in sich tragen, die Zukunft zu bestimmen und die moderne Generation aus dem Dunkel ins Licht zu führen. Noch niemand erspürt heute wirklich diese neuen Ideen, wenn auch manche im Augenblick hoher Meditation oder geistigen Aufstiegs vage und kurz darauf reagieren mögen. Diese Reaktion mag nur insofern eine wirkliche sein, als sie im Betreffenden den Dienst an seinen Mitmenschen deutlich beeinflußt. Man kann in der richtigen Weise und in steigendem Maße darauf reagieren, wenn man die Integrität der Seele zu wahren weiß und sich nicht vom Kampf und vom Fieber der Umwelt innerhalb seines erwählten Dienstbereiches übermannen läßt.

130] Eine mentale Illusion läßt sich vielleicht am besten als eine Idee beschreiben, welche die Form eines Ideals angenommen hat, die keinerlei Raum übrig läßt für irgendeine andere Idealform. Sie schaltet damit die Fähigkeit aus, mit Ideen in Berührung zu kommen. Der Mensch ist an die Welt der Ideale und des Idealismus gebunden. Er kann sich davon nicht losmachen. Die mentale Illusion bindet ihn, schränkt und kerkert ihn ein. Eine gute Idee kann sich demnach äußerst leicht zu einer Illusion entwickeln und das Leben des Menschen, der sie verspürt hat, in katastrophaler Weise beeinflussen.

Man könnte hier die Frage aufwerfen, ob die Hierarchie nicht selbst von einer Idee bestimmend beeinflußt wird und demnach selbst das Opfer einer allgemeinen und weitverbreiteten Illusion ist. Abgesehen davon, daß die Leiter der Hierarchie und die Treuhänder des Planes niemals in diese Stellungen aufrücken, bevor sie nicht vom Ansporn der Illusion frei sind, möchte ich daran erinnern, daß alle Ideen auf den Leitbahnen der sieben Strahlen in das planetarische Bewußtsein strömen. Somit ist die Hierarchie auf alle Fälle und in vollstem Maße für die sieben Hauptgruppen von Ideen empfänglich, die die IDEE Gottes zu irgendeinem Zeitpunkt darstellen; diese kommt auf sieben hauptsächliche Arten zum Ausdruck, die alle gleich richtig sind und dem siebenfältigen Bedürfnis der Menschheit dienen. Jede dieser sieben Formulierungen von Gottes Idee liefert ihren besonderen Beitrag; jede von ihnen ist eine wahre Idee, die im menschlichen oder planetarischen Dienst ihre Rolle zu spielen hat; und jede von ihnen steht mit den sechs anderen Äußerungen derselben göttlichen Idee, die sich in Form von Idealen auf der Mentalebene auswirken, in einer solchen Wechselbeziehung, daß eine Einengung in eine einzige Idee mit ihren Abzweigungen, wie sie unter Menschen vorkommt, völlig unmöglich ist. Zumindest besteht Empfänglichkeit für sieben Ideengruppen und die daraus resultierenden Ideale; und wenn die Hierarchie weiter nichts wäre — bisher ist sie beweglich und biegsam geblieben. Aber sie ist weit mehr als das, denn für die Mitglieder der Hierarchie wird die Idee und deren Auswirkungen nicht nur im Sinne menschlicher Gedankenformen und menschlichen Idealismus ausgelegt, sondern sie müssen auch mit dem Denken Gottes Selbst
131] und mit den planetarischen Naturreichen in Verbindung gebracht und dementsprechend studiert werden. Diese Ideen kommen von der buddhischen Ebene her, die dem Bewußtsein des Durch-

schnittsjüngers selten zugänglich und dem Durchschnitts-Idealisten bestimmt verschlossen ist. Dabei möchte ich daran erinnern, daß wenige Idealisten persönlich mit der Idee in Berührung stehen, die dem Idealismus zugrunde liegt. Sie stehen lediglich mit der menschlichen Auslegung der Idee in Berührung, so wie sie von irgendeinem Jünger oder intuitiven Menschen formuliert wurde — was grundverschieden ist.

Eine Illusion läßt sich demnach als die Folgeerscheinung einer (in ein Ideal übersetzten) Idee bezeichnen, wenn diese Idee als ein Gesamtbild, als vollständige Darstellung oder Lösung angesehen wird, getrennt und unabhängig von allen anderen Ideen — seien sie religiöser Natur oder anscheinend ohne jeden Zusammenhang mit Religion. Diese Feststellung beleuchtet die Trennungstendenz und die Unfähigkeit des Menschen, die verschiedenen Auswirkungen einer göttlichen Idee miteinander in Beziehung zu bringen. Wenn eine Wahrheit engstirnig und separatistisch erschaut und erfaßt wird, so wird sie zwangsläufig entstellt; der Jünger oder Aspirant verpflichtet sich unvermeidlich einem Teilaspekt der Wirklichkeit oder des Planes, aber nicht der Wahrheit, soweit sie geoffenbart werden kann oder dem Plan, wie die Mitglieder der Hierarchie ihn kennen. Die Illusion erweckt im Jünger oder Idealisten eine Gefühlsreaktion, die unmittelbar die Wunschnatur anregt und demzufolge den Übergang von der mentalen auf die astrale Ebene bedingt. Dadurch wird ein Wunsch nach einem teilweisen und unzulänglichen Ideal hervorgerufen, und die Idee kann nicht voll zum Ausdruck kommen, weil ihr Fürsprecher dieses bloße Teilideal als die ganze Wahrheit ansieht und deshalb seine sozialen, planetarischen und kosmischen Auswirkungen nicht erfassen kann.

Wenn eine Idee wirklich in ihrem vollen Umfang erfaßt wird (was in der Tat selten vorkommt), kann Illusion nicht Platz greifen. Die Idee ist so viel größer als der Idealist, daß seine Bescheidenheit ihn davor bewahrt, engstirnig zu sein. Wo es sich (wie das gewöhnlich der Fall ist) um Illusion handelt und um eine vage Auslegung einer Idee, da haben wir es mit Fanatikern zu tun, mit verschwommenen Idealisten, mit Sadisten, die eine von ihnen erfaßte Idee aufzwingen wollen, mit einseitigen und engherzigen Männern und Frauen, die nur *ihre* Auslegung einer göttlichen Idee gelten lassen, und mit beschränkten, verkrampften Phantasten. Eine solche illusorische Darstellung der Wahrheit und solch ein visionäres Erschauen der Idee ist sowohl der Stolz als auch der Fluch der Welt gewesen. Das ist einer der Gründe, warum die moderne Welt in einen so kritischen Zustand geraten ist; die Welt leidet heute — wahrscheinlich unvermeidlicherweise — unter diesem Mißbrauch der göttlichen Fähigkeit, eine Idee zu erspüren und sie dann in ein Ideal umzuwandeln. Die Aufzwingung dieser menschlich und mental ausgelegten Ideen in Form von beschränkten Ideologien hat eine bedauerliche Wirkung auf die Menschen ausgeübt. Sie müssen lernen, zur wahren Idee vorzudringen, die hinter ihrem Ideal verborgen liegt, und sie im Lichte ihrer Seele genau auszulegen; dabei sind jene Methoden anzuwenden, die durch LIEBE gerechtfertigt und gesichert sind. Es ist zum Beispiel keine Illusion, daß die Idee, die in der Feststellung Ausdruck findet, daß „alle Menschen gleich sind", durchaus eine Tatsache ist und betont werden muß. Demokratisch gesinnte Menschen haben dies eifrig aufgegriffen. Es handelt sich um eine tatsächliche Feststellung, aber wenn dabei die gleich wichtigen Ideen der Evolution, der Rassenmerkmale und nationaler und religiöser Kennzeichen unbeachtet bleiben, dann findet die grundlegende Idee nur beschränkte Anwendung. Daraus erklären sich die modernen, ideologischen Zwangssysteme unserer Tage und das rasche Anwachsen ideologischer Illusionen, von denen dennoch jede einzelne — ohne Ausnahme — auf einer wahren Idee beruht. Ebenso ist es keine Illusion, daß die Entwicklung des Christusbewußtseins das Ziel der menschlichen Familie ist; wenn es aber von denen, die dieses Bewußtsein selber noch nicht entfaltet haben, im Sinne einer autoritären Religion ausgelegt wird, dann wird dieses Ziel zu einem bloßen Moralbegriff, ja oftmals zu einem sadistischen Impuls, womit es unmittelbar in den Bereich der Illusion gerät.

133] Aus vielen möglichen Beispielen greife ich diese beiden heraus, um daran klar zu machen, wie Illusionen entstehen, wie sie sich entwickeln und wie sie am Ende verschwinden müssen; auf diese Weise läßt sich eine Vergleichsnorm finden, um den relativen Wert des Wahren und des Falschen, des unmittelbar Zeitlichen und der grundlegenden Zeitlosigkeit des Wirklichen zu verstehen.

Daraus geht also hervor, daß die niederen oder konkreten Stufen der Mentalebene — im Laufe der Zeitalter — eine Unzahl von Ideen erworben oder angehäuft haben, die als Ideale formuliert und in Mentalstoff gehüllt wurden. Diese Ideale wurden von der Lebenskraft derer genährt, die von der Wahrheit der Idee soviel erkannt haben, als sie auszudrücken vermögen, und die diese Ideale durch ihre gedankenformende Fähigkeit und ihre darauf gerichtete Aufmerksamkeit betont haben; das bedeutet, daß sie der begrenzten Formulierung des Ideals Energie zugeführt haben, weil bekanntlich dem Gedanken Energie folgt.

Diese Gedankenformen werden zu erstrebenswerten Zielen, denen die subjektive Wirklichkeit „Mensch" zustrebt, und mit denen er sich während langer Zeitperioden identifiziert; er überträgt sie auf sich, wodurch er sie belebt und ihnen Vitalität und Beständigkeit verleiht. Sie werden zum Teil seiner selbst; sie bedingen seine Reaktionen und Aktivitäten; sie nähren seine Wunschnatur und erlangen dadurch ungebührliche Bedeutung; sie errichten eine Scheidewand (deren Dichtheit vom Ausmaße der jeweiligen Identifizierung abhängt) zwischen dem inkarnierten Menschen und der Wirklichkeit, die sein wahres Wesen ist.

Es besteht für mich kein Grund, an dieser Stelle einige dieser vorherrschenden Gedankenformen und Aspekte intellektueller und mentaler Illusion im einzelnen aufzuzählen. Der Leser sollte keineswegs denken, daß die verkörperte Idee, die wir ein Ideal nennen, schon an sich eine Illusion sei. Ein Ideal wird nur dann zur Illusion, wenn es als Endzweck an sich betrachtet wird, anstelle dessen, was es seinem Wesen nach ist, nämlich ein Mittel zum Zweck. Ein richtig erfaßtes und angewandtes Ideal dient als zeitweiliger Weg-

134] weiser zu einer unmittelbar erreichbaren Wirklichkeit, die zu irgendeinem besonderen Zeitpunkt das Ziel des Menschen oder der Menschenrasse darstellt. Die der heutigen Menschheit dargebotene Idee ist die Wiederherstellung (auf einer höheren Spiralwindung) jener geistigen Verbundenheit, die für die primitiven Menschen der vorgeschichtlichen Zeit charakteristisch war. Damals unter der weisen Führung und dem väterlichen Beistand der Hierarchie und der Priester-Eingeweihten jener Zeit wußten die Menschen, daß sie eine einzige Familie von Brüdern waren, und sie erlangten diese Erkenntnis gefühlsmäßig aufgrund einer entwickelten Sinneserfahrung. Heute sucht die gleiche Idee unter der Bezeichnung *Brüderlichkeit* nach einer *mentalen* Ausdrucksform und nach Wiederherstellung einer geistigen Verbundenheit (Idee) durch Ausbildung in rechten, menschlichen Beziehungen (Ideal). Dies ist das unmittelbare Ziel der Menschheit.

Dieses Resultat wird die unausbleibliche Folge des Zyklus der Notwendigkeit sein, den wir jetzt durchmachen; die dunkel empfundene Idee wird — als ein Ergebnis bitterer Notwendigkeit — der Rasse ihren Rhythmus auferlegen, und damit allen Menschen die Erkenntnis wahren Seins aufzwingen. Wer die wirkliche Grundlage aller Ideologien (ohne jede Ausnahme) einer genauen Betrachtung unterzieht, wird feststellen, daß diese (in ihrer Darstellung oft verzerrte und unter falschen Methoden versteckte) Idee integraler Verbundenheit, geistiger Ziele und wirklich positiver, brüderlicher Betätigung den Kern aller äußeren Form bildet. Ich habe die gegenwärtige Lage als Beispiel dafür benutzt, wie *die Idee* sich als *das Ideal* verkörpert, das leider, lieber Bruder, oftmals *das Idol* und das fanatisch mißverstandene und überbetonte Ziel der Massen wird, die sich von einem ausgesprochenen Idealisten führen lassen. Ein Ideal ist ein *zeitweiliger* Ausdruck einer grundlegenden Idee; es ist nicht dazu bestimmt, etwas Dauerndes zu sein, sondern soll lediglich einem Bedürfnis entsprechen und einen Ausweg aus der Vergangenheit in eine angemessenere Zukunft weisen. Alle gegenwärtigen Ideale, die sich durch landläufige Ideologien ausdrücken,

135] werden ihren Zweck erfüllen und am Ende verschwinden, gleichwie alles andere in der Rassengeschichte verschwunden ist, um schließlich *einer anerkannten geistigen Beziehung, einer subjektiven Gemeinschaft* im Sinne einer *klar umrissenen und manifestierten Brüderlichkeit* Platz zu machen. Wenn diese Ideale genügend entwickelt sind und verstanden werden, dann sollte sich daraus ein Kontroll- und Führungssystem und eine Art von Regierung ergeben, von der sich selbst fortgeschrittene Denker zurzeit noch keine Vorstellung machen können.

Wenn Ideale, mentale Begriffe und formulierte Gedankenformen das Denken eines Individuums, einer Rasse oder der Menschheit im allgemeinen derart beherrschen, daß jede Fernsicht oder Vision ausgeschlossen und das Wirkliche abgeblendet wird, dann bedeuten sie eine Illusion, solange sie das Denken und die Lebensmethode beherrschen. Sie lassen keinen Spielraum für die Intuition mit ihrer wirklichen Kraft, die unmittelbare Zukunft zu enthüllen; häufig lassen sie (in ihrer Ausdrucksform) das Grundprinzip des Sonnensystems, die Liebe, völlig außer acht, indem sie ein zweitrangiges und vorübergehendes Prinzip mit Gewalt an die erste Stelle setzen; auf diese Weise können sie eine „drohende, schwarze Regenwolke" bilden, welche die (von Patanjali in seinem letzten Buche erwähnte) „Regenwolke wißbarer Dinge" verhüllt — jene Wolke der Weisheit, die über der niederen Mentalebene schwebt und die von Schülern und Aspiranten angezapft und benutzt werden kann, wenn sie der Intuition freien Spielraum lassen.

Wir wollen jetzt die *Intuition* betrachten, die das Gegenteil der Illusion ist. Wir müssen im Auge behalten, daß die Illusion einen Menschen auf der Mentalebene gefangen hält und ihn ganz mit von Menschen erschaffenen Gedankenformen umgibt; dadurch versperrt sie den Ausweg in die höheren Bereiche des Gewahrseins oder in das Betätigungsfeld jenes liebevollen Dienens, das sich in den niederen Welten bewußter, manifestierter Bestrebung auswirken muß.

Was ich in diesem Zusammenhange vor allem betonen möchte, ist die Tatsache, daß die Intuition die Quelle oder die Geberin der Enthüllung ist. Durch die Intuition werden die Wege Gottes in der Welt und zum Wohle der Menschheit in fortschreitendem Maße 136] dem Verständnis enthüllt; vermittels der Intuition wird die Transzendenz und die Immanenz Gottes nacheinander verständlich. Der Mensch kann in jenes reine Wissen, in jene inspirierte Vernunft eindringen, die es ihm ermöglichen, nicht nur die Vorgänge der Natur in ihrem fünffältigen, göttlichen Ausdruck zu begreifen, sondern auch die diesen Vorgängen zugrunde liegenden Ursachen zu verstehen, die sich am Ende als Wirkungen und nicht als ursächliche Geschehnisse herausstellen. Durch die Intuition gelangt der Mensch zur Erfahrung des Reiches Gottes und entdeckt das Wesen, die Art der Lebewesen und der äußeren Erscheinungen, sowie die Kennzeichen der Gottessöhne, Die zur Manifestation kommen. Durch die Intuition erfährt er einige der Pläne und Ziele, die sich in den manifestierten Schöpfungswelten verwirklichen, und es wird ihm gezeigt, wie er und die übrige Menschheit mitwirken und die göttliche Absicht beschleunigen können. Durch die Intuition wird er nach und nach auf die geistigen Lebensgesetze aufmerksam, die Gott Selbst bedingen, die Shamballa bestimmend beeinflussen und die der Hierarchie den Weg zeigen; und dieses Gewahrwerden wächst entsprechend seiner eigenen Fähigkeit, diese Gesetze zu würdigen und in die Praxis umzusetzen.

Vier Arten von Menschen sind infolge der erwachenden Intuition für Enthüllungen empfänglich:

1. *Diejenigen, die zur Gruppe der Weltdiener gehören.* Sie berühren und empfinden den göttlichen Plan und haben sich verpflichtet, zu dienen und an der Errettung der Menschheit mitzuwirken. Sie manifestieren mannigfaltige und verschiedene Grade der Erkenntnis, angefangen von dem Menschen, der (auf Grund von Wandlungen und Auswirkungen in seinem persönlichen Leben) innerhalb seines kleinen Wirkungskreises Göttlichkeit zu enthüllen

Die Ursachen der Verblendung 155

sucht, bis hinauf zu den großen Intuitiven und Welterlösern wie Christus. Ersterer erhielt den inneren Antrieb dazu aller Wahrscheinlichkeit nach durch eine bestimmte, intuitive Krise, die ihn von Grund auf umwandelte und ihm einen neuen Wertmaßstab verlieh; letzterer kann aus eigener Willenskraft in die Welt intuitiver Wahrnehmung und Werte emporsteigen und dort den Willen 137] Gottes erforschen und ein umfassendes Zukunftsbild des Planes erschauen. Solche große Vertreter der Gottheit genießen die Freiheit der Heiligen Stadt (Shamballa) und des Neuen Jerusalem (der Hierarchie). Ihre Kontaktmöglichkeiten sind somit einzig in ihrer Art, und bislang hat es nur verhältnismäßig wenige solcher Repräsentanten gegeben.

2. *Diejenigen, die als Propheten wirken.* Sie kommen in hochintuitiven Augenblicken mit dem Plan in Berührung und wissen, was die unmittelbare Zukunft mit sich bringt. Ich beziehe mich hier nicht auf die Hebräischen Propheten, die im Westen so bekannt sind, sondern auf alle diejenigen, die klar voraussehen, was geschehen muß, um die Menschheit aus dem Dunkel ins Licht, aus der gegenwärtigen Lage heraus bis in eine Zukunft göttlicher Vollendung zu führen. Sie haben ein klares Gedankenbild von dem, was zu erreichen möglich ist, und die Befähigung, es den Menschen ihrer Zeit vor Augen zu führen. Zu ihnen gehören alle Abstufungen zwischen denen, die verhältnismäßig klar das kosmische Gesamtbild und die angestrebten Ziele erschauen, bis hinunter zu denen, die lediglich den der Rasse oder der Nation unmittelbar bevorstehenden, nächsten Schritt voraussehen. Jesaja und Hesekiel sind die einzigen beiden Hebräischen Propheten, die eine wirklich prophetische und kosmische Vision besaßen. Die anderen waren kleine, aber intelligente Männer, die durch Analyse und Schlußfolgerung die unmittelbare Zukunft ermessen konnten und unmittelbar gegebene Möglichkeiten andeuteten. Sie besaßen keine direkt enthüllende Intuition. Im *Neuen Testament* hatte Johannes, der geliebte Jünger, den Vorzug, ein kosmisches Gesamtbild und eine

wirklich prophetische Vision zu erlangen, die er in der Offenbarung darstellte; aber er ist der einzige, dem das gelang, und zwar deshalb, weil er so tief, so weise und so umfassend liebte. Seine Intuition wurde durch die Tiefe und Intensität seiner Liebe erweckt — gleichwie das bei seinem Meister, bei Christus, der Fall war.

3. *Diejenigen, die wahre Priester sind.* Sie sind Priester auf Grund von geistiger Berufung, nicht durch persönliche Wahl. Durch Mißverstehen der Befugnisse und Pflichten eines Priesters ließen sich alle Kirchen (im Osten und im Westen) zu ihrer verhängnis-138] vollen, autoritären Stellungnahme verleiten. Die Liebe zu Gott und der wahre, geistige Antrieb, der den immanenten Gott in der ganzen Natur und besonders im Ausdruck dieses Göttlichen im Menschen erkennt — daran fehlt es meistens bei der Priesterschaft in allen Weltreligionen. Liebe ist nicht ihr Führer, Wegweiser und Dolmetscher. Von daher kommt der Dogmatismus des Theologen, darauf beruhen seine lächerlichen und tiefgründigen Versicherungen richtiger Auslegung, und daraus erklärt sich seine häufige Grausamkeit, die er mit seinen angeblich richtigen Prinzipien und guten Absichten beschönigt. Aber der wahre Priester existiert, und er ist in allen Religionen zu finden. Er ist der Freund und Bruder aller Menschen, und weil er innig liebt, wird ihm Weisheit zuteil; und wenn er nach Art und Schulung mental eingestellt ist, erwacht seine Intuition, und Enthüllung ist sein Lohn. Darüber sollte man nachdenken. Den wahren Priester findet man selten, nicht nur in den sogenannten „heiligen Orden".

4. *Diejenigen, die praktische Mystiker oder Okkultisten sind.* Durch Lebensdisziplin, eifriges Streben und geschulten Verstand ist es diesen gelungen, die Intuition hervorzurufen; sie kommen daher persönlich mit der wahren Quelle geistiger Weisheit in Berührung. Ihre Aufgabe besteht darin, diese Weisheit auszulegen und ihr durch Wissenssysteme zeitweiligen Ausdruck zu verleihen.

Es gibt ihrer viele, die heute in der Welt geduldig wirken, ohne daß die gedankenlose Masse sie erkennt oder aufsucht. Sie sollten sich heute, in dieser Stunde der Not, in der Welt zusammenschließen, um ihre Stimme klar und verständlich zu erheben. Diese Menschen lösen das Dualitätsgefühl in eine bewußte Einheit auf; ihre Beschäftigung mit der Wirklichkeit und ihre tiefe Liebe zur Menschheit haben die Intuition ausgelöst. Sobald diese Auslösung stattgefunden hat, werden keine Schranken mehr empfunden und wahres Wissen (als Folge der enthüllten Weisheit) ist das Geschenk, welches derartige Menschen ihrer Rasse und ihrer Zeit darbieten.

Dies sind die vier Gruppen, die Illusion gegen Intuition austauschen. Dies ist die erste Auflösung der Gegensatzpaare, denn es gibt keine solche Auflösung ohne Mithilfe des Intellektes, weil der Intellekt — durch Analyse, kritische Unterscheidung und richtiges
139] Durchdenken — auf das hinweist, was zu tun ist.

b. *Der Gegensatz zwischen Verblendung und Illusion.*

Eines der geeignetsten Symbole, das ein annäherndes Bild vom Wesen der Verblendung vermitteln kann, besteht darin, daß man sich die Astralebene auf drei ihrer Stufen (der zweiten, dritten und vierten, von oben nach unten gerechnet) als ein in dicken Nebel verschiedener Dichte gehülltes Land vorstellt. Das gewöhnliche Licht des gewöhnlichen Menschen, ähnlich den Scheinwerfern eines Kraftwagens mit ihrem selbstgenügsamen Leuchten, dient nur dazu, das Problem zu verschärfen und vermag die Nebelschwaden nicht zu durchdringen. Es bringt den Nebel nur in den Vordergrund, so daß seine Dichte und seine hindernde Wirkung nur um so mehr in Erscheinung treten. Der Nebelzustand wird enthüllt — aber das ist auch alles. So verhält es sich auf der Astralebene in bezug auf Verblendung; das im Menschen vorhandene, in ihm selbst erzeugte und hervorgebrachte Licht vermag in die Düsternis und den nebligen, miasmatischen Zustand nicht einzudringen oder ihn gar zu zerstreuen. Das einzige Licht, das die Nebelschwaden der Verblendung zerstreuen und das Leben von seinen nachteiligen Wirkungen befreien kann, ist das Licht der Seele, das — gleich einem reinen, zerstreuenden Lichtkegel — die seltsame und einzigartige Qualität der Enthüllung, der sofortigen Zerstreuung und der Erleuchtung besitzt. Die gewährte Enthüllung ist anders als die der Intuition, denn es handelt sich um die Enthüllung dessen, was durch Verblendung umschleiert und verborgen wird, also um eine Enthüllung, die einzig auf die Astralebene ausgerichtet ist und von ihren Gesetzen bedingt wird. Diese besondere Anwendung von Seelenlicht nimmt die Form einer scharfen Konzentration dieses Lichtes an (das von der Seele her — über das Denkprinzip — kommt), die auf den — besonderen und spezifischen oder allgemeinen und weltumfassenden — Verblendungszustand gerichtet ist. Durch diese über eine längere Zeit anhaltende und beharrliche Konzentration wird das Wesen der Verblendung enthüllt, ihre Qualität und Grundlage entdeckt, ihre Macht beendet und der Nebelzustand zerstreut.

140] Im nächsten Teil wollen wir uns im einzelnen mit der Technik dieser wissenschaftlichen Lichtanwendung befassen, weshalb ich an dieser Stelle nicht weiter darauf eingehen möchte. Hier will ich dazu nur das besprechen, was meine Schüler, als Gruppe, befähigt, ihr lang erwartetes Werk am Problem der Zerstreuung der gegenwärtigen Weltverblendung - wenigstens in einigen ihrer Aspekte - zu beginnen. An dieser Stelle gebe ich weder eine Definition der Verblendung noch Beispiele ihrer Betätigung an, wie ich das im Falle der Illusion und ihrer gegensätzlichen Entsprechung, der Intuition tat, weil ich dieses Gebiet im unmittelbar vorhergehenden Teil sehr eingehend behandelt habe; der Leser braucht nur dort nachzulesen, um all das zu erfahren, was ich zurzeit bekanntzugeben bereit bin.

Immerhin will ich kurz den Begriff *Erleuchtung* definieren, wobei im Auge zu behalten ist, daß es sich hier nicht um die Erleuchtung handelt, welche die Wirklichkeit, oder das Wesen der Seele enthüllt, oder die gleich das Seelenreich erschauen läßt, sondern um jene Form von Erleuchtung, die von der Seele in die Welt der Astralebene hinuntergestrahlt wird. Das bedingt den bewußten Gebrauch von Licht und dessen Anwendung, zunächst einmal als ein Scheinwerfer, der den astralen Horizont abtastet und die störende Verblendung örtlich festlegt, und zweitens als konzentrierte Lichtausstrahlung auf jenes Gebiet der Astralebene, wo versucht werden soll, die dort angesammelten Nebeldünste zu zerstreuen.

Daher sind gewisse grundsätzliche Vorbemerkungen angebracht, die man folgendermaßen formulieren könnte:

1. Die Qualität und das Hauptmerkmal der Seele ist Licht. Wenn also dieses Licht von einem Jünger oder Mitarbeiter benutzt und diese Qualität von ihm ausgedrückt werden soll, dann muß er zunächst einmal durch Meditation einen bewußten Kontakt mit der Seele erlangen.

2. Die Qualität der Astralebene — ihr Hauptmerkmal — ist 141] Verblendung. Die Astralebene ist das Gebiet, auf dem der große Kampf zwischen den Gegensatzpaaren ausgefochten werden muß, die ja Ausdruck uralten Wünschens sind; auf der einen Seite verblendetes, trügerisches und falsches Begehren, andererseits hochgeistiges Sehnen nach dem, was wirklich und wahr ist. Dabei darf nicht vergessen werden, daß astrale Wünsche, falsche und egoistische Gefühle und astrale Reaktionen auf die Tatsachen des täglichen Lebens der Natur der Seele widerstreben und deshalb am Ende eine Lage schaffen, die das wahre Wesen des geistigen Menschen erfolgreich zu verschleiern vermag.

3. Dann muß zwischen der Seele und der Astralebene eine Beziehung hergestellt werden, und zwar vermittels des Astralkörpers des Jüngers. Er muß diesen Astralkörper als seinen Resonanzapparat der Gefühlswelt und als das einzige Werkzeug ansehen, durch das seine Seele mit jener Ausdrucksebene in Verbindung treten kann — sei diese auch noch so flüchtig und unbeständig. Daher muß der Jünger eine Verbindung mit seiner Seele herstellen und zwar bewußt und mit dem nötigen Nachdruck, um dadurch seinem

Astralkörper Seelenlicht zuzuführen; er muß lernen, es dort im Sonnengeflechts-Zentrum zu konzentrieren, und nachdem ihm das gelungen ist, muß er sich auf der Astralebene der schwierigen Aufgabe widmen, die Verblendung zu zerstreuen.

4. Wenn diese Verbindungslinie hergestellt ist und die Seele, der Astralkörper und die Astralebene also miteinander eng verbunden sind, dann muß der Jünger das konzentrierte Licht aus dem Sonnengeflecht (wo es vorübergehend zentralisiert war) ins Herzzentrum verlegen. Dort muß er es stetig festhalten, und von diesem höheren Zentrum aus muß er beständig und beharrlich wirken. An dieser Stelle möchte ich für die Jünger eine alte Anweisung zitieren, die in den Archiven der Hierarchie zu finden ist und sich auf diesen besonderen Vorgang bezieht. Ich gebe eine kurze und ziemlich unzulängliche Umschreibung dieses alten symbolischen Textes:

142] „Dem Verblendungsnebel den Rücken kehrend, verharrt der Jünger mit dem Blick gen Osten, woher das Licht ihm zuströmen muß. In seinem Herzen sammelt er alles verfügbare Licht, und von diesem Kraftpunkt zwischen den Schulterblättern strömt das Licht hervor."

5. Der Jünger muß sich von jedem Gefühl der Spannung oder Gezwungenheit frei machen und lernen, mit reinem Glauben und reiner Liebe zu wirken. Je weniger er fühlt und je weniger er sich mit seinen eigenen Empfindungen, mit dem Gefühl des Erfolges oder Mißerfolges beschäftigt, um so wahrscheinlicher wird sein Werk wirksame Fortschritte machen und die Verblendung langsam zerstreut werden. Bei diesem Werk gibt es keine Hast. Was uralt ist, kann nicht sogleich zerstreut werden, auch wenn die Absicht noch so gut ist und die notwendige Technik noch so gut beherrscht wird.

Es dürfte wohl klar sein, daß dieses Werk Gefahren in sich birgt. Wenn die Gruppenmitglieder nicht sehr auf der Hut sind und sich nicht ständig sorgfältig beobachten, könnte es sein, daß sie unter Überstimulierung des Sonnengeflechts zu leiden haben, bis sie den Vorgang meistern, das im Sonnengeflecht zentralisierte Seelenlicht und das im selben Zentrum befindliche Eigenlicht des Astralkörpers ins Herzzentrum zwischen den Schulterblättern zu verlegen. Ich möchte deshalb jeden einzelnen ermahnen, mit äußerster Vorsicht vorzugehen, und ihn darauf hinweisen, daß kein Grund zu besonderer Beunruhigung vorliegt, falls er etwa unter irgendwelchen Störungen des Sonnengeflechts zu leiden hat oder stärkere emotionale Schwankungen an sich entdeckt. Diese Störungserscheinung ist lediglich als eine vorübergehende Schwierigkeit zu betrachten, die mit dem Dienst zusammenhängt, den die Gruppe zu leisten trachtet. Wenn man dieser Tatsache vernünftige Beachtung schenkt, aber nicht mehr, und sich nicht beunruhigen läßt, werden sich keine ungünstigen Wirkungen fühlbar machen.

143] Im Rahmen des vorhergesehenen Gruppenwerkes sollte man mit der an anderer Stelle (Jüngerschaft im Neuen Zeitalter, engl. Bd I. Seite 61) angeführten Gruppenmeditation fortfahren und — wenn man auf der III. Stufe dieser Meditation angelangt ist — wie folgt zusammenarbeiten:

1. Nachdem man sich im Geiste mit all seinen Gruppenbrüdern verbunden hat, befolgt man bewußt die symbolischen Hinweise der alten Schrift, die ich weiter oben beschrieben habe.

   a. Man nehme bewußt Verbindung mit seiner Seele auf und stelle sich diese Verbindung als eine Tatsache vor.
   b. Dann leitet man mittels schöpferischer Einbildungskraft das Licht der Seele direkt zum Astralkörper und von dort aus zum Sonnengeflechts-Zentrum — was der Weg des geringsten Widerstandes ist.
   c. Dann wird das Licht der Seele und das Eigenlicht des Astralkörpers durch einen energischen Willensakt aus dem Sonnengeflecht in das Herzzentrum übertragen.

2. Dann kehrt man der Welt der Verblendung bildlich den Rücken und richtet den Brennpunkt seines Denkens auf die Seele, deren Wesen LIEBE ist.

3. Dann folgen ein paar Minuten der Unterbrechung, um sich für das Werk zu sammeln, und um tatsächlich und bewußt das aus allen Quellen verfügbare Licht im Herzzentrum zusammenzufassen. Man stelle sich dieses Zentrum zwischen den Schulterblättern als eine strahlende Sonne vor. Es ist dies, wie ich hier einschalten möchte, im Einzelmenschen das mikrokosmische Gegenstück zum „Herzen der Sonne", das jeweils von der im Kopfe befindlichen „zentralen, geistigen Sonne" gelenkt wird. Dieses Bild muß dem Bewußtsein klar eingeprägt werden, denn es weist auf die zweifache und dennoch synthetische Funktion des Kopfes und des Herzens hin.

4. Dann sieht man einen breiten, blendenden Strahl reinen, 144] weißen Lichtes aus dem Herzzentrum zwischen den Schulterblättern hervorbrechen, in Richtung auf die örtlich begrenzte Verblendung, mit der die Gruppe sich befaßt. Worum es sich bei diesem örtlichen begrenzten Gebiet handelt, werde ich im Folgenden darlegen.

5. Wenn man dieses Gebiet gedanklich klar umgrenzt und mit seinen Wünschen und seiner Kraft inspiriert hat, und wenn man sich das symbolische Gesamtbild klar vorstellen kann, dann sieht man, wie der eigene Lichtstrahl sich mit den Lichsttrahlen verschmilzt, die von den Gruppenbrüdern ausströmen. So wird sich eine große Flut gelenkten Lichtes, das von verschiedenen, geschulten Aspiranten (darf ich geschult sagen, liebe Brüder?) ausgeht, auf das Verblendungsgebiet ergießen, mit dem man sich befassen soll.

6. Das führt man sorgfältig fünf Minuten lang durch und fährt dann nach Maßgabe der Stufe IV des Meditationsumrisses fort.

Wenn ich *Erleuchtung* als die Antithese der Verblendung bezeichne, so beschränke ich mich dabei selbstverständlich auf einige Aspekte der Erleuchtung; ich befasse mich hier lediglich mit jenen bestimmten Arbeitsmethoden und Darstellungen des Problems, die mit der Anwendung von Licht auf der Astralebene zu tun haben, und zwar besonders im Rahmen des Werkes, zu dem sich einige meiner Schüler verpflichtet haben. Es sind noch viele andere Definitionen möglich, denn das Licht der Seele gleicht einem ungeheuren Scheinwerfer, dessen Strahlen in vielen Richtungen gelenkt und auf verschiedenen Ebenen benutzt werden können. Wir befassen uns an dieser Stelle jedoch nur mit seiner ganz speziellen Verwendung.

Erleuchtung und das Licht des Wissens können als synonyme Begriffe betrachtet, und viele Verblendungen können verscheucht und verstreut werden, wenn man sie der Kraft des aufklärenden Denkens unterwirft, denn das Denken ist seinem Wesen nach der Überwinder des Gefühls, weil es Tatsachen heranzieht. Das Pro-
145] blem besteht darin, den Einzelnen oder die Rasse oder Nation, die dem Einfluß der Verblendung unterlegen sind, dahin zu bringen, daß sie die Denkkraft zuhilfe nehmen, die eine Situation beurteilen und ruhig und kühl prüfen kann. Verblendung und Gefühlswallung spielen Hand in Hand, und Verblendung ist gewöhnlich so stark von Gefühl durchtränkt, daß es unmöglich ist, das Licht des Wissens leicht und wirkungsvoll darauf zu richten.

Erleuchtung und Wahrheitserfassung sind ebenfalls synonyme Begriffe, wobei man aber nicht vergessen darf, daß Wahrheit in diesem Falle keine Wahrheit auf den abstrakten Ebenen, sondern konkrete und wißbare Wahrheit bedeutet — Wahrheit, die sich in konkreten Formen und Begriffen formulieren und ausdrücken läßt. Wo das Licht der Wahrheit zuhilfe genommen wird, verschwindet Verblendung automatisch, selbst wenn das nur vorübergehend der Fall ist. Wiederum wirkt aber die Tatsache erschwerend, daß es wenigen Menschen daran gelegen ist, der tatsächlichen Wahrheit ins Gesicht zu sehen, denn das bedingt am Ende die Aufgabe der liebgewordenen Verblendung sowie die Fähigkeit, Irrtum zu erkennen und Fehler einzugestehen; und das läßt der falsche Stolz des Denkens nicht zu. Wiederum möchte ich versichern, daß

Bescheidenheit einer der wirksamsten Faktoren ist, um die erleuchtende Kraft des Denkens auszulösen, die ja das Licht der Seele widerspiegelt und übermittelt. Die Entschlossenheit, dem Leben, wie es wirklich ist, ins Gesicht zu sehen und die unnachgiebige — ruhige, kühle und leidenschaftslose — Erkenntnis der Wahrheit werden in hohem Maße dazu verhelfen, die Flut der Erleuchtung auszulösen, die zur Zerstreuung der Verblendung genügt.

Da wir es mit dem Problem der Verblendung und der Erleuchtung zu tun haben, so könnte es nützlich sein, an dieser Stelle auch auf die besondere Art von Verblendung einzugehen, an deren Zerstreuung mitzuhelfen ich meine jetzige Schülergruppe bitte. Ich meine damit *die Verblendung der Absonderung*. Eine Betätigung in dieser Richtung wird sich als äußerst praktisch und heilsam erweisen, denn keiner von euch (wie ihr selbst feststellen werdet) kann dabei wirksam mitarbeiten, solange er sich irgendwie abgesondert fühlt; dieser Separatismus mag sich als Haß, als aktive Abneigung oder als ausgesprochene Kritik äußern — vielleicht in 146] einigen Fällen als alle drei. Es gibt Kräfte, die ihr persönlich als separatistische Tendenz oder als die Ursache der Absonderung betrachten möget. Ich möcht euch daran erinnern, daß die Lieblingsansichten und hochgeschätzten Glaubensüberzeugungen derer, deren Mentalität euch (oft unter dem Deckmantel treuen Festhaltens an eigenen, vermeintlich richtigen Prinzipien) zuwider ist, den anderen genau so richtig erscheinen; sie halten eure Ansichten für irrig und in den Auswirkungen für separatistisch, und sie betrachten sie als die Ursache aller Schwierigkeiten. Sie sind an ihrem Platze genau so aufrichtig wie ihr und genau so bestrebt, die richtige Anschauung oder Denkweise zu erringen, wie ihr es zu sein glaubt. Das ist etwas, was man oft vergißt, und daran möchte ich euch erinnern. Zu diesem Punkte ließe sich folgendes Beispiel anführen: Der Haß oder die Abneigung (falls Haß ein zu starkes Wort ist), die einige unter euch gegen die Maßnahmen der deutschen Regierung und ihr Vorgehen gegen das jüdische Volk empfinden mögen*), könnte sich mit fast gleicher Berechtigung gegen die

---

*) Dies wurde während des zweiten Weltkrieges geschrieben.

Die Ursachen der Verblendung 165

Juden selbst wenden. Letztere sind stets separatistisch gewesen und haben sich als die „Auserwählten des Herrn" betrachtet, und sie sind erwiesenermaßen niemals in irgend einer Nation aufgegangen. Das Gleiche läßt sich von den Deutschen sagen, und sie erwecken bei vielen die gleiche Reaktion, die sie den Juden gegenüber zeigen, wenn auch nicht körperliche Verfolgung. Keine von beiden Einstellungen ist, wie ihr wohl wißt, vom Gesichtswinkel der Seele aus gerechtfertigt; sie irren beide *gleichermaßen,* und dies ist ein Gesichtspunkt, den der Jude und der Judengegner schließlich einmal verstehen und durch gegenseitiges Verstehen zu Ende bringen müssen.

Ich erwähne dies, weil ich euch bitten möchte, sich mit dieser uralten und weltweiten Verblendung, der Verblendung des Judenhasses, zu befassen. In dieser Gruppe befinden sich einige, die, wenigstens in Gedanken, radikal antideutsch sind; andere wiederum sind zwar auch antijüdisch, allerdings rein verstandesmäßig. Ich möchte die Mitglieder dieser beiden Gruppen bitten, das Problem zu erkennen, dem sie gegenüberstehen. Es ist ein Problem, das so 147] uralt und so tief im Bewußtsein der Rasse verwurzelt ist, daß es das Vorstellungsvermögen des Individuums weit übersteigt; der individuelle Gesichtspunkt ist infolgedessen so beschränkt, daß er eine konstruktive Verwendbarkeit merklich beeinträchtigt. Immerhin, liebe Brüder, ist der Gesichtspunkt des „Unterlegenen" nicht unbedingt der einzige, oder jeweils der einzig richtige. Die Deutschen sowohl als auch die Juden verdienen unsere unpersönliche Liebe, besonders da sie beide derselben grundlegenden Irrtümer und Fehler schuldig sind (wenn ich es „Schuld" nennen darf). Der Deutsche ist stark rassenbewußt; das Gleiche gilt vom Juden. Der Deutsche ist trennungsbewußt in seiner Einstellung zur Umwelt; ebenso ist es der Jude. Der Deutsche besteht heute auf Rassenreinheit, und das hat der Jude schon seit Jahrhunderten getan. Eine kleine Gruppe von Deutschen ist antichristlich; ebenso gilt das von einer kleinen Anzahl Juden. Ich könnte noch mehr solcher Ähnlichkeiten anführen, aber das Gesagte dürfte genügen. Deshalb ist eure Abneigung gegen die eine Gruppe ebenso wenig angebracht, wie eure Weigerung, dem Vorgehen und der Denkweise der anderen Gruppe irgenwelche Berechtigung zuzuerkennen. Gleiches verschmäht oft Gleiches und stößt einander ab, und die Deutschen und die Juden gleichen sich in seltsamer Weise. So wie viele Briten — und der überwiegende Teil der britischen Rasse — re-inkarnierte Römer sind, genau so sind viele Deutsche wiederverkörperte Juden. Daraus erhellt die Ähnlichkeit ihrer Gesichtspunkte. Es ist ein Familienzwist, und es gibt nichts Schrecklicheres als das.

Ich möchte euch bitten, die Deutschen und die Juden in eure Gruppenmeditation einzubeziehen und eure Gruppenliebe auf beide Abteilungen eurer Brüder in der menschlichen Familie ausströmen zu lassen. Ehe ihr mit der Meditation beginnt, solltet ihr dafür sorgen, daß ihr euch — im Fühlen und Denken — von irgendwelchen schlummernden Gegensätzlichkeiten, von irgendwelchem Haß und von allen vorgefaßten Ansichten über Recht oder Unrecht freigemacht habt, und daß ihr euch einfach auf die Liebe eurer Seelen verlaßt; seid dessen eingedenk, daß Juden und Deutsche, so wie ihr, Seelen sind, genau die gleichen ihrem Ursprung, ihrem Ziel und ihrer Lebenserfahrung nach.

Wenn ihr (laut Anweisung der Stufe III) den Strom reinen, weißen Lichtes auslöst, so solltet ihr dafür sorgen, daß er durch euch rein und klar wie ein einziger Strom hindurchfließt. Daraufhin seht ihr, wie er sich in zwei gleiche Teile trennt — wobei ein Strom lebendigen Lichtes und lebendiger Liebe den Juden und der andere den deutschen Menschen zufließt. Auf die Qualität eurer Liebe wird es ankommen, nicht so sehr auf die Genauigkeit eurer Analyse und die Vollendung eurer Technik.

c. *Der Gegensatz zwischen Maja und Inspiration.*

Hier kommen wir ganz klar in den Bereich materieller Substanz. Im Wesentlichen und in seltsamer Weise ist er der Bereich der Kraft. Maja ist (für das Individuum) vorwiegend die Summe der

Die Ursachen der Verblendung

Kräfte, die seine sieben Kraftzentren beherrschen, jedoch, wie ich betonen möchte, unter Ausschluß der beherrschenden Seelenenergie. Daraus läßt sich ersehen, daß die Masse der Menschheit, bis der Mensch auf dem Probepfade steht, von Maja beherrscht wird, denn ein Mensch unterliegt der Maja, wenn er von irgendeiner anderen Kraft oder anderen Kräften regiert wird als den Energien, die direkt von der Seele herstammen und die niederen Kräfte der Persönlichkeit bedingen und beherrschen, wie das am Ende unvermeidlich der Fall sein wird und muß.

Wenn ein Mensch unter der Kontrolle physischer, astraler und mentaler Kräfte steht, dann ist er zu der Zeit davon überzeugt, daß das für ihn die richtigen Kräfte sind. Darin besteht das Problem der Maja. Wenn jedoch solche Kräfte einen Menschen beherrschen, dann veranlassen sie ihn zu einer separatistischen Einstellung; sie bewirken einen Zustand, der die Persönlichkeit nährt und stimuliert, aber die Seelenenergie, die wahre Individualität, nicht in die Erscheinung bringt. Diese Aussage sollte erleuchtend wirken. Wenn Männer und Frauen ihr Leben vom Standpunkte 149] des wahren inneren oder geistigen Menschen aus sorgfältig überprüfen und dabei feststellen würden, welche Zusammensetzung von Energien ihr Tun und Treiben bedingt, dann würden sie nicht so blind, so unzulänglich und so fruchtlos weiterleben, wie sie es jetzt tun.

Aus diesem Grunde ist die Untersuchung und das Verstehen der *Motive* so wertvoll und wichtig, denn dadurch stellt man fest (falls die Untersuchung genau und richtig ist), welcher Faktor oder welche Faktoren das tägliche Leben inspirieren. Dieser Hinweis verdient sorgfältigste Beachtung. Ich möchte euch fragen: Welches ist das Hauptmotiv eures Handelns? Denn, was es auch sei, es bedingt und bestimmt eure vorherrschende Lebenstendenz.

Viele Menschen, besonders die unintelligenten Massen, lassen sich einzig und allein durch ihr — materielles, physisches und zeitweiliges — Wünschen inspirieren. Sinnliche Wünsche nach Befriedigung animalischer Gelüste, materielle Wünsche nach Besitz und

Wohlleben, die Sehnsucht nach „greifbaren Dingen", nach Behaglichkeit und — (wirtschaftlicher, sozialer und religiöser) Sicherheit — das bestimmt und beherrscht die meisten. Der Mensch steht unter dem Einfluß der dichtesten Form von Maja, und die Kräfte seiner Natur sind im Sakralzentrum konzentriert. Andere lassen sich maßgeblich von ihrer Sehnsucht oder ihrem Ehrgeiz leiten, von Sehnsucht nach irgend einem materiellen Himmel (und die meisten Religionsanhänger stellen sich den Himmel in dieser Weise vor), von ehrgeizigem Machthunger, vom Wunsch nach Befriedigung ihrer emotionalen und ätherischen Gelüste und nach Besitz von subtileren Realitäten, von ihrer Sehnsucht nach emotionalem Wohlbehagen und mentaler Stabilität, sowie von der Gewißheit, daß die höheren Wünsche Erfüllung finden werden. All dies ist Maja in ihrer emotionalen Gestalt, und nicht etwa das Gleiche wie Verblendung. Im Falle von Verblendung sitzen die Kräfte der menschlichen Natur im Sonnengeflecht (plexus solaris). Im Falle von Maja befinden sie sich im Sakralzentrum. Verblendung ist subtil und gefühlsbedingt. Maja ist greifbar und ätherisch.

150] Solcher Art sind die Kräfte der Maja, die dem Leben des gewöhnlichen Menschen Antrieb, Motiv und Energie verleihen. Unter ihrem Einfluß ist er machtlos, denn sie inspirieren all sein Denken, Sehnen und Wünschen, sowie all sein Tun auf der physischen Ebene. Sein Problem ist ein zweifaches, denn er muß

1. Alle seine Zentren unter die Inspiration der Seele bringen.
2. Die Kräfte der niederen Zentren, die die Persönlichkeit beherrschen, in die oberhalb des Zwerchfells befindlichen Zentren leiten und in die Energien umwandeln, welche auf die Inspiration der Seele automatisch reagieren.

Auf diesem Gedanken beruht die Wirksamkeit und der symbolische Wert von Atemübungen. Der Leitgedanke ist die Vorherrschaft der Seele. Obwohl die (in vielen Fällen) angewandten Methoden entschieden unerwünscht sind, wird sich immerhin die Entwick-

Die Ursachen der Verblendung

lungstendenz des Lebensgedankens zwangsläufig als bestimmend und richtunggebend erweisen. Die angewandten Methoden mögen den darauf nicht vorbereiteten physischen Körper nicht vor gewissen üblen und unheilvollen Folgen bewahren, aber auf lange Sicht und im letzten Grunde dürften sie dennoch die Erfahrung der Zukunft (wahrscheinlich in einer späteren Inkarnation) derart beeinflussen, daß der Aspirant sich eher in der Lage befinden wird, als Seele zu fungieren, als das ohne diese Vorarbeit der Fall sein würde.

Ehe ich diese besondere Anweisung über Verblendung zum Abschluß bringe, möchte ich die Aufmerksamkeit der Gruppe auf die okkulten Lehrsätze lenken, die ich D.L.R. vor seinem Ausscheiden aus der Gruppe mitteilte. Sie haben eine ganz bestimmte Beziehung zum Werk der Gruppe, und ich bitte, ihnen sorgfältige Aufmerksamkeit und Betrachtung zu widmen. Der *Alte Kommentar* enthält für diejengen, deren Dharma*) die Zerstreuung der Weltverblendung ist, folgende aufschlußreiche Bemerkungen:

„Sie kommen und bleiben stehen. Inmitten wirbelnder Gestalten — einige von seltener Schönheit und andere Bilder des Schreckens und der Verzweiflung — stehen sie still. Sie schauen weder hieher noch dorthin, sondern verharren, ihr Antlitz dem Lichte zugewandt. So strömt durch ihr Denken das reine Licht, um die Nebelschwaden zu zerstreuen.

„Sie kommen und ruhen. Sie lassen ab von ihrem äußeren Tun und gönnen sich Zeit zu anderem Wirken. In ihrem Herzen ist Ruhe. Sie eilen nicht hin und her, sondern bilden einen Punkt des Friedens und der Ruhe. Das, was auf der Oberfläche das Wirkliche verschleiert und verbirgt, beginnt zu verschwinden, und aus der Stille des Herzens bricht ein Strahl zerstreuender Kraft hervor und vereinigt sich mit dem glänzenden Licht; dann verschwinden die vom Menschen geschaffenen Nebel.

„Sie kommen und beobachten. Sie besitzen das Auge der Vision; sie verstehen es auch, die notwendige Kraft in die rechte

---

*) Dharma ist die angemessene und richtige Erfüllung des individuellen Karma an dem Platz und in der Umwelt, wohin es den Menschen gestellt hat. (Siehe auch „Esoterisches Heilen", S. 743)

Richtung zu lenken. Sie erschauen die Verblendung der Welt und erkennen dabei hinter allem das Wahre, das Schöne, das Wirkliche. So ersteht durch das Buddhi-Auge die Kraft, die verschleiernden, wirbelnden Verblendungen dieser Scheinwelt hinwegzutreiben.

„Sie stehen, sie ruhen und sie beobachten. So ist ihr Leben, und dergestalt der Dienst, den sie den Seelen der Menschen erweisen."

Ich empfehle, diese Zeilen sorgfältig zu durchdenken. Sie deuten nicht nur den Aufgabenbereich eures Gruppendienstes an, sondern weisen auch auf die erwünschte, persönliche Lebenseinstellung jedes einzelnen Gruppenmitgliedes hin.

An dieser Stelle möchte ich noch einen Faktor erwähnen, der in diesem Werk von wirklicher Bedeutung ist, und meine früher ausgesprochene Warnung wiederholen: Wollt ihr daran denken, daß das Bestreben, euch von *Gereiztheit* freizumachen, oder von dem, was in Agni Yoga als „Gefährdung" („imperil", ein merkwürdiges und doch zutreffendes Wort, liebe Brüder) bezeichnet wird, für diese Gruppe besonders wichtig ist? Gereiztheit ist in diesen Tagen 152] nervöser Spannung außerordentlich stark verbreitet; sie gefährdet ganz entschieden den Fortschritt und verzögert die Schritte des Jüngers auf dem Wege. Wenn in irgend einem Mitglied Gereiztheit vorhanden ist, kann sie in der Gruppe eine gefährliche Spannung hervorrufen, und diese induzierte Spannung kann die freie Auswirkung der Kraft und des Lichtes stören, die ihr anwenden solltet. Das trifft selbst dann zu, wenn den anderen Gruppenmitgliedern die Störungsquelle unbewußt bleibt. Gereiztheit erzeugt unbedingt ein Gift, das sich in der Gegend des Magens und des Sonnengeflechts festsetzt. Gereiztheit ist, wenn ich so sagen darf, eine Erkrankung des Sonnengeflechts-Zentrums, und sie ist zu einem fast beunruhigenden Grade bestimmt ansteckend. Seid deshalb sorgfältig auf der Hut, liebe Brüder und vergeßt folgendes nicht: Nur insoweit als ihr im Kopfe und im Herzen zu leben versteht, könnt ihr die Krankheitsgefahr der Gereiztheit beenden und dabei mithelfen, die Kräfte des Sonnengeflechts (plexus solaris) ins Herzzentrum zu verlegen.

d. *Der Gegensatz zwischen dem Hüter und seinem Gegner, dem Engel der Gegenwärtigkeit.*

Erst jetzt ist es möglich, das Gesamtthema des Hüters und seiner Beziehung zum Engel (eine symbolische Darstellung einer großen grundlegenden Beziehung und erreichbaren Möglichkeit sowie eine *Tatsache* in der manifestierten Welt) einer Betrachtung zu unterziehen. Erst wenn der Mensch eine integrierte Persönlichkeit ist, wird das Problem des Hüters wirklich akut; erst wenn das Denken erweckt und die Intelligenz organisiert ist (was heute bereits in ziemlich großem Umfange der Fall ist), kann ein Mensch — verstandesmäßig und nicht bloß mystisch — den Engel erspüren und somit die GEGENWÄRTIGKEIT intuitiv erfassen. Erst dann nimmt das Gesamtproblem der Hindernisse, die der Hüter verkörpert, und der dadurch beeinträchtigten geistigen Fühlungnahme und Gewahrwerdung bedeutenden Umfang an. Erst dann hat es einen Zweck, alles sorgfältig zu überlegen und Schritte zu unternehmen, die zu rechtem Handeln führen. Erst wenn innerhalb der gesamten Menschheit ein angemessener Zusammenschluß besteht, 153] erscheint der große menschliche Hüter der Schwelle als integrierte Einheit oder tritt der Hüter im nationalen oder rassischen Sinne in Erscheinung; er verbreitet und belebt nationale, rassische und planetarische Verblendung, indem er gleichzeitig individuelle Verblendungen fördert und nährt und dadurch das gesamte Problem in unverkennbarer Weise zum Vorschein bringt. Erst dann kann das Verhältnis zwischen der Seele der Menschheit und den von ihr uralten und mächtigen Persönlichkeit erzeugten Kräften einen solchen Umfang annehmen, daß ein drastisches Vorgehen und eine verständnisvolle Zusammenarbeit vonnöten ist.

Die Zeit dazu ist jetzt gekommen. In den beiden Büchern *Die Probleme der Menschheit* und *Die Wiederkunft Christi* sowie in den Wesak- und Juni-Vollmond-Botschaften habe ich mich mit dieser äußerst erfolgversprechenden und dringenden Lage befaßt, die schon an sich eine Gewähr dafür bietet, daß die Menschheit auf dem Wege zum vorgeschriebenen Ziel vorankommt, und daß gleichzeitig auch die hauptsächlichen Hindernisse für geistige Erkenntnis deutlich sichtbar werden. Die Abschnitte, auf die wir jetzt zu sprechen kommen, sind von grundlegender Wichtigkeit für alle, die sich auf eine Einweihung vorbereiten. Ich sagte „vorbereiten", liebe Brüder; ich sagte nicht, daß ihr die Einweihung noch in diesem Leben erlangen würdet. Ich weiß selbst nicht, ob ihr es schaffen werdet oder nicht; das liegt ganz in eurer Hand und in dem von eurer Seele geplanten Schicksal. Eure Aufgabe besteht im wesentlichen in dem Bestreben, mit dem Hüter der Schwelle fertig zu werden und die Methoden und Vorgänge herauszufinden, welche die bedeutsame *Fusion* (Verschmelzung) möglich machen. Vermittels dieser Fusion „verschwindet der Hüter und wird nicht mehr gesehen, obwohl er auf der äußeren Ebene noch weiter fungiert, als Handlanger der Seele; das Licht absorbiert den Hüter, und diese uralte Form vergeht in — strahlender, doch magnetischer — Auflösung, obwohl die äußere Gestalt verbleibt; sie bleibt und wirkt, ist aber nicht mehr das alte Selbst." So lauten die paradoxen Feststellungen des *Alten Kommentars*.

An anderer Stelle habe ich bereits das Wesen des Hüters so einfach wie möglich definiert. Immerhin möchte ich ein oder zwei
154] Punkte weiter ausführen und ein paar neue Hinweise geben, die wir — im Interesse der Klarheit und zwecks schnelleren Verstehens — wie folgt aufzählen wollen:

1. Der Hüter der Schwelle ist im wesentlichen die Persönlichkeit; er ist eine integrierte Einheit und besteht aus physischen Kräften, vitaler Energie, astralen Kräften und mentalen Energien, die die Gesamtsumme der niederen Natur ausmachen.

Die Ursachen der Verblendung 173

2. Der Hüter nimmt Gestalt an, wenn eine Neuorientierung des menschlichen Lebens bewußt und unter Seelenbeeindruckung stattgefunden hat; die gesamte Persönlichkeit ist sodann theoretisch auf *Freiwerden zum Dienst* gerichtet. Das Problem liegt darin, die Theorie und das Streben zu Erfahrungstatsachen zu machen.

3. Für lange Zeit stellen die Kräfte der Persönlichkeit keinen Hüter dar. Der Mensch steht noch nicht an der Schwelle der Göttlichkeit; er ist sich noch nicht bewußt des Engels gewahr. Seine Kräfte sind im Anfangsstadium der Entwicklung; er handelt unbewußt in seiner Umwelt, anscheinend das Opfer äußerer Umstände und seiner eigenen Natur; und er folgt dem Lockruf und dem Drang nach Betätigung und Existenz auf der physischen Ebene. Wenn jedoch das Leben des Menschen von der Mentalebene aus und dazu noch von Verlangen oder Ehrgeiz gelenkt wird, und wenn er wenigstens in hohem Maße unter mentalem Einfluß steht, dann beginnt der Hüter als geeinte Kraft Gestalt anzunehmen.

4. Die Stadien, in denen der Hüter der Schwelle erkannt, mit klarer Einsicht in Zucht genommen und schließlich beherrscht und bemeistert wird, sind hauptsächlich drei an der Zahl:

a. Das Stadium, in welchem die Persönlichkeit vorherrscht und das Leben, die Ambitionen und Ziele menschlicher Lebensäußerung bestimmt. Dann regiert der Hüter.

b. Das Stadium zunehmender Spaltung im Bewußtsein des 155] Jüngers. Der Hüter oder die Persönlichkeit fühlt sich dann nach zwei Richtungen hin angetrieben: einerseits besteht der Drang, persönlichen Ambitionen und Wünschen in den drei Welten nachzujagen, andererseits das Bestreben vonseiten des Hüters (diese Feststellung ist beachtlich), auf der Schwelle der Göttlichkeit und vor der Pforte der Einweihung seinen Platz einzunehmen.

c. Das Stadium, in welchem der Hüter bewußt nach Zusammenarbeit mit der Seele strebt und (obwohl er an sich noch wesentlich ein Hindernis für den geistigen Fortschritt bildet) immer mehr von der Seele und immer weniger weniger von seiner niederen Natur beeinflußt wird.

5. Wenn das letzte Stadium erreicht ist (und viele erreichen es heutzutage), bemüht sich der Jünger mit mehr oder weniger Erfolg darum, dem Hüter Rückhalt zu verschaffen (dadurch daß er lernt, „das Denken beharrlich im Licht festzuhalten" und auf diese Weise die niedere Natur zu beherrschen). So wird die in stetem Fluß befindliche Wandelbarkeit des Hüters allmählich überwunden; seine Ausrichtung zur Wirklichkeit hin und von der Großen Illusion hinweg wird zur Tatsache, und der Engel und der Hüter werden allmählich in enge Beziehung zueinander gebracht.

6. In den Anfangsstadien des Bemühens und des Strebens nach Vorherrschaft verzeichnet der Hüter positive und der Engel negative Ergebnisse in den drei Welten menschlicher Betätigung. Dann kommt eine Periode der Schwankung, die zu einem Leben des Gleichgewichts führt, in dem keiner von beiden Aspekten zu dominieren scheint; danach verändert sich das Gleichgewicht, die Persönlichkeit wird stetig negativ, und die Seele oder Psyche wird vorherrschend und positiv.

7. Astrologische Einflüsse können diese Verhältnisse stark bedingen; im allgemeinen und innerhalb gewisser esoterischer Grenzen könnte man folgendes sagen:

156] Das Zeichen:
   a. Löwe . . . . beherrscht den positiven Hüter
   b. Zwillinge . beherrscht die Vorgänge der Schwankung.
   c. Schütze . . . beherrscht den negativen Hüter.

Hinzufügen ließe sich, daß die drei Zeichen — Skorpion, Schütze, Steinbock — am Ende die Fusion des Hüters und des Engels herbeiführen.

Die Ursachen der Verblendung

8. Der Seelenstrahl beherrscht und bedingt die Tätigkeit des Engels und die Art seines Einflusses auf den Hüter. Er ist ein wichtiger Faktor für Karma, Zeitpunkt und Gelegenheit.

9. Der Persönlichkeitsstrahl beherrscht den Hüter in allen früheren Stadien und bis zu dem Zeitpunkt, wenn der Seelenstrahl sich stetig und in zunehmendem Maße geltend zu machen beginnt. Dieser Persönlichkeitsstrahl setzt sich bekanntlich aus drei Energien zusammen, die durch ihre äonenlange Wechselwirkung den vierten oder eigentlichen Persönlichkeitsstrahl hervorbringen.

10. Die fünf Arten von Energie, auf deren Wichtigkeit im Leben des Einzelnen ich damals hinwies, als ich euch über das Wesen eurer fünf hauptsächlichen Strahlen unterrichtete, beherrschen daher auch die Beziehung zwischen dem Hüter und dem Engel, sowohl im Individuum als auch in der Menschheit als Ganzem. Diese fünf Strahlen sind: der Strahl des physischen Körpers, der astrale Strahl, der mentale Strahl, der Persönlichkeitsstrahl und der Seelenstrahl.

11. Die Strahlen, die die Menschheit regieren, und die die Menschheit und das gegenwärtige Weltproblem bestimmend beeinflussen, sind die folgenden:

a. Der Seelenstrahl	2ter		die Menschheit muß Liebe zum Ausdruck bringen.
b. Der Persönlichkeitsstrahl	3ter		entwickelt Intelligenz zwecks Umwandlung in Liebe - Weisheit.
c. Mentaler Strahl	5ter		wissenschaftliche Errungenschaften.
d. Astraler Strahl	6ter		idealistische Entwicklung.
e. Physischer Strahl	7ter		Organisation. Geschäftsleben.

157] Der Seelenstrahl regiert während einer ganzen Lebensperiode. Die oben erwähnten Persönlichkeitsstrahlen gelten für das jetzt zu Ende gehende Zeitalter der Fische; sie haben aber die Menschheit ganz deutlich und unwiderruflich beeinflußt.

Der Leser dürfte bemerkt haben, daß in der Aufstellung der erste Strahl des Willens oder der Macht fehlt, ebenso der vierte

Strahl der Harmonie durch Konflikt. Dieser vierte Strahl ist stets wirksam, da er in eigenartiger Weise die vierte schöpferische Hierarchie beherrscht und als der *grundlegende* Persönlichkeitsstrahl der vierten schöpferischen Hierarchie angesehen werden könnte. Der oben erwähnte ist ein vorübergehender und flüchtiger Persönlichkeitsstrahl einer weniger wichtigen Inkarnation.

12. Im Wassermann-Zeitalter, das sich rasch nähert, wird der Hüter leicht veränderte Persönlichkeitskräfte aufweisen:

a. Persönlichkeitsstrahl ..... 5ter ...... grundlegend und bestimmend.
b. Mentaler Strahl .... 4ter ...... die schöpferische Wirkung.
c. Astraler Strahl .... 6ter ...... bestimmende Antriebe.
d. Physischer Strahl ...... 7ter ...... herannahender Strahl.

13. Jeder große Zyklus im Zodiak ist gleichsam eine Inkarnation der menschlichen Familie, und jede große Rasse ist ein annähernd ähnliches Geschehnis; letzteres ist jedoch für das menschliche Erkenntnisvermögen und Bewußtsein wichtiger. Die Ähnlichkeit betrifft die wenigen, wichtigen Inkarnationen im Leben der Seele, im Gegensatz zu den vielen unwichtigen und schnell aufeinander folgenden Inkarnationen. Von den wichtigen Inkarnationen haben drei besondere Bedeutung: die lemurische, atlantische und arische Rasse.

14. Jede Rasse schuf ihren eigenen Typus eines Hüters der Schwelle, der ihr jeweils gegen Ende des geistigen Zyklus (nicht des physischen, der sich zunehmend verhärtet) entgegentrat, also dann, wenn sie zur Reife gelangt und eine bestimmte Einweihung für die am weitesten vorgeschrittenen Menschen möglich geworden war.

15. Wenn eine Rasseninkarnation und ein Zodiakzyklus zeitlich zusammenfallen (was nicht immer der Fall ist), dann geschieht etwas Bedeutsames und Wichtiges: die Aufmerksamkeit des Hüters konzentriert sich auf den Engel und umgekehrt. Ein solches Ereignis findet in unserer Zeit statt, in der das Zeitalter der Fische ausklingt und die arische Rasse zur Reife und zu einem relativ hohen Entwicklungspunkt gelangt ist. Jüngerschaft deutet

auf Reife, und jedes Zusammentreffen mit dem Hüter erfordert Entwicklungsreife. Die arische Rasse ist bereit zur Jüngerschaft.
16. Die Entwicklung des individuellen und rassischen Empfindungsvermögens deutet auf die unmittelbar bevorstehende Erkenntnis des Engels von beiden Gesichtspunkten aus und auf die herannahende Gelegenheit hin. Diese Gelegenheit, die Fusion in die Tat umzusetzen, war nie so wirklich wie jetzt.
17. Die Grenzlinien zwischen den beiderseitigen Einflußbereichen des Hüters und des Engels sind klarer erkenntlich als je zuvor in der Rassengeschichte. Der Mensch kennt den Unterschied zwischen Recht und Unrecht, und er muß jetzt den Weg wählen, den er einschlagen wird. In der atlantischen Rassenkrise (die ebenfalls eine Krise des ganzen Menschen war), deren Geschichte uns in der *Bhagavad Gita* erhalten geblieben ist, befand sich Arjuna — das Symbol des damaligen Jüngers und des Weltjüngers — in einem Zustande offenbarer Verwirrung. Das trifft heute weniger zu. Die Jünger der Welt und der Weltjünger „Menschheit" sind sich heute über die entscheidenden Fragen verhältnismäßig klar. Wird Eigennutz die Oberhand gewinnen, oder wird der Hüter mit Liebe und Verständnis dem Engel zum Opfer gebracht werden? Das ist heute das Hauptproblem.

159] Ich möchte euch bitten, liebe Brüder, zweierlei zu tun: durchdenkt die obigen Ideen im Lichte der gegenwärtigen Weltkrise und im Lichte eures eigenen Seelen-Persönlichkeits-Problems.

Die fortgeschrittene Menschheit steht als der Hüter unmittelbar an der Schwelle der Göttlichkeit. Der Engel verharrt erwartungsvoll — absorbiert in der GEGENWÄRTIGKEIT, und doch bereit, seinerseits den Hüter zu absorbieren. Die Menschheit ist in ihrem Bewußtsein bis an die Grenzen der Welt geistiger Werte und des Reiches Gottes und des Lichts vorgedrungen. Der Engel ist „zur Erde gekommen" in der Erwartung, erkannt zu werden — ein Ereignis, für welches das Kommen Christi vor zweitausend Jahren Symbol und Vorläufer war. Dies ist die Lage in bezug auf alle fortgeschrittenen Aspiranten. Sie kann eure eigene Lage sein. Es ist auch die Lage in bezug auf die Menschheit als Ganzes und die herannahende Hierarchie. Vom höheren, geistigen Standpunkt aus gesehen äußert sich das Bewußtsein der Menschheit heute durch die ständig wachsende Schar von Weltdienern, Weltaspiranten und Weltjüngern, und ihre Zahl ist Legion.

Die Menschheit ist heute der Hüter, während die Hierarchie der Engel ist, und dahinter steht die GEGENWÄRTIGKEIT der Gottheit Selbst, von der Hierarchie intuitiv erreicht und von der Menschheit dunkel verspürt; aber daraus ergibt sich immerhin die dreifältige Synthese, nämlich göttliche Manifestation innerhalb der Form.

Alle drei haben mächtige Ausstrahlungen (obwohl die Ausstrahlung der GEGENWÄRTIGKEIT — über Shamballa — seit Auftreten der menschlichen Rasse klugerweise im Zaum gehalten worden ist). Sie alle haben eine Aura, wenn man so sagen darf, und in den drei Welten ist augenblicklich die des Hüters noch immer die mächtigste, genau so wie im Leben des Aspiranten seine Persönlichkeit noch immer der bestimmende und vorherrschende Faktor ist. Diese mächtige menschliche Ausstrahlung ist es, was die hauptsächliche Verblendung im Leben der Menschheit und des einzelnen Jüngers darstellt. *Es ist eine synthetische Verblendung, im Persönlichkeitsstrahl verschmolzen und vereint, die aber durch den steten Einfluß des Seelenstrahles bewirkt und ausgelöst wird.* Sie 160] ist der Schatten oder die Verzerrung der Wirklichkeit, die jetzt erstmalig in großem Ausmaße von der Menschenrasse bemerkt und immer deutlicher erkennbar wird durch das Licht, das vom Engel ausstrahlt, der die Energie der GEGENWÄRTIGKEIT übermittelt.

Und so stehen sie da — die Menschheit und die Hierarchie. Und so stehst du, lieber Bruder, vor der freien Wahl, ins Licht vorwärts zu schreiten, wenn du willst, oder aber still zu stehen, ohne Fortschritte zu machen, ohne etwas zu lernen oder weiterzukommen; ebenso steht es dir frei, wieder mit dem Hüter wesensgleich zu

Die Ursachen der Verblendung

werden, also den Einfluß des Engels zu verneinen, eine unmittelbar gebotene Gelegenheit abzulehnen und — bis zu einem viel späteren Zyklus — deine entscheidende Wahl aufzuschieben. Das gilt für den Einzelnen und für die Menschheit als Ganzes. Wird die materialistische Persönlichkeit der Menschheit, die unter der Einwirkung des dritten Strahles steht, der gegenwärtigen Lage ihren Stempel aufdrücken, oder wird ihre liebende Seele sich als der mächtigste Faktor erweisen, der die Persönlichkeit und ihre kleinen Belange bei der Hand nimmt und sie dahin bringt, daß sie die richtige, kritische Auswahl trifft, wahre Werte erkennt und dadurch das Zeitalter der Seele und hierarchischer Kontrolle einleitet? Die Zeit allein wird es lehren.

Damit will ich es für heute bewenden lassen. Es liegt mir sehr daran, daß ihr alle diese wenigen, wesentlichen Feststellungen wirklich beherrscht, ehe wir den III. Abschnitt vornehmen. Ihr solltet auch den allgemeinen Gruppenanweisungen, die ihr vor kurzem erhalten habt, viel Zeit, Interesse und Aufmerksamkeit widmen. Innere Gruppenanpassungen und besser fundierte Gruppenbeziehungen sind dringend vonnöten, und daran bitte ich euch, zu arbeiten. Auch möchte ich an dieser Stelle daran erinnern, daß es — so wie in der übrigen manifestierten Welt — eine Gruppenpersönlichkeit und eine Gruppenseele gibt; ihr müßt lernen, zwischen beiden klar zu unterscheiden und das volle Gewicht eures Einflusses, Wünschens und Nachdrucks auf die Seite des Gruppenengels zu legen. Auf diese Weise könnte sich möglicherweise jene erstaunliche Erkenntnis einstellen, auf die eine jede Einweihung den Anwärter vorbereitet — die Enthüllung der GEGENWÄRTIGKEIT.

DRITTER TEIL
DAS ENDE DER VERBLENDUNG

161] Wir kommen jetzt zum dritten Teile unserer Betrachtung der Weltverblendung. Klar darüber zu schreiben, ist deshalb schwer, weil wir uns inmitten ihrer schärfsten Ausdrucksform befinden — der schlimmsten, die die Welt jemals erlebt hat, weil die durch Jahrhunderte der Habgier und Selbstsucht, Angriffslust und Materialismus bedingte Verblendung in einem Dreigestirn von Nationen ihren Brennpunkt gefunden hat. Sie ist deshalb leicht erkennbar und äußerst wirkungsvoll in ihrer Manifestation. Drei Nationen drücken die drei Aspekte der Weltverblendung (Illusion, Verblendung und Maja) in erstaunlicher Weise aus,*) und ihr mächtiger Ansturm auf das Bewußtsein der Menschheit hängt nicht nur davon ab, wie Deutschland, Japan und Italien auf diesen uralten Krankheitsstoff reagieren, sondern auch von der Tatsache, daß jede Nation — die Vereinten sowohl als auch die totalitären Nationen — die Ansteckungssymptome dieses universellen Zustandes aufweist. Die Freiheit der Welt hängt deshalb weitgehend von jenen Menschen in jeder Nation ab, die sich (innerlich) aus einer oder der anderen dieser „trügerischen Illusionen und Maja-Impressionen" der Menschenseele freigemacht und zu einem Gewahrseinszustand durchgedrungen haben, in welchem sie den Konflikt in seinem größeren Ausmaße zu erschauen vermögen, nämlich als den Konflikt zwischen dem Hüter der Schwelle und dem Engel der GEGENWÄRTIGKEIT.

Diese Menschen sind die Aspiranten, Jünger und Eingeweihten der Welt. Sie kennen und erkennen den Dualismus, den wesentlichen Dualismus des Konfliktes durchaus, weniger die dreifache Natur und die äußeren Veränderungen der Situation, die dem von ihnen erkannten Dualismus zugrunde liegen. Ihre Einstellung zu

---

*) während des zweiten Weltkrieges.

162] diesem Problem ist deshalb eine einfachere, und aus diesem Grunde liegt die Weltlenkung zurzeit hauptsächlich in ihren Händen.

Gerade an dieser Stelle hat Religion im großen Ganzen versagt. Ich beziehe mich dabei auf die orthodoxe Religion. Sie hat sich zu sehr mit dem Hüter der Schwelle beschäftigt; der Theologe hat sein Augenmerk auf den materiellen Erscheinungsaspekt des Lebens gerichtet, aus reiner Furcht und im Banne des Unmittelbaren, während der Engel bloße Theorie und Gegenstand wunscherfüllten Denkens blieb. Das Gleichgewicht wird allmählich durch humanitäre Bestrebungen hergestellt, die in so hohem Maße und ohne Rücksicht auf irgendwelche theologischen Tendenzen zur Geltung kommen. Diese Bestrebungen fußen auf dem Glauben an die eingeborene Rechtschaffenheit des menschlichen Geistes, auf dem Glauben an das Göttliche im Menschen, sowie auf der Unzerstörbarkeit der Menschenseele. Dadurch entsteht unvermeidlich der Begriff der GEGENWÄRTIGKEIT oder des Immanenten Gottes, als Folge einer notwendigen Auflehnung gegen den Glauben an den Transzendenten Gott. Diese geistige Revolution war lediglich ein Ausgleichsbestreben, das zu keinen grundsätzlichen Befürchtungen Anlaß gibt, denn der Transzendente Gott besteht in alle Ewigkeit; er kann aber nur durch den Immanenten Gott erschaut, erkannt und richtig erreicht werden, durch den Gott, der im einzelnen Menschen, in Gruppen und Nationen, in organisierten Formen und in der Religion, in der Menschheit als Ganzem und im planetarischen Leben Selbst immanent ist. Die Menschheit steht heute (und stand seit altersher) im Kampfe gegen Illusion, Verblendung und Maja. Fortgeschrittene Denker (auf dem Probepfade, auf dem Pfade der Jüngerschaft und der Einweihung) haben einen Punkt erreicht, auf dem Materialismus und Geistigkeit, der Hüter der Schwelle und der Engel der GEGENWÄRTIGKEIT, und der grundlegende Dualismus der Manifestation in klaren Umrissen erkennbar sind. Diese Klarheit der Abgrenzungen ermöglicht eine ebenso klare Erkenntnis und Einschätzung der Probleme, die den derzeitigen

Das Ende der Verblendung 183

Weltereignissen zugrunde liegen, der Ziele des heute weltumspannenden Kampfes, der Mittel und Wege zur Wiederherstellung des zurzeit der Atlantis so vorherrschenden und seitdem verlorenen 163] geistigen Kontaktes, sowie der Methoden, deren Anwendung geeignet ist, die neue Weltära und ihre kulturelle Ordnung einzuleiten.

Alle Verallgemeinerungen enthalten Irrtümer. Immerhin läßt sich sagen, daß Deutschland die Weltverblendung — den mächtigsten und ausdrucksvollsten der drei Verblendungs-Aspekte — in sich konzentriert hat. Japan manifestiert die Kraft der Maja — die gröbste Form materieller Kraft. Das individualistische und mental polarisierte Italien ist der Ausdruck der Weltillusion. Die Vereinten Nationen, mit all ihren Fehlern, Beschränkungen, Schwächen und Nationalismen, bilden den Brennpunkt des Konfliktes zwischen dem Hüter und dem Engel; somit treten die drei Ausdrucksformen der Verblendung und die Endform des Konfliktes zwischem dem geistigen Ideal und seinem materiellen Gegenpol gleichzeitig in Erscheinung. Die Vereinten Nationen verlagern jedoch den Schwerpunkt ihrer Bemühungen und Bestrebungen allmählich und mit größter Entschiedenheit auf die Seite des Engels, wodurch sie das verlorene Gleichgewicht wiederherstellen und auf planetarischer Basis langsam jene Merkmale und Bedingungen schaffen, die am Ende die Illusion vertreiben, Verblendung verscheuchen und der vorherrschenden Maja die Kraft entziehen werden. Das kommt dadurch zustande, daß die Gedanken und Überlegungen der zum Sieg über die drei Axenmächte verbundenen Nationen immer klarer werden, und daß die Vereinten Nationen in zunehmendem Maße fähig werden, Ideen im Sinne des Ganzen zu erfassen und zwischen den Kräften des Lichts und der Macht des Bösen (oder des Materialismus) kritisch zu unterscheiden.

Die Aufgaben derer, die das Welttheater als den Kampfplatz zwischen dem Hüter der Schwelle und dem Engel der GEGENWÄRTIGKEIT betrachten, ließen sich im einzelnen wie folgt aufzählen:

1. Die Schaffung solcher Voraussetzungen, die es den Kräften des Lichtes ermöglichen, die Kräfte des Bösen zu überwinden. Das können sie durch das Gewicht ihrer bewaffneten Macht sowie durch ihre klare Einsicht bewerkstelligen.
164] 2. Die Menschheit zu lehren, die Unterschiede zu erkennen zwischen:

> a. Geistigkeit und Materialismus; die verschiedenen Ziele der sich bekämpfenden Mächte müssen klargemacht werden.
> b. Der Bereitwilligkeit, miteinander zu teilen, und der Habgier; es soll das Bild einer zukünftigen Welt gezeigt werden, in der die Vier Freiheiten vorherrschen und alle das haben werden, wessen sie zu einem normalen Leben bedürfen.
> c. Licht und Dunkelheit, gemessen am Unterschied zwischen einer erleuchteten Zukunft der Freiheit mit ihren großen Möglichkeiten, und der düsteren Zukunft allgemeiner Versklavung.
> d. Gemeinschaft und Absonderung, im Sinne einer Weltordnung, in der Rassenhaß, Kastengeist und Glaubensunterschiede einer internationalen Verständigung nicht länger im Wege stehen werden, im Gegensatz zur Ordnung der Achsenmächte mit ihren Herrenrassen, religiösen Vorurteilen und Sklavenvölkern.
> e. Dem Ganzen und dem Teil, im Hinblick auf die (unter dem evolutionären Drang des Geistes) herannahende Zeit, in welcher der Teil oder Lebensfunke die Verantwortung für das Ganze übernimmt, und in der das Ganze nur zum Wohle des Teiles da ist.

Der dunkle Aspekt ist das Produkt von Jahrhunderten der Verblendung. Das Licht wird betont und erklärt von den Weltaspiranten und Jüngern, die durch ihre Einstellung und ihr Handeln, durch Wort und Schrift Licht in die dunklen Stätten hineinleuchten lassen.

3. Die Wege zu bahnen für die drei geistigen Energien, die die Menschheit mit sich fortreißen werden in ein Zeitalter allgemeinen Verstehens; das wird zu einer wesentlichen Klärung des menschlichen Denkens in der ganzen Welt führen. Diese drei Energien sind:

165] a. *Die Energie der Intuition,* die die Weltillusion allmählich vertreiben und automatisch die Reihen der Eingeweihten erheblich verdichten wird.
b. Die Wirksamkeit des Lichtes, die vermittels der *Energie der Erleuchtung* die Weltverblendung zerstreuen und viele Tausende auf den Pfad der Jüngerschaft bringen wird.
c. *Die Energie der Inspiration,* die durch ihre ungestüme Wirksamkeit die Anziehungskraft der Maja oder Substanz unwirksam machen und sie wie ein Windstoß hinwegfegen wird. Das wird ungezählte Tausende auf den Probepfad bringen.

4. Die Freilassung neuen Lebens, damit es auf allen verfügbaren Wegen in den Planeten einströmen kann. Das erfordert erstens, daß die Macht des Materialismus durch die totale Niederlage der Achsenmächte tatsächlich gebrochen ist, und zweitens (nachdem dies geschehen ist), daß die Vereinten Nationen imstande sind, die Wirkungskraft geistiger Werte dadurch zu demonstrieren, daß sie konstruktive Maßnahmen zur Wiederherstellung der Weltordnung treffen und die nötigen Grundlagen schaffen, die ein besseres und in höherem Maße vergeistigtes Leben gewährleisten. Diese konstruktive Einstellung und Tatbereitschaft muß sowohl von jeder Einzelperson für sich, als auch von den einzelnen Nationen in ihrer Gesamtheit anerkannt und bekräftigt werden. Die erste Bedingung wird bereits geschaffen, die zweite bleibt noch zu erfüllen.

5. Den Nationen der Welt eindringlich die Wahrheiten vorzustellen, die von Buddha, dem Herrn des Lichtes, und von Christus, dem Herrn der Liebe, gelehrt wurden. In diesem Zusammenhang könnte man grundsätzlich folgendes sagen:

a. Die Achsenmächte müssen die Lehren des Buddha begreifen lernen, die Er in den Vier Edlen Wahrheiten aussprach; sie müssen erkennen, daß die Ursache alles Leidens und aller Pein im Wünschen liegt — im Verlangen nach materiellen Dingen.

b. Die Vereinten Nationen müssen das Gesetz der Liebe anwenden lernen, wie es im Leben Christi Ausdruck fand; sie müssen der Wahrheit Nachdruck verleihen, daß „kein Mensch für sich selber lebt", auch keine Nation, und daß das Ziel allen menschlichen Bemühens *liebevolles Verstehen* ist, das auf einem Programm der Liebe zur Gesamtheit beruht.

Wenn die Lebensprinzipien und die Lehren dieser beiden großen Avatare richtig verstanden und erneut im Leben und Denken der heutigen Menschen, im Weltgeschehen und im täglichen Leben verwirklicht werden würden, dann könnte die gegenwärtige Weltordnung (die heute hauptsächlich aus Unordnung besteht) so umgewandelt und verändert werden, daß allmählich eine neue Welt und eine neue Menschenrasse in die Erscheinung treten würde. Verzicht und Opferwille sollten das Leitmotiv bilden für die Zwischenzeit nach dem Kriege und bis zum Anbruch des Neuen Zeitalters.

Man sollte beachten, daß das uralte Symbol für jede Manifestation und jede Krise ein Punkt innerhalb eines Kreises ist, der Kraft-Brennpunkt innerhalb einer Einflußsphäre oder einer Aura. So steht es heute mit dem Gesamtproblem der Beendigung der Weltverblendung und Illusion, die die eigentlichen Ursachen der akuten Krise und katastrophalen Weltlage sind. Die Möglichkeit einer solchen Beendigung und Zerstreuung konzentriert sich ganz klar auf die beiden Avatare Buddha und Christus.

Innerhalb der Welt der Verblendung — der Welt der Astralebene und der Gefühle — erschien ein Lichtpunkt. Buddha, der Herr des Lichtes, übernahm die Aufgabe, in Sich die Erleuchtung zusammenzufassen, die mit der Zeit die Zerstreuung der Verblendung möglich machen sollte. Innerhalb der Welt der Illusion —

der Welt der Mentalebene — erschien Christus, der Herr der Liebe, 167] Der in Sich die Macht des *anziehenden* Willens Gottes verkörperte. Er übernahm die Aufgabe, die Illusion dadurch zu vertreiben, daß Er (kraft Seiner Liebe) die Herzen aller Menschen an Sich zog; und er drückte diesen Entschluß mit den Worten aus: „Und ich, wenn ich erhöhet werde von der Erde, so will ich alle Menschen zu mir ziehen." (Ev. Joh. 12: 32). Von dem Standpunkte aus, den sie dann erreicht haben werden, wird die Welt geistiger Wahrnehmung, die Welt der Wahrheit und der göttlichen Ideen unverhüllt dastehen. Das Resultat wird das Verschwinden der Illusion sein.

Das vereinte Wirken dieser beiden großen Gottessöhne, gestützt auf die Weltjünger und ihre Eingeweihten, muß und wird unvermeidlich die Illusion zerschellen und die Verblendung zerstreuen — erstere durch die intuitive Erkenntnis der Wirklichkeit seitens der auf sie eingestellten Denker, und letztere durch das Einströmen des Lichtes der Vernunft. Der Buddha machte den ersten planetarischen Versuch, die Weltverblendung zu zerstreuen; Christus machte den ersten planetarischen Versuch, die Illusion zu vertreiben. Ihr Werk muß jetzt von einer Menschheit fortgesetzt werden, die weise genug ist, ihr Dharma zu erkennen. Die Menschen werden jetzt sehr rasch ihrer Illusion beraubt; infolgedessen werden sie alles viel klarer sehen. Die Weltverblendung verschwindet immer mehr aus dem Leben der Menschen. Beide Entwicklungen verdanken wir dem Einströmen neuer Ideen, die von den intuitiven Menschen der Welt erfaßt und von großen Denkern der breiten Masse dargestellt werden. Dabei hilft in hohem Maße die nahezu unbewußte, aber nichtsdestoweniger tatsächliche Erkenntnis der wahren Bedeutung dieser Vier Edlen Wahrheiten aufseiten der Masse. Der Illusion und Verblendung beraubt, erwartet die Menschheit die kommende Enthüllung. Diese Enthüllung wird durch das vereinte Bemühen von Buddha und Christus zustande kommen. Über diese Enthüllung können wir nur soviel voraussehen und voraussagen, daß gewisse mächtige und weitreichende Wirkungen durch die Verschmelzung von Licht und Liebe, sowie durch die Reaktion „erleuchteter Substanz auf die Anziehungskraft der Liebe" erzielt werden sollen. In diesem Satze habe ich denen, die ihn verstehen **168]** können, einen tiefgründigen und nützlichen Wink in bezug auf die Methode und den Zweck des Unternehmens gegeben, das zurzeit des Junivollmondes 1942 ins Werk gesetzt wurde. Auch habe ich damit einen Schlüssel geliefert zum wahren Verständnis für das Werk dieser Avatare — woran es bislang durchaus mangelte. Ich möchte noch folgendes hinzufügen: Erst, wenn die Bedeutung der Worte „Verklärung des menschlichen Wesens" voll gewürdigt wird, kommt es zur Erkenntnis, daß wenn „der Körper voller Licht" ist, wir „in diesem Lichte das LICHT erschauen" werden. Das bedeutet: Wenn die Persönlichkeit einen hohen Grad der Läuterung, Hingabe und Erleuchtung erreicht hat, dann kann die Anziehungskraft der Seele (deren Natur Liebe und Verständnis ist) wirksam werden und die Verschmelzung dieser beiden stattfinden. Das ist es, was Christus bewies und praktisch vorführte.

Wenn das Werk des Buddha (oder des verkörperten, buddhischen Prinzips) im aufstrebenden Jünger und in seiner integrierten Persönlichkeit vollendet ist, dann kann das Werk Christi (des verkörperten Prinzips der Liebe) zu ebenso vollendetem Ausdruck gelangen, und es werden sich diese beiden Wirkkräfte — Licht und Liebe — im verklärten Jünger strahlend manifestieren. Was vom Individuum gilt, gilt auch von der Gesamtmenschheit; und da die Menschheit zur Reife gelangt ist, kann sie jetzt an die Realisierung herangehen und sich bewußt am Werke der Erleuchtung und geistiger, liebevoller Aktivität beteiligen. Die praktischen Auswirkungen dieser Handlungsweise werden sein: Zerstreuung der Verblendung und die Erlösung des Menschengeistes aus der Knechtschaft der Materie; außerdem wird diese Tat zur Vertreibung der Illusion und zur Erkenntnis der Wahrheit führen, wie sie im Bewußtsein derer besteht, die im „Gewahrsein Christi" polarisiert sind.

Dabei handelt es sich notwendigerweise nicht um einen schnellen, sondern um einen ordnungsmäßigen und geregelten Vorgang, des-

sen Enderfolg gesichert ist, der aber zu seiner Einleitung und zu seinem weiteren Verlauf verhältnismäßig viel Zeit braucht. Er wurde auf der Astralebene von Buddha, und auf der Mentalebene zu
169] der Zeit eingeleitet, als Christus sich auf Erden manifestierte. Er deutete auf die herannahende Reife der Menschheit hin. Er beschleunigte sich allmählich in dem Maße, wie diese beiden großen Wesen während der letzten zweitausend Jahre Ihre Jünger und Eingeweihten um Sich sammelten. Er hat sich schließlich als äußerst nützlich erwiesen, weil er die Verbindung zwischen Shamballa und der Hierarchie eröffnete und erweiterte, und weil er den Kontakt zwischen diesen beiden großen Zentren und der Menschheit noch mehr festigte.

Die Gradlinigkeit der Verbindung zwischen dem Zentrum, wo der Wille Gottes thront, dem Zentrum, wo die Liebe Gottes waltet und dem Zentrum intelligenter Erwartung wurde zurzeit des Juni-Vollmondes 1942 erstmalig auf die Probe gestellt. Ermöglicht wurde diese Probe durch das vereinte Bemühen Christi, Buddhas und derer, die auf Ihren gemeinsamen Einfluß reagierten. Diese Probe mußte inmitten eines furchtbaren Ansturms der Mächte des Bösen durchgeführt werden und erstreckte sich über die zwei Wochen vom Tage des Vollmondes (30. Mai 1942) bis zum 15. Juni 1942. In dieser Zeit kam es zu einer großen Konzentration Geistiger Kräfte, und es wurde eine besondere Invokation angewendet (die von der Menschheit selbst nicht benutzt werden darf); aber der Erfolg oder Mißerfolg der Probe wurde im letzten Grunde von der Menschheit selbst bestimmt.

Man mag, wenn auch zu Unrecht, das Gefühl haben, daß es nicht genug Menschen gibt, die etwas von der gebotenen Gelegenheit wissen oder die verstehen, was da vor sich geht. Der Erfolg einer solchen Probe hängt jedoch nicht vom esoterischen Wissen der wenigen, der verhältnismäßig wenigen, ab, die über die Tatsachen und ihre Bedeutung teilweise unterrichtet waren. Er hängt auch von der Tendenz der vielen ab, die unbewußt nach den geistigen Wirklichkeiten streben, die nach einer neuen und besseren Lebensweise

für alle Menschen suchen, die das Wohl des Ganzen anstreben und
170] deren Sehnen und Wünschen nach wirklicher Erfahrung des
Guten, nach rechten, menschlichen Beziehungen und nach geistiger
Betätigung unter den Menschen trachtet. Ihre Zahl ist Legion und
man findet sie in jeder Nation.

Wenn der in Shamballa ausgedrückte und im Buddha konzentrierte Wille Gottes, wenn die in der Hierarchie ausgedrückte und in Christus konzentrierte Liebe Gottes und das in den Weltjüngern, Weltaspiranten und Menschen guten Willens zusammengefaßte intelligente Verlangen der Menschheit alle miteinander in Einklang gebracht werden — sei es bewußt oder unbewußt —, dann kann und wird eine große Neuorientierung stattfinden. Es ist ein Ereignis, das im Bereich der *Möglichkeit* liegt.

Das erste Resultat wird die Erleuchtung der Astralebene und der Beginn des Vorganges sein, der die Verblendung zerstreuen wird; das zweite Resultat wird die Durchstrahlung der Mentalebene und die Vertreibung aller Illusionen der Vergangenheit sein, ferner die schrittweise Enthüllung neuer Wahrheiten, für die alle früheren Ideale und sogenannten Formulierungen der Wahrheit bloße Wegweiser waren. Diese Feststellung sollte durchdacht werden. Der Wegweiser deutet eine Richtung an; er enthüllt nicht das Ziel. Er ist ein Hinweis, aber nichts Endgültiges. So verhält es sich auch mit aller Wahrheit bis zur heutigen Zeit.

Es besteht also Bedarf an Wissenden und solchen Menschen, die in ihrem Denken und in ihren Herzen aufgeschlossen sind; die frei von vorgefaßten und fanatisch verfochtenen Ideen sind; frei von althergebrachten Idealen, die doch nur als teilweise Andeutungen großer, noch unverwirklichter Wahrheiten gelten können — Wahrheiten, die weitgehend und zum ersten Male wirklich erkannt werden können, WENN die Menschen die nötigen Lehren aus der jetzigen Weltlage und aus der Katastrophe des Krieges ziehen und den Opferwillen einsetzen.

Ich habe auf die praktische Anwendbarkeit der Lehren über Verblendung, Illusion und Maja deshalb hingewiesen und dafür aktuelle Beispiele angeführt, weil das ganze Weltproblem heute auf einem Krisenpunkt angelangt ist, und weil seine Klärung den 171] Hauptgegenstand des gesamten — pädagogischen, religiösen und wirtschaftlichen — Fortschrittes bis 2025 A. D. bilden wird.

Im folgenden wollen wir die praktischen Mittel und Wege betrachten, wie Illusion, Verblendung und die Kraft der Maja im Leben des Einzelnen, dann im Leben der Nationen und schließlich in der Welt beendet werden können. Wir müssen stets mit der Lebenseinheit, dem Mikrokosmos, beginnen; nachdem wir den Vorgang und Fortschritt in bezug auf den Einzelnen erfaßt haben, können wir die Idee sodann auf die Gruppe, die Organisation, die Nation und die Menschheit als Ganzes ausdehnen. Auf diese Weise werden wir langsam der großen Idee näher kommen, die wir Gott, den Makrokosmos nennen.

In diesem Abschnitt wollen wir uns mit technischen Methoden beschäftigen; sie lassen sich wie folgt zusammenfassen:

1. *Die Technik der Gegenwärtigkeit.* Vermittels dieser Technik übernimmt die Seele die Kontrolle über die integrierte Persönlichkeit und über deren horizontale und vertikale Beziehungen. Diese Technik umfaßt die Entfaltung der Blüte der Intuition, die die Illusion verscheucht, den Engel enthüllt, die Gegenwärtigkeit anzeigt und dem Jünger die Welt der Ideen und die Pforte zu den höheren Einweihungen eröffnet. Dadurch, daß der Jünger diese göttlichen Ideen oder Saatgedanken erfaßt und anwendet, wird er eingeweiht, und die dritte Einweihung wird zum unmittelbar erreichbaren Ziel. Die Intuition ist die angewandte *Kraft der Verklärung.* Diese Technik steht mit dem wenig bekannten Yoga in Beziehung, der Agni Yoga oder der Yoga des Feuers genannt wird.

2. *Die Technik des Lichtes.* Vermittels dieser Technik übernimmt das erleuchtete Denken die Kontrolle über den astralen oder Gefühlskörper und zerstreut die Verblendung. Wenn Licht einströmt,

verblaßt die Verblendung. Erleuchtung herrscht vor und die Vision 172] der Wirklichkeit wird erlebt. Diese Technik steht mit dem Raja Yoga in Verbindung, ihr Ziel ist die zweite Einweihung; sie erwirkt die Fähigkeit, den Pfad der Jüngerschaft zu betreten und ermöglicht es dem Menschen, „ein durch Göttlichkeit erleuchtetes Leben zu führen." Erleuchtung ist die angewandte *Kraft der Verwandlung*.

3. *Die Technik der Indifferenz*. Vermittels dieser Technik wird Maja beendet; denn die Kontrolle des geläuterten, astralen Trägers wird bewußt und praktisch zur Anwendung gebracht, wodurch die Energien des ätherischen Körpers von der Kontrolle der Materie oder Kraftsubstanz befreit, und Menschen in großer Zahl auf den Probepfad gebracht werden. Wo „göttliche Indifferenz" gegenüber dem Lockruf oder der Anziehungskraft der Materie vorhanden ist, wird Inspiration möglich. Diese Technik steht mit Karma Yoga in seiner praktischsten Form in Verbindung und bedingt die Verwendung von Materie mit vollendeter Unpersönlichkeit. Das Ziel dieser Technik ist die erste Einweihung, die es dem Menschen möglich macht, „ein von Gott inspiriertes Leben zu führen." Inspiration ist die angewandte *Kraft der Übermittlung*.

1. DIE TECHNIK DER GEGENWÄRTIGKEIT.

Zu Beginn unserer Betrachtung dieses Themas muß der Schüler dreierlei im Auge behalten: das Bestehen der Intuition, die Tatsache der Illusion und die überschattende Gegenwärtigkeit. Die Gegenwärtigkeit wird durch die Intuition vermittels des Engels enthüllt, und wenn sie enthüllt und erkannt ist, dann bringt sie die Illusion zu Ende.

Illusion darf nicht mit Verblendung verwechselt werden, denn sie bezieht sich auf den Gesamtvorgang der Enthüllung. Verblendung bezieht sich möglicherweise, ja sogar oft auf die Entstellung

dessen, was enthüllt worden ist; man darf aber nicht vergessen, daß Illusion in erster Linie mit der Reaktion des Denkens auf die sich entfaltende Enthüllung zu tun hat, mit der die wahrnehmende
173] Seele den höchsten Aspekt des persönlichen, niederen Selbstes zu beeindrucken sucht. Illusion ist demnach das Unvermögen des Denkens, in der richtigen Weise das wahrzunehmen, zu deuten oder zu übersetzen, was übermittelt worden ist; sie ist deshalb eine Sünde (wenn dem Leser an diesem Wort etwas gelegen ist) der intelligenten und hochentwickelten Menschen, eine Sünde derer, die sich auf dem Pfade befinden und im Begriffe stehen, ihr richtiges Ziel ins Auge zu fassen; sie ist auch eine Sünde jener akzeptierten Jünger, die infolge des erlangten Seelenkontaktes ihr Bewußtsein zu erweitern trachten. Wenn sie die „Illusion durchschaut" haben (und ich gebrauche diesen Ausdruck in seinem esoterischen Sinne), dann sind sie reif für die dritte Einweihung.

Unser Thema ist also das der *Enthüllung*, und ich möchte einige allgemeine Betrachtungen darüber anstellen, denn dadurch läßt sich das Problem der Weltillusion und nebenbei auch das Problem individueller Illusion klären.

Die Entfaltung menschlichen Gewahrseins hat im Laufe der Jahrtausende stetige Fortschritte gemacht, und dabei ist sie von zwei hauptsächlichen und miteinander verbundenen Faktoren abhängig gewesen. Diese beiden Faktoren sind:

1. Die stufenweise Entwicklung des menschlichen Denkens durch die fortschreitende Evolution selbst. Man könnte dies als die eingeborene Fähigkeit dessen betrachten, was wir Denkvermögen, Chitta oder Gedankenstoff nennen, auf den Ansturm der Erscheinungswelt und auf die aus höheren Welten kommenden Impressionen in zunehmendem Maße zu reagieren. Das Denkvermögen ist das Werkzeug, das den Vorgang des „Werdens" wahrnimmt, aber es ist außerdem — in den späteren Stadien menschlicher Entfaltung — fähig, das Wesen oder die Funktion des *Seins* wahrzunehmen. Das Werden wird vermittels des In-

tellektes enthüllt, das Sein durch die Intuition. Beim Studium der Illusion muß man stets im Auge behalten, daß das Denkvermögen seinem Wesen nach ein Werkzeug ist, und daß es die Fähigkeit besitzt, das aus der Erscheinungswelt stammende Wissen und die aus dem Reich der Seele kommende Weisheit aufzunehmen, zu deuten und zu übermitteln.

2. Die Methode, durch welche die Menschheit von dem in Kenntnis gesetzt wird, was nicht unmittelbar vor Augen liegt. Dies ist die Methode (oder der Vorgang) der sogenannten „auferlegten Enthüllung" oder der Impression. Dafür empfängliche Denker werden mit jenen Ideen, Wesenheiten, Plänen und Vorhaben beeinflußt, die sozusagen hinter den Kulissen existieren und die (letzten Endes) die Faktoren sind, welche das Weltgeschehen bestimmen und bedingen. Diese Enthüllungen oder subjektiven, lebenswichtigen Impressionen werden durch die Intuition ans Licht gebracht; sie haben mit den Kenntnissen, Eindrücken und Kontakten, die mit den drei Welten menschlicher Evolution zusammenhängen, nichts zu tun, oder nur insoweit, als sie (richtig verstanden) die Lebensweise des Menschen ständig verändert, ihm seine Ziele enthüllt und sein wahres Wesen angedeutet haben. Die Enthüllungen, die seit altersher übermittelt wurden und das Denken derer beeindruckt haben, die dazu vorgeschult waren, befassen sich stets mit den großen, universalen Belangen; sie betreffen das Große Ganze und führen zu zunehmender Würdigung der Einheit des Lebens in seiner hylozoistischen (Urstoffbeseelten) Ausdrucksform.

Zwei parallele Vorgänge haben die Menschheit und ihre Zivilisation hervorgebracht: Einer davon ist der Evolutionsvorgang selber, wodurch das Denken des Individuums allmählich entfaltet wurde, bis es zum vorherrschenden Aspekt der Persönlichkeit wird; zweitens kam es zu einer abgestuften, weise zugemessenen Reihe von Offenbarungen, die die gesamte Menschheit zwangsläufig zu einem besseren Verstehen des Daseins gebracht haben. Diese Offenbarungen führten den Menschen stetig von der Identifizierung mit der Formenwelt hinweg in jene Bewußtseinszustände, die vom gewöhnlichen, menschlichen Standpunkt als übernatürlich erscheinen, vom geistigen Standpunkt aber durchaus normal sind.

175] In okkulter Terminologie bedeutet dies folgendes: *Individualität* hat zur stetigen Vervollkommnung des Denkvermögens, des Wahrnehmungs- und Auffassungsvermögens, der Analyse und Auslegung geführt; Einweihung hingegen bewirkt durch Zunahme der Intuition (wenn einmal die mentale Vervollkommnung einen verhältnismäßig hohen Entwicklungsgrad erreicht hat) die Wahrnehmung der Welt der geistigen Werte, des geeinten Seins und des intuitiven Verstehens. Das bedingt deshalb die Verlegung des individuellen Brennpunktes aus der Erscheinungswelt in die Welt der Wirklichkeit. Die niedere Anwendung des Denkvermögens und dessen Entfaltung hat zur Illusion geführt, während die Entfaltung des höheren Denkens, und später dessen Anwendung als Übermittler der Intuition und der höheren Enthüllung, die Verklärung der drei Erscheinungswelten im Sinne der Welt des Seins hervorbringen wird.

Illusion besteht häufig aus falsch ausgelegter und falsch angewandter, mentaler Erfassung von Wahrheit. Sie hat nichts mit der mentalen Phase der Verblendung zu tun, obwohl Illusion in die Gefühlswelt heruntergebracht und dadurch zu Verblendung werden kann. Wenn es dazu kommt, ist ihre Wirkungskraft außerordentlich stark, weil dann eine Gedankenform zu einer Wesenheit mit lebendiger Kraft geworden ist und sich die magnetische Kraft des Gefühls zur kalten Gedankenform hinzugesellt hat. Das sollte durchdacht werden. Im Stadium der reinen Illusion jedoch, mit dem wir uns jetzt befassen, fand eine Enthüllung ihren Niederschlag auf der Mentalebene; und da diese Enthüllung weder richtig erfaßt und interpretiert, noch nützlich angewandt wurde, entwickelte sie sich zu einer Illusion und trat ihre Laufbahn der Täuschung, Kristallisierung und Irreführung an.

Das Thema dieser Technik läßt sich demnach in der Hauptsache in folgende Kategorien einteilen:

1. *Der Vorgang der Enthüllung.* Dieser Vorgang war von jeher und ist heute der hauptsächliche Zeuge und Bürge dafür, daß es 176] hinter den Kulissen der Erscheinungswelt eine enthüllende Gruppe oder Vermittlungsstelle gibt, deren Aufgabe von dreierlei Art ist:

a. Die Entfaltung des menschlichen Bewußtseins abzuschätzen und dem ständigen Ruf und Verlangen nach mehr Licht und mehr Wissen nachzukommen.
b. Zu beurteilen, welche Enthüllung die nächst-notwendige ist und welche Form sie annehmen, durch wessen Vermittlung sie zum Vorschein kommen, und wo und wann sie in Erscheinung treten sollte.
c. Festzustellen, mit welchen Hindernissen, Schwierigkeiten und vorgefaßten Ideen die neu hereinkommende Enthüllung zu rechnen haben wird.

2. *Die Tatsache der Gegenwärtigkeit.* Diese Gegenwärtigkeit ist die Antriebskraft hinter jeder Enthüllung und ist in Wirklichkeit der Immanente Gott, der von jeher nach Anerkennung strebt und Selbst dazu durch die Tatsache des Transzendenten Gottes angetrieben wird.

3. *Der Einfluß des Engels,* der das individualisierte Saatkorn des Bewußtseins ist, und durch dessen Vermittlung — nach gebührender Entfaltung und Empfänglichkeit des persönlichen, niederen Selbstes — die Enthüllung der Gegenwärtigkeit zustande kommen wird. Jede wahre Enthüllung befaßt sich mit der Entfaltung göttlicher Herrlichkeit auf irgendeinem Ausdrucksgebiete und legt damit Zeugnis ab für die latent verborgene Gegenwärtigkeit.

4. *Die Empfänglichkeit der intuitiven Menschen* in der ganzen Welt für die Enthüllung und für die Form, in welcher sie diese

Enthüllung den Weltdenkern darbieten. Die großen Denker sind stets die ersten, die eine neue Wahrheit würdigen und sich zu eigen machen. Die Intuitiven selbst stellen die nächste Phase der Wahrheit in verhältnismäßig reiner Form dar, wenn sie auch zur Zeit der Darbietung symbolisch verhüllt sein mag.

5. *Der Widerhall in der denkenden Welt,* den die dargebotene
177] Idee findet. Dies ist die Stelle, an der Illusion in Erscheinung tritt und Mißdeutung und Verdrehung stattfinden. Wenn diese unwahren Auslegungen der enthüllten Wahrheit lange genug angedauert und Triebkraft gewonnen haben, tragen sie zur allgemeinen Illusion bei und werden zu einem Teil davon; auf diese Weise nähren sie die Weltillusion und werden von ihr genährt. Es ist dies die im Laufe der Jahrtausende aufgebaute und entwickelte trügerische Form des Denkens, die den Glauben der Masse in so hohem Maße beherrscht. Wenn die Enthüllung diese Stufe erreicht, dann umfaßt sie die Masse der Menschen; sie betrachten diese Illusion als Wirklichkeit; sie können die Bedeutung der verschleierten, symbolisch dargestellten Enthüllung nicht begreifen, sondern verwechseln sie mit der illusorischen Darstellung; und damit wird die intuitiv wahrgenommene Enthüllung zur verzerrten, verdrehten Doktrin.

Theologische Auslegungen und Dogmen gehören in diese Kategorie; es wiederholt sich das alte Drama der von Blinden geführten Blinden, auf das Christus sich im Hinblick auf die Theologen Seiner Zeit bezog.

Die obigen Feststellungen treffen auf jede Enthüllung zu, die aus dem Lichtzentrum ihres Ursprungs hervortritt, gleichviel ob es sich um sogenannte religiöse Wahrheiten handelt oder um wissenschaftliche Entdeckungen oder um die große Norm geistiger Werte, aufgrund deren die Menschheit beider Hemisphären zu leben sucht, und deren Bedeutung und Wichtigkeit von Zeit zu Zeit um einen Schritt vorankommt.

a. *Intuition verscheucht individuelle Illusion.*

Heute haben wir einen Krisenpunkt auf dem Gebiete menschlicher Auffassungsgabe erreicht. Wir können jetzt in eine neue Ära eingehen, in der die Illusion verscheucht werden kann, und in der die Denker allmählich genau und ohne Mißverständnis das wahrnehmen können, was die Intuitiven ihnen übermitteln. Diese Feststellung bezieht sich noch nicht auf die breite Masse; es wird noch lange dauern, bis sie ohne Illusion darauf reagieren wird, denn Illusion gründet sich auf die Aktivität des niederen Denkens, Gedankenformen zu erschaffen. Die Massen sind gerade erst im Begriff, das niedere Denkvermögen zu benutzen. Illusion ist deshalb für sie ein notwendiges Stadium der Erprobung und Schulung; sie müssen es durchmachen, da sie andernfalls viel wertvolle Erfahrung versäumen und ihre Fähigkeiten kritischer Unterscheidung unentwickelt lassen würden. Diesen Gesichtspunkt sollten alle Lehrer des Okkultismus im Auge behalten. Es ist demnach wesentlich, daß die Massen über die Bedeutung der Illusion unterrichtet und dazu geschult werden, in jeder ihnen etwa dargebotenen, äußeren Darstellung einer Wahrheit stets den Kern reiner Wahrheit zu erkennen und herauszuschälen. Ebenso ist es wichtig, daß die Intuitiven der Welt lernen, die Fähigkeit geistiger Wahrnehmung, göttlicher Absonderung und dementsprechender Empfänglichkeit zu gebrauchen, zu beherrschen und zu verstehen, eine Fähigkeit, die für die Intuition charakteristisch ist. Das können sie durch Anwendung der Technik der Gegenwärtigkeit tun, aber nicht wie sie gewöhnlich gelehrt und dargestellt wird.

Vielleicht kann ich das folgendermaßen klarer machen: Diese Technik besteht in bestimmten wissenschaftlichen Arbeitsweisen oder Methoden, für welche der Aspirant schon weitgehend in den Schulen wahrer Meditation und durch die Raja Yoga Systeme vorbereitet wurde. Diese Stadien beginnen dort, wo die gewöhnlichen Formeln aufhören; sie setzen eine gewisse Geschicklichkeit in der Annäherung an den Engel oder die Seele voraus, dazu die Fähig-

Das Ende der Verblendung 199

keit, das Bewußtsein bis zu einem Fusionspunkte mit der Seele emporzuheben. Ich möchte diese Vorgänge oder Etappen wie folgt aufzählen:

1. Die Evokation oder das Stadium der Spannung; sie ist grundlegend und wesentlich. Es ist eine Spannung, die durch vollkommene Beherrschung des persönlichen Selbstes erzielt wird, so daß es „für den Kontakt mit dem Wirklichen befähigt" ist.
2. Das Erreichen eines Zustandes der Fusion mit der Seele oder mit dem Engel, der den Zutritt zum Pfade der Höheren Evolution bewacht.
3. Das beharrliche Festhalten des Denkens im Lichte der Seele, 179] eine Haltung, in der das niedere Selbst während der ganzen, übrigen Werkperiode verbleibt und wobei das Denken durch die Seele und nicht durch ein Bemühen der Persönlichkeit auf dem Spannungspunkte festgehalten wird. Die Seele besorgt dieses Festhalten, wenn das persönliche Selbst sein Möglichstes getan hat, um die erwünschte Spannung zu erzielen.

Das sind drei Anfangsstufen, auf welche die Praxis der Gleichschaltung den Schüler der höheren Mysterien vorbereitet haben sollte. Diese Stadien müssen jedem Bemühen vorausgehen, die Intuition zu entwickeln und das mag einige Monate (oder sogar Jahre) sorgfältiger Vorbereitung erfordern. Feuer ist das Symbol des Denkens, und dies sind die drei ersten Stufen der Agni Yoga Disziplin oder des Yoga des Feuers, auf die der Raja Yoga den Schüler vorbereitet hat.

Darauf folgen sechs weitere Stufen in der Technik, die gründlich verstanden werden müssen; sie bilden die Grundlage für anhaltende Betrachtung und gedankliche Vertiefung, die nicht zu festgesetzten Zeiten, sondern inmitten der täglichen Obliegenheiten und Pflichten des Alltags vorzunehmen sind. Der geschulte Intuitive oder Jünger lebt stets ein Doppelleben weltlicher Betätigung und gleichzeitig intensiver, geistiger Vertiefung. Das wird das Hauptmerkmal des westlichen Jüngers sein, im Gegensatz zum östlichen Jünger, der sich aus dem Leben in stille Stätten zurückzieht, hinweg vom Zwang des Alltages und von der ständigen Berührung mit anderen. Die Aufgabe des westlichen Jüngers ist eine viel härtere, aber das, was er sich selbst und der ganzen Welt beweist, wird dementsprechend höher zu bewerten sein. Das steht zu erwarten, wenn der Evolutionsvorgang überhaupt einen Sinn hat. Die westlichen Rassen müssen zu geistiger Vorherrschaft vorwärts schreiten, ohne dadurch den Beitrag des Ostens zu entwerten; das Walten des Gesetzes der Wiedergeburt bietet den Schlüssel dazu und beweist praktisch diese Notwendigkeit. Die Flut des Lebens bewegt sich 180] so wie die Sonne von Osten nach Westen; und diejenigen, welche in vergangenen Jahrhunderten die Tendenz des östlichen Mystizismus bestärkt haben, müssen jetzt die Eigenart des westlichen Okkultismus betonen. Deshalb müssen den drei vorhergenannten Stadien die weiteren folgen. Wir wollen sie fortlaufend numerieren, denn was ich hier vorschlage, ist eine Formel für eine vorgeschrittenere meditative Einstellung. Ich sage Formel, nicht Form.

4. Ein bestimmtes und anhaltendes Bemühen, die Gegenwärtigkeit im ganzen Universum in allen Formen und in allen Darstellungen der Wahrheit zu erspüren. Man könnte es auch so ausdrücken: „das Bemühen, den Keim oder Samen des Göttlichen herauszufinden, der alle Formen ins Dasein gebracht hat." Ich möchte darauf hinweisen, daß damit nicht die Erreichung einer liebevollen Haltung und einer sentimentalen Einstellung gegenüber allen Menschen und Lebenslagen gemeint ist. Das ist die mystische Art, die zwar im Leben des Jüngers nicht verneint werden soll, jetzt aber für das erfolgreiche Vorwärtskommen nicht mehr aktuell ist. Vielmehr handelt es sich hauptsächlich um das Bemühen, *in dem vom Engel ausgestrahlten Lichte* den Lichtpunkt hinter allen phänomenalen Erscheinungen zu erschauen. Das bedeutet also die Übertragung der mystischen Vision auf die höheren Stufen des Gewahrseins. Es ist nicht die

Vision der Seele, sondern die Vision oder das geistige Erspüren einer Enthüllung, bei der das Licht der Seele behilflich sein kann. Das im persönlichen Selbst flackernde Seelenlicht hat den Jünger befähigt, die Vision der Seele zu erschauen und in diesem Lichte, wenn auch nur vorübergehend, die Vereinigung mit der Seele zu erlangen. Jetzt vereinigt sich das größere Licht der Seele wie eine strahlende Sonne zu einem Brennpunkte und enthüllt seinerseits eine noch erstaunlichere Vision — die der Gegenwärtigkeit, die der Engel verbürgt oder verheißt. Gleichwie das Licht des Mondes dafür bürgt, daß das Licht der Sonne existiert, so verbürgt das Licht der Sonne ein zwar ungeahntes, aber noch größeres Licht.

181] 5. Hat man die Gegenwärtigkeit — nicht bloß theoretisch, sondern in einer auf ihre Existenz reagierenden Schwingung — verspürt, dann folgt die nächste Stufe: die Ermittlung des großen Planes oder Vorhabens. Die Hoffnung, an dem Vorhaben regsten Anteil nehmen zu können, liegt selbst für den Eingeweihten unterhalb des Meisterranges noch in weiter Ferne. Mit dieser (für uns) unerreichbaren Stufe beschäftigen wir uns nicht. Wir befassen uns aber mit dem Bemühen, das verstehen zu lernen, was die hohe Absicht jeweils im evolutionären Zyklus mit Hilfe einer Form zu verkörpern sucht. Das ist möglich und ist seit altersher denen gelungen, die sich dem Wege der Höheren Evolution in der richtigen Weise genähert und darüber gebührend nachgesonnen haben. Dieser Weg wird dem Jünger enthüllt, wenn er auch vielleicht nichts mit der intuitiven Botschaft zu tun hat, die der Jünger von seiner hohen Erfahrung mitbringen mag.

6. Dann trägt er irgendein Weltproblem oder einen Plan, den sein Denken entworfen oder sein Herz zugunsten der Menschheit ersehnt hat, in das hinein, was man esoterisch als „das dreifache Licht der Intuition" bezeichnet. Dieses Licht entsteht aus der Vereinigung des im Denken konzentrierten Lichtes des persönlichen Selbstes, des im Engel konzentrierten Lichtes der Seele

und des von der Gegenwärtigkeit ausgehenden All-Lichtes. Wenn diese Vereinigung durch Konzentration und lange Übung mit Leichtigkeit erlangt wird, bringt sie zwei Wirkungen hervor:

a. Im erwartungsvollen Denken des Jüngers (welches nach wie vor das Empfangsinstrument bleibt) dämmert plötzlich die Lösung seines Problemes auf, die Erkenntnis der Erfordernisse, die das Los der Menschheit erleichtern könnten und die erwünschte Auskunft, deren Anwendung irgendeine Tür auf dem Gebiet der Wissenschaft, Psychologie oder Religion aufschließen wird. Diese geöffnete Tür wird vielen Menschen Hilfe oder Erleichterung bringen. Wie ich bereits erwähnt habe, befaßt sich die Intuition niemals mit individuellen Problemen oder Fragen, wie so viele bloß auf sich selbst eingestellte Aspiranten denken. Sie ist rein unpersönlich und nur auf die Menschheit im synthetischen Sinne anwendbar.

b. Der „eindringende Lichtvermittler" (wie der *Alte Kommentar* diese wagemutigen Intuitiven nennt) wird als jemand anerkannt, dem irgendeine Enthüllung, eine Neuausgabe der Wahrheit, eine bedeutsame Erweiterung eines der Menschheit bereits mitgeteilten Wahrheitskernes anvertraut werden kann. Er sieht dann eine Vision, hört eine Stimme, vernimmt eine Botschaft oder wird — im allerhöchsten Falle — zum Mittler von Kraft und Licht für die Welt, zur bewußten Verkörperung der Göttlichkeit oder zum Treuhänder eines göttlichen Prinzips. Von solcher Art sind wahre, mitgeteilte oder verkörperte Enthüllungen; sie kommen noch selten vor, werden sich aber in zunehmender Anzahl innerhalb der Menschheit entwickeln.

7. Die nächsten paar Stadien heißen, in Vorbereitung auf die Enthüllung:

a. Das Verlassen des Höheren Weges.
b. Die Rückkehr zum Engel, oder eine erneute Polarisierung innerhalb der Seele.

c. Eine Pause oder Unterbrechung zum konstruktiven Nachdenken unter dem Einfluß des Engels.

d. Die Hinwendung des Denkvermögens auf die Formulierung jener Gedankenformen, die die Enthüllung verkörpern müssen.

e. Dann wiederum eine Pause, die sogenannte „Pause, die der Darstellung vorangeht."

8. Darauf folgt die Darstellung der Enthüllung oder der mitgeteilten Wahrheit und ihr Niederschlag in der Welt der Illusion. In dieser Welt der Illusion erleidet sie die „Feuerprobe", wobei „ein Teil des im Enthüllten vorborgenen Feuers den Rückflug zur Quelle seines Ursprunges antritt; ein Teil dient dazu, den Enthüller zu zerstören und ein anderer dazu, diejenigen zu versengen, die die Enthüllung erkennen." Dies ist eine Phase des Agni Yoga, die natürlich nur auf diejenigen zutrifft, welche über den Engel hinaus zu der Stätte vorzudringen vermögen, „wo das Feuer weilt" und wo Gott, die Gegenwärtigkeit, als ein verzehrendes Feuer waltet und auf die Stunde der Gesamtenthüllung wartet. Dies ist eine symbolische Wiedergabe einer großen Wahrheit. Im Falle des einzelnen Eingeweihten kennzeichnet die dritte Einweihung, die Verklärung, die Vollendung dieses Vorganges. Nur Herrlichkeit ist dann sichtbar, nur die Stimme der Gegenwärtigkeit ist vernehmbar, und die Einswerdung mit der Vergangenheit, der Gegenwart und der Zukunft ist erreicht.

9. Schließlich unterliegt die Enthüllung der vorherrschenden Illusion, sinkt in die Welt der Verblendung hinab, verschwindet als Offenbarung oder Enthüllung und taucht wieder als Doktrin auf. In der Zwischenzeit hat jedoch die Menschheit Hilfe bekommen und ist vorwärts geführt worden; die Intuitiven setzen ihr Werk fort und das Hereinströmen dessen, was zu enthüllen ist, versiegt nie.

Diese grundlegende Technik gilt sowohl für primäre als auch für sekundäre Enthüllungen. Im ersten Falle ist der Zeitzyklus ein langer, im zweiten ist er ein kurzer. Ein sehr gutes Beispiel für eine sekundäre Enthüllung war die Lehre, die vor fünfzig Jahren von der Hierarchie, dem Treuhänder sekundärer Enthüllungen (Shamballa ist Treuhänder primärer Enthüllungen) ausging und die die Form der *Geheimlehre* annahm. H. P. B. war in diesem Falle die „eindringende, sich einfühlende und Besitz ergreifende Intuitive." Die von ihr vermittelte Enthüllung nahm den gewohnten Verlauf aller sekundären Enthüllungen von der Quelle bis zur äußeren Ebene. Dort wurde sie durch das von Illusion umschleierte und von Verblendung umwölkte Denken der Menschen zu einer starren Doktrin umformuliert, die keine weitere Enthüllung anerkennt; und viele theosophische Gruppen behaupten und bleiben hartnäckig dabei, daß die *Geheimlehre* eine endgültig letzteEnthüllung war, **184]** daß nur dieses Buch anzuerkennen sei, und daß nur ihre Auslegungen dieses Buches als richtig anzusehen seien. Wenn sie recht haben, dann ist die evolutionäre Enthüllung beendet, und die Menschheit befindet sich in der Tat in einer schwierigen Lage.

Selbst der Neuling auf dem Pfade der Intuition kann die Kraft in sich entwickeln, das zu erkennen, was das niedere Denkvermögen ihm nicht geben kann. Irgendein Gedanke, der eine Wirkungskraft aufzeigt und dem Wohle vieler Menschen dienen kann, mag in seinem Denken auftauchen; irgendeine neue Erhellung einer alten, alten Wahrheit mag sich durchringen, die die Wahrheit von den Fesseln der Orthodoxie loslöst und damit sein Bewußtsein erleuchtet. Er muß diese Erkenntnisse weitergeben, nicht bloß für sich selbst benutzen. Nach und nach findet er den Weg in die Welt der Intuition; Tag für Tag und Jahr für Jahr wird er für die göttlichen Ideen empfänglicher und immer fähiger, sie weise zum Nutzen seiner Mitmenschen anzuwenden.

Die Hoffnung der Welt und die Zerstreuung der Illusion liegt in der Entwicklung der Intuitiven und in ihrer bewußten Ausbildung. Es gibt viele geborene Intuitive, deren Wirken eine Mischung von höherem Psychismus mit Lichtblitzen wahrer Intuition darstellt. Neben ihrer intuitiven Empfänglichkeit und ihrem Bemühen, ihre Intuition in die menschliche Gedankenwelt herunter zu bringen, muß es zu einer parallelen Entwicklung des menschlichen Denkvermögens kommen, damit es die Enthüllung erfassen und verstehen kann; und hierin liegt ebenfalls die Hoffnung der Menschenrasse.

b. *Gruppenintuition zerstreut Weltillusion.*

Heute ist die Welt voll von Illusionen, von denen sich viele in Gestalt von Idealismen verschleiern; sie ist voll von wunschbedingtem Denken und Planen, und wenn auch vieles davon grundsätzlich richtigen Zielen zustrebt und den festen Entschluß der intelligenten Oberschicht ausdrückt, bessere Lebensbedingungen für die 185] gesamte Weltbevölkerung zu schaffen, so ergibt sich doch die Frage: Enthält dieses gesamte wunschbedingte Denken ein hinreichendes Maß an wirksamer, dynamischer Lebenskraft, um es zu physischer Manifestation und tatsächlicher Auswirkung herunterzubringen und damit den Erfordernissen gerecht zu werden? Ich möchte darauf hinweisen, daß die beiden größten Enthüllungs-Vermittler, Die innerhalb der letzten dreitausend Jahre auf die Erde kamen, der Menschheit folgende einfache Enthüllungen verkündet haben:

1. Wünschen und persönlicher Eigennutz sind die Ursachen allen menschlichen Leidens. Gib deine Wünsche auf und du wirst frei sein.
2. Es gibt einen Weg der Befreiung, und er führt zur Erleuchtung.
3. Es nützt einem Menschen nichts, die ganze Welt zu gewinnen und seine Seele zu verlieren.
4. Jedes Menschenwesen ist ein Sohn Gottes.
5. Es gibt einen Weg der Befreiung: es ist der Weg der Liebe und des Opfers.

Das Leben dieser Enthüller war eine symbolische Darstellung dessen, was Sie lehrten; und der Rest Ihrer Lehren nur eine Erweiterung Ihrer Kerngedanken. Ihr Beitrag war ein wesentlicher Bestandteil der Gesamtenthüllung der Zeitalter, die die Menschen vom Urzustande ihres Daseins bis zur komplizierten Struktur moderner Zivilisation geführt hat. Man kann diese Gesamtenthüllung als die Enthüllung des Pfades bezeichnen, der aus der Formgestalt heraus zum Mittelpunkt allen Lebens führt. Die Reinheit dieser Enthüllung wurde zu allen Zeiten von einer kleinen Handvoll von Jüngern, Eingeweihten und wahren Esoterikern gewahrt, die stets auf Erden zugegen waren, um die Einfachheit dieser Lehre zu verteidigen, um nach denen auszuschauen, die den Kern oder Saatgedanken der Wahrheit erkennen und darauf reagieren konnten, und um Menschen zu Ihren Nachfolgern auszubilden und dafür zu schulen, den Weg intuitiver Wahrnehmung zu beschreiten. Eine der Hauptaufgaben der Hierarchie besteht darin, Menschen auszufinden, die für Enthüllung empfänglich sind und deren Denken so geschult ist, **186]** daß sie auftauchende Wahrheiten in der Weise formulieren können, daß sie das Gehör der Weltdenker in relativ unverzerrter Form erreichen. Jede Enthüllung verliert jedoch etwas von ihrer göttlichen Klarheit, sobald sie in Worte oder Wortformen gekleidet wird.

Viele Enthüllungen der Vergangenheit kamen meistens als Eingebungen auf religiösem Gebiet; und in dem Maße, wie die Illusion sich mit der Zeit vertiefte und verstärkte, ging die ursprüngliche Einfachheit (wie sie von ihren Enthüllern übermittelt worden war) verloren. Alle grundlegenden Enthüllungen werden in den einfachsten Formen dargeboten. Zusatz um Zusatz schlich sich ein; menschliches Denken komplizierte die Lehre durch mentale Dissertationen, bis die großen theologischen Systeme aufgebaut wurden, die wir beispielsweise die Christliche Kirche und das Buddhistische System nennen. Ihren Gründern würde es schwerfallen, darin die zwei oder drei grundlegenden und göttlichen Tatsachen oder Wahrheiten wiederzuerkennen, welche Sie zu enthüllen und zu betonen suchten; so groß ist der Mantel der Illusion, mit dem die einfachen Aussprüche Christi und Buddhas überdeckt worden sind. Die Riesenkathedralen und prunkvollen Zeremonien der Orthodoxen sind weit entfernt von der bescheidenen Lebensart Christi, des Meisters aller Meister und des Lehrers der Engel sowohl als auch der Menschen, weit entfernt auch von der Einfachheit Seines gegenwärtigen Lebens; Er beobachtet und wartet darauf, daß die Seinen den einfachen Weg geistiger Erkenntnis wiederfinden.

So groß war und ist die Illusion, daß die Menschen im Westen heute von der „weltlichen Macht der Katholischen Kirche" sprechen; die Protestantischen Kirchen sind in Parteien zerspalten, die sich untereinander bekämpfen; die Kirche der Christlichen Wissenschaft ist bekannt für ihre Fähigkeit, Geld anzuhäufen und ihre Anhänger zu lehren, ein Gleiches zu tun und eine zeitweilige, gute Gesundheit zu erlangen; die Griechisch-Orthodoxe Kirche war durch und durch verfault, und nur der einfache Glaube der Unkultivierten und der Armen hat ein wenig von der Wahrheit in ihrer ursprünglichen, einfachen Form bewahrt. Sie haben keinen Sinn für
187] hochtrabende, theologische Diskussionen, aber sie glauben fest daran, daß Gott Liebe ist — einfach Liebe —, daß es einen Weg gibt, der zu Frieden und Licht führt und daß sie Gott gefällig sind, wenn sie ihre eigenen, materiellen Wünsche aufgeben. Ich weiß, lieber Bruder, daß ich damit in hohem Maße verallgemeinere, denn ich weiß auch, daß es innerhalb der theologischen Systeme weise und gute Christen und Geistliche gibt; sie verbringen ihre Zeit aber nicht in theologischen Diskussionen, sondern damit, daß sie ihre Mitmenschen lieben, und das tun sie, weil sie Christus lieben und das, wofür Er Sich einsetzt. Sie sind nicht daran interessiert, große Kirchen aus Stein und Marmor zu erbauen und das für die Instandhaltung notwendige Geld einzusammeln; ihr Bestreben geht dahin, diejenigen um sich zu scharen, die die wahre Kirche auf der inneren, geistigen Ebene bilden und ihnen zu helfen, im Lichte zu wandeln.

Die Illusion der Macht, die Illusion der Überlegenheit befleckt sie nicht. Wenn einmal die Weltkrise vorüber ist, werden Geistliche allerorten nicht ruhen, bis sie Mittel und Wege finden, um die Illusion von Doktrin und Dogma, in der sie tief versunken sind, zu durchdringen und zu Christus und Seiner einfachen Botschaft zurückzufinden, die die Kraft in sich birgt, die Welt zu erlösen, wenn sie nur erkannt und angewandt wird.

Seit der Zeit Christi ist der Welt viel wahre Enthüllung auf dem Gebiete der Wissenschaft zuteil geworden. Die wissenschaftliche Feststellung zum Beispiel, daß materielle Substanz im wesentlichen nur eine Form von Energie ist, war eine ebenso große Enthüllung, wie irgendeine, die Christus oder Buddha gebracht hatte. Sie veränderte das menschliche Denken von Grund auf und bedeutete — so wenig man das auch meinen mag — einen empfindlichen Stoß gegen die Große Illusion. Sie brachte Energie mit Kraft, Form mit Leben und den Menschen mit Gott in Beziehung, und sie birgt das Geheimnis der Umformung, Verwandlung und Verklärung. Soweit die Enthüllungen der Wissenschaft grundlegend und wesentlich neu sind, sind sie genau so göttlich wie die der Religion; aber beide wurden zur Befriedigung menschlicher Bedürfnisse mißbraucht. Wir stehen unmittelbar vor einer Zeit, in der die Wissenschaft alles daran setzen wird, um die Wunden der Menschheit zu heilen und eine bessere und glücklichere Welt zu erschaffen.

Obwohl die Enthüllungen der Wissenschaft oft durch einen einzelnen Menschen, einen Mann oder eine Frau, in die Erscheinung treten, sind sie doch eigentlich mehr das Resultat eines Gruppenbemühens oder einer geschulten Gruppenbetätigung, als die sogenannten Enthüllungen der Religion. Eine Enthüllung erfolgt demnach auf zweierlei Art:

1. Durch angestrengtes Bemühen, durch Aspiration und die Errungenschaft eines einzigen Menschen, der der Hierarchie so nahe steht und von bewußter Göttlichkeit so durchdrungen ist, daß er die Botschaft direkt aus der zentralen, göttlichen Quelle schöpfen kann. Er ist in die Reihen der Großen Intuitiven eingetreten

und wirkt frei in der Welt göttlicher Ideen. Er kennt klar Seine Mission; Er wählt Sein Tätigkeitsgebiet aus eigenem Entschluß und sondert die Wahrheit oder die Wahrheiten heraus, die Er als dem Bedürfnis der Zeit angemessen erachtet. Er tritt hervor als ein Botschafter des Allerhöchsten, führt ein dramatisches und Aufsehen erregendes Leben des Dienstes an der Allgemeinheit und symbolisiert an den Ereignissen Seines Lebens gewisse Grundwahrheiten, die zwar schon enthüllt worden waren, die Er aber erneut versinnbildlicht. Er faßt die Enthüllungen der Vergangenheit in Sich zusammen und fügt ihnen Seinen eigenen Beitrag als neue Enthüllung hinzu, die Er der Welt darbietet in Erfüllung Seiner Mission.

2. Durch das angestrengte Bemühen einer Gruppe von Suchern, wie z. B. von wissenschaftlichen Forschern in jedem Lande, die *alle zusammen* nach Licht suchen zur Erhellung der Probleme der Erscheinungswelt oder nach Mitteln zur Linderung menschlicher Not, kommt es zu einer Enthüllung. Auf den Flügeln ihres noch nicht klar erkannten Strebens trägt das Bemühen einer solchen Gruppe oft einen einzelnen Menschen zu solcher Höhe empor, daß er in die Welt göttlicher Ideen eindringen und dort ein langersehntes Heilmittel oder einen Schlüssel finden kann, so daß er intuitiv ein seit langem gesuchtes Geheimnis entdeckt. Wenn es

189] eine Entdeckung ersten Ranges ist, dann ist sie eine ebenso große Enthüllung, wie die von den Weltlehrern dargebotenen Wahrheiten. Wer kann sagen, daß die Feststellung, daß Gott Liebe ist, mehr Wert hat, als die Feststellung, daß alles Energie ist?

Der Weg, den die Enthüllung dann einschlägt, ist in beiden Fällen der gleiche, und die Illusion überwältigt beide Formen der Enthüllung; aber — und darüber sollte man eingehend nachdenken — um die Enthüllungen der Wissenschaft häuft sich etwas weniger Illusion an, als um die Enthüllungen, die von der Menschheit die eigentlichen, geistigen Wahrheiten genannt werden. Ein Grund dafür liegt in der Tatsache, daß die letzte große geistige Enthüllung von Christus vor zweitausend Jahren ausgegeben wurde, und daß sich seither das menschliche Denken und seine Empfänglichkeit für Wahrheit erheblich weiterentwickelt hat. Die Enthüllungen der Wissenschaft sind, wie gesagt, im wesentlichen auf eine Gruppenanspannung zurückzuführen, die am Ende in einem intuitiven Empfänger ihren Brennpunkt findet; dadurch wird die Enthüllung geschützt.

Während die Menschheit die Enthüllung erwartet, die den Gedanken, Träumen und konstruktiven Zielen des Neuen Zeitalters Ausdruck geben wird, kommt das Verlangen heute erstmalig vonseiten einer großen Gruppe von intuitiv veranlagten Menschen. Ich sagte absichtlich nicht von Intuitiven, Bruder von altersher. Diese Gruppe ist heute so groß, ihr Ziel so eindeutig und ihr Verlangen so deutlich hörbar, daß es ihr möglich ist, die Absicht der breiten Masse in sich zusammenzufassen. Jede in der nahen Zukunft etwa zu erwartende Enthüllung wird deshalb besser als irgendeine vorhergehende „vom Geiste des Verstehens gesichert sein." Das ist die Bedeutung der Worte des *Neuen Testamentes,* daß „jedes Auge Ihn sehen wird"; die Menschheit als Ganzes wird den *Einen* Enthüller erkennen. In vergangenen Zeitaltern ist der Botschafter aus der Höhe nur von ein paar wenigen Menschen erkannt und ihnen bekannt geworden und es brauchte Jahrzehnte und manchmal Jahrhunderte, bis Seine Botschaft in die Herzen der Menschheit eindrang.

190] Auch dürfte die Spannung unserer Tage und ein besser entwickeltes Verständnis für relative Werte, sowie eine erzwungene Rückkehr zur Einfachheit des Lebens und seiner Bedürfnisse die kommende Enthüllung davor bewahren, daß sie gar zu schnell im Feuer der *Großen Illusion* untergeht.

Aus obigem geht hervor, daß der Jünger und der Eingeweihte, der sich mit Weltfragen, Bewußtseinszuständen und Situationen in den drei niederen Welten befaßt, stets von oben nach unten vorgeht. Diese Methode bedeutet in Wirklichkeit eine Wiederholung des involutionären Kreisbogens, auf welchem — von einer günstigen, außerhalb gelegenen Beobachtungsstelle aus, gleich der des Schöpfers — Energie, Kraft und Kräfte in die Erscheinungswelt hineingelenkt werden und dort bestimmte Wirkungen auf die Substanz der drei Ebenen ausüben. Das ist ein Punkt, den man sich sorgfältig einprägen sollte; und gerade deshalb muß die Technik der Gegenwärtigkeit jeweils vor jeder anderen Technik Anwendung finden. Sie stellt die Verbindung mit dem richtungweisenden, geistigen Vermittler her und ermöglicht es dem Jünger, die Haltung des lösgelösten Beobachters und Mitarbeiters am Plan einzunehmen. Wenn diese Technik richtig befolgt wird, bringt sie die Intuition zur Auswirkung, und die Welt der Bedeutung (die hinter der Erscheinungswelt liegt) steht ohne Hülle da und zerstreut damit die Illusion. Man sieht und erkennt Wahrheit, wie sie ist. Formen in der äußeren Erscheinungswelt („äußeren" vom Standpunkte der Seele aus und deshalb die drei Welten unseres vertrauten Alltagslebens umfassend) werden als bloße Symbole einer inneren, geistigen Wirklichkeit erkannt.

2. DIE TECHNIK DES LICHTES

Wir kommen damit zur Betrachtung der nächsten Entwicklung und des Dienstes, der vermittels einer anderen Technik zu leisten ist.

Dieses Thema ist so umfangreich, und in allen Heiligen Schriften der Welt, in Kommentaren und theologischen Abhandlungen ist so **191]** viel über Licht geschrieben worden, daß die einfache Wahrheit und einige wenige Grundprinzipien im Geschwirr von Worten verschwinden.

In meinen verschiedenen Büchern habe ich mich viel mit diesem Gegenstand befaßt; in dem Buche *Der Yoga-Pfad*, das ich in Zusammenarbeit mit A. A. B. schrieb, wurde der Versuch gemacht, das Wesen des Lichtes der Seele darzustellen. Der Schlüssel zu dieser Technik liegt in den Worten: In jenem Lichte werden wir

LICHT sehen. Man könnte diese anscheinend abstrakten und symbolischen Worte einfacher wie folgt wiedergeben: Wenn der Jünger dieses erleuchtete Zentrum in sich gefunden hat und in dessen strahlendem Lichte einhergehen kann, dann ist er in der Lage (oder in einem Bewußtseinszustand, wenn man das vorzieht), das Licht in allen Formen und Atomen wahrzunehmen. Die innere, wirkliche Welt wird ihm als Licht-Substanz sichtbar (was etwas anderes ist als die von der Intuition enthüllte, eigentliche Wirklichkeit). Er kann dann zum wirksamen Mitarbeiter am Plan werden, weil die Welt psychischer Bedeutung für ihn wirkliche Gestalt annimmt und weil er weiß, was getan werden sollte, um Verblendung zu zerstreuen. Man könnte sagen, daß dieses Hineinbringen von Licht in die dunklen Stätten naturgemäß in drei Etappen vor sich geht:

1. Im ersten Stadium ist der Anfänger und der Aspirant bestrebt, durch das Licht des Denkvermögens die Verblendung aus dem eigenen Leben auszumerzen. *Das Licht des Wissens* ist in den Anfangsstadien dieses Bemühens ein Hauptwerkzeug zur Zerstreuung, denn es beseitigt wirksam die verschiedenen Verblendungen, die die Wahrheit vor dem Aspiranten verschleiern.
2. Im zweiten Stadium macht der Aspirant und der Jünger vom Licht der Seele Gebrauch. Dies ist das *Licht der Weisheit*, das Resultat der Ausdeutung langer Erfahrungen; dieser Lichtstrom vereinigt sich mit dem Lichte des Wissens.
3. Im dritten Stadium wirkt der Jünger und der Eingeweihte mit dem *Licht der Intuition*. Vermittels des vereinten Lichtes des Wissens (des Persönlichkeitslichtes) und des Lichtes der Weisheit (Seelenlichtes) kann das Licht gesehen, erkannt und benutzt werden. Durch den reinen Glanz seiner Stärke bringt es die geringeren Lichter zum Verlöschen.

Wir haben also das Licht des Wissens, das Licht der Weisheit und das Licht der Intuition, und dies sind die drei deutlichen Grade oder Aspekte des Einen Lichts. Sie entsprechen der physischen

Sonne, dem Herzen der Sonne und der zentralen Geistigen Sonne. In diesem letzten Satz liegt der Schlüssel zur Beziehung des Menschen zum Logos.

Diese Stufen und die ihnen entsprechenden Techniken können leicht mißverstanden werden, wenn der Schüler vergißt, daß es keine wirklichen Grenzlinien zwischen ihnen gibt, sondern daß sie dauernd übereinandergreifen, sich zyklisch entwickeln und sich fortlaufend verschmelzen; das ist für den Anfänger höchst verwirrend. So wie das angeborene Reagieren auf die Umwelt den dafür erforderlichen Kontakt-Apparat erschafft, genau so führt auch die Entwicklung der durch diese dreifache Technik zu erwerbenden Kräfte zu Kontaktmöglichkeiten mit verschiedenen seelischen und geistigen Bereichen. Jede einzelne Technik bezieht sich auf eine neue Umwelt; jede entwickelt am Ende Kräfte im Eingeweihten oder im Jünger, die im Dienste an der Menschheit und in höheren Sphären göttlicher Betätigung benutzt werden können; jede Technik steht mit den beiden anderen in Beziehung, und eine jede bringt den Jünger in eine bewußte Verbundenheit mit einer neuen Umwelt, mit neuen Zuständen des Gewahrseins und neuen Dienstbereichen. Zum Beispiel:

1. Die erfolgreich angewandte Gegenwärtigkeit ermöglicht es der Intuition, einzuströmen, die Stelle der rationalistischen Denktätigkeit zu übernehmen und die Illusion dadurch zu zerstreuen, daß sie diese Illusion durch göttliche Ideen ersetzt, aus denen Begriffe gebildet werden, die wir Ideale nennen. Bekanntlich benutzen die Meister das Denken nur für zwei Tätigkeiten:

193] a. Um das Denken Ihrer Jünger zu erreichen und Aspiranten mit Hilfe eines Werkzeuges heranzuziehen, das dem Denkvermögen des Jüngers ähnelt.

b. Um auf konkreten Ebenen Gedankenformen zu erschaffen, die diese göttlichen Ideen verkörpern können. Der richtungweisende Vermittler, der Engel der Gegenwärtigkeit, erzeugt die

Kraft, in dieser Weise zu erschaffen, und das nennen wir das Ergebnis der Intuition — Idee oder Wahrheit, ihre Wahrnehmung und ihre Reproduktion.

2. *Die Technik des Lichtes* steht in engerer Beziehung zum Denken. Nach dieser Methode kann die Erleuchtung, welche aus der Seele strömt (die ihrem Wesen nach Licht ist), nicht nur Ideale, sondern auch das Leben, die äußeren Umstände und Ereignisse durchstrahlen, so daß sie die Ursache und die Bedeutung der Erfahrung enthüllt. Sobald der Jünger begreift, daß er die Kraft besitzt, zu erleuchten, hat er den ersten Schritt zur Zerstreuung der Verblendung getan; so wie die Technik der Gegenwärtigkeit auf der Mentalebene wirksam wird, genau so erzeugt diese Technik des Lichtes Kräfte, die auf der Astralebene wirksam werden und schließlich die Zerstreuung und das gänzliche Verschwinden dieser Ebene erzielen können.

3. *Die Technik der Indifferenz* macht den Einfluß unwirksam oder unschädlich, den die Substanz auf das Leben oder den Geist in den drei Welten ausübt, denn die Seele ist das Beweismittel des Lebens.

Im Zusammenhang mit dieser zweiten Technik möchte ich deshalb der Bibel ein paar Worte entnehmen und dabei das Wort „Licht" anstelle von „Glaube" setzen. Ich gebe folgende Definition: *Licht ist die Substanz der erhofften Dinge, der Beweis für die unsichtbaren Dinge.**) Dies ist vielleicht eine der okkultesten Definitionen des Lichtes der Welt, die bislang ausgegeben wurden, und es besteht die Absicht, ihre wahre Bedeutung in den nächsten zwei Generationen zu enthüllen. Das Wort „Glaube" ist ein gutes Beispiel dafür, wie einige der alten Wahrheiten „abgeblendet" werden, damit ihre Bedeutung nicht vor der Zeit enthüllt werde. Licht und Substanz sind synonyme Begriffe. Das Gleiche gilt von Seele und Licht, und in dieser Ideengleichheit — Licht, Substanz, Seele — liegt der Schlüssel zur Fusion und zur Einswerdung, die

---
*) vgl. Ebräer 11, 1

Christus uns in Seinem Erdenleben in so vollem Maße vor Augen geführt hat.

Wenn also Schüler und Aspiranten in ihrer Fühlungnahme mit der Seele Fortschritte gemacht haben, dann haben sie die ersten, wichtigen Schritte getan, um das Licht und dessen Anwendungen zu verstehen. Sie müssen sich jedoch davor hüten, das Licht, das ihnen das Verstehen des Lebens, der Umstände, Ereignisse und der Umwelt möglich macht, nicht mit der Intuition zu verwechseln. Das Licht, mit dem wir uns befassen, bekundet sich in den drei Welten und enthüllt Form und Formen, deren Reaktionen und Ergebnisse, deren Blendung und Verlockung sowie deren Macht, das Bewußtsein irre zu leiten und gefangen zu halten. Das betreffende Licht ist Seelenlicht, welches das Denken erleuchtet und zur Enthüllung der Formenwelt führt, in der das Leben versunken ist.

Die Intuition befaßt sich ganz und gar nicht mit den drei Welten menschlicher Erfahrung, sondern allein mit den Wahrnehmungen der Geistigen Triade und mit der Welt der Ideen. *Die Intuition verhält sich zur Welt der Bedeutung wie das Denken zu den drei Erfahrungswelten.* Sie bewirkt Verstehen, genau so wie das Seelenlicht aufgrund von Erfahrung Wissen hervorruft. Wissen ist nicht eine rein mentale Rückwirkung, sondern etwas, was auf allen Entwicklungsstufen anzutreffen und in Form von Instinkten in allen Naturreichen vorzufinden ist. Das bedarf keines Beweises. Die fünf Sinne vermitteln Wissen auf der physischen Ebene; psychische Empfänglichkeit verschafft einen Einblick in die Astralebene; das Denken bringt intellektuelle Wahrnehmung, aber alle drei sind Aspekte des (von der Seele herkommenden) Lichtes des Wissens, denn die Seele, die sich zum Zwecke der Entfaltung einzukerkern 195] beschlossen hat, durchdringt ja alle ihre Manifestationshüllen in den drei Welten.

Auf einer höheren Spiralwindung ist die Intuition das Ausdrucksmittel der dreifältigen Geistige Triade, wodurch sie zu den höheren Bereichen göttlicher Wesensäußerung in Beziehung tritt; sie ist ein Ergebnis des Lebens der Monade — einer Energie, die

die Enthüllung göttlicher Absicht mit sich bringt. In der Welt dieser göttlichen Enthüllung lernt der Jünger schließlich zu wirken, und dort ist der Eingeweihte mit vollem Bewußtsein aktiv. Das tätige Leben der drei Welten ist ein verzerrter Ausdruck dieser höheren Erfahrung, aber es bildet gleichzeitig das Ausbildungsgelände, auf dem langsam die Fähigkeit entwickelt wird, *als Eingeweihter ein Leben intuitiver Wahrnehmung zu führen und dem Plan zu dienen.* Diese Unterscheidungen (die nur in Zeit und Raum bestehen, denn alle Unterscheidungen sind ein Teil der Großen Illusion, obwohl sie notwendig und unvermeidlich sind, solange das Denken vorherrscht) müssen sorgfältig in Betracht gezogen werden. Jünger werden in ihrer Entwicklung einen Punkt erreichen, wo sie wissen, ob sie auf das Licht der Seele oder auf die intuitive Wahrnehmung der Triade reagieren. Sie werden sich dann darüber klar werden, daß intuitive Wahrnehmung — wie sie sie nennen — nur die Reaktion der erleuchteten Persönlichkeit auf die Tendenz der Triade ist, wesenseins zu werden. Diese Begriffe liegen jedoch jenseits der Auffassungsgabe des Durchschnittsmenschen, weil Fusion und Wesenseinswerden keineswegs das Gleiche sind.

Die Regeln für die Technik des Lichtes sind im Raja-Yogasystem von Patanjali hinreichend festgelegt und in den fünf Stadien der Konzentration, Meditation, Kontemplation, Erleuchtung und Inspiration erläutert worden; gleichzeitig müssen aber auch die Fünf Regeln und die Fünf Gebote befolgt werden. Der Aspirant sollte diese gründlich studieren. Sie führen dann zu den zahlreichen Ergebnissen auf dem Gebiete psychischer Empfänglichkeit, wie z. B. Kontakt mit der Hierarchie, Erleuchtung, Dienen und Disziplin, **196]** und zuletzt zum Stadium des „abgeschiedenen Einsseins"; mit diesem paradoxen Ausdruck beschreibt Patanjali das Innenleben des Eingeweihten.

Das meiste von dem, was ich oben gesagt habe, ist allen Aspiranten wohlbekannt, ob sie nun die Raja-Yogalehre Indiens oder das Leben der praktischen Mystik studieren, wie es von Mystikern wie Meister Eckhart und den mehr mental polarisierten modernen

Das Ende der Verblendung

Esoterikern dargestellt wird. Letztere überschritten die Grenzen der mystischen Vision, da sie bis zur Fusion gelangten. Darauf brauche ich nicht näher einzugehen. Sie ist das höhere Stadium des Einsseins, für das alle wahren Mystiker Zeugen sind.

Worauf es uns hier ankommt ist die Frage, wie dieses Licht erkannt und zweckmäßig benutzt werden kann, um Verblendung zu zerstreuen und damit der Welt einen tief esoterischen Dienst zu erweisen. Man könnte sagen, daß das innere Licht einem Scheinwerfer gleicht, der von einem Punkte aus in die Welt der Verblendung und des menschlichen Ringens hineingerichtet wird, von einem Punkte aus, den ein Meister „das Postament der Seele und den geistigen Leuchtturm" genannt hat. Diese Ausdrücke vermitteln den Gedanken an Höhe und Entfernung, die für die mystische Einstellung so bezeichnend sind. Die Kraft, dieses Licht als Zerstreuungsmittel zu verwenden, stellt sich erst dann ein, wenn diese Symbole fallen gelassen werden und der Diener sich *selbst* als das Licht und den Mittelpunkt der Ausstrahlung anzusehen beginnt. Hierin liegt der Grund für gewisse technische Einzelheiten der okkulten Wissenschaft. Der Esoteriker weiß, daß sich in jedem Atom seines Körpers ein Lichtpunkt befindet. Er weiß, daß das Wesen der Seele Licht ist. Seit Äonen findet er seinen Weg mit Hilfe des Lichtes, das in seinen Körperhüllen erzeugt wird, und des Lichtes in der atomischen Substanz seines Körpers; er wurde und wird also vom Lichte der Materie geleitet. Später entdeckt er das Licht der Seele. Noch später lernt er das Licht der Seele und das der Materie zu verschmelzen. Dann strahlt er als Lichtträger aus, denn das geläuterte Licht der Materie und das Licht der Seele sind vereint und in einem Brennpunkt zentralisiert. Durch Anwendung dieses zusammengefaßten Lichtes zur Zerstreuung individueller Verblendung erlernt der Jünger die Anfangsstadien der Technik, die später die Gruppenverblendung und am Ende die Weltverblendung zerstreuen wird; und dies ist der nächste Punkt, den wir betrachten wollen.

Das Thema unserer Betrachtung — das Licht der Seele als Zerstreuer der Verblendung in den drei Welten — ist das praktischste, nützlichste und notwendigste Studiengebiet in unserer heutigen Zeit; es betrifft die Astralebene und den zu leistenden Dienst, der lebenswichtig und zeitgemäß ist. Die Errettung des Einzelnen und der Gesamtmenschheit von der allumfassenden Verblendung, die die Menschen im Banne hält, ist ein für die Welt wesentliches Erfordernis. Die neue Ära, die nach Kriegsschluß für die Menschheit anbrechen wird, wird sich durch ihre mentale Polarisation und dementsprechende Freiheit von Verblendung auszeichnen; eine Zeitlang wird dann die Illusion vorherrschen, bis die Intuition voller entwickelt ist. Diese Illusion wird Ergebnisse zeitigen, die grundverschieden sind von den Auswirkungen bei jenen Menschen, die inmitten von Verblendung leben und arbeiten. Das zweite Kennzeichen der neuen Ära wird die wissenschaftliche Behandlung des Gesamtproblems der Verblendung sein, die dann als das erkannt werden wird, was sie wirklich ist; sie wird nach wissenschaftlichen Methoden durch Anwendung des erleuchteten Denkvermögens von Gruppen zerstreut werden, die einzig und allein zu diesem Zweck zusammenwirken.

Der Vorschlag, den ich also den Aspiranten und Jüngern der Welt unterbreite, betrifft die Möglichkeit eines ganz bestimmten Dienstes an der Welt. Es werden sich mit der Zeit Gruppen bilden aus solchen Menschen, die in ihrem eigenen Leben an der Zerstreuung von Verblendung arbeiten, und zwar nicht so sehr um der eigenen Befreiung willen als vielmehr mit der Absicht, die Astralebene von den ihr eigenen Verblendungen zu befreien. Sie werden vereint gegen eine der Haupt-Phasen der Weltverblendung vorgehen, kraft des erleuchteten Denkvermögens jedes Einzelnen; vereint werden sie „den Scheinwerfer des Denkens, der das Sonnenlicht widerspiegelt, aber gleichzeitig auch eigenes, inneres Licht ausstrahlt, auf die Nebelwolken der Erde richten, denn in diesen Nebelwolken straucheln alle Menschen. Im Brennpunkt des konzentrierten Lichtstrahles wird die Wirklichkeit triumphierend hervortreten."

Das Ende der Verblendung

Es ist interessant, daß das allerälteste Gebet der Welt auf die drei Verblendungs-Aspekte Bezug nimmt, und eben deswegen muß die dreifache Technik angewandt werden, um Befreiung und Fortschritt zu ermöglichen. Wie bekannt, lautet dieses Gebet wie folgt (Brihadaranyaki Upanishad I, 3, 28):

„Führ' uns, o Herr, aus Nacht zum Licht; vom Unwirklichen zum Wirklichen; vom Tode zur Unsterblichkeit."

„Führ' uns aus Nacht zum Licht" bezieht sich auf das Denken und dessen allmähliche Erleuchtung durch das Licht der Intuition; diese Erleuchtung wird durch die Technik der Gegenwärtigkeit erreicht, von Der das Licht ausstrahlt. Dies ist der Mittler, der die Verklärung der Persönlichkeit und ein strahlendes Lichtzentrum auf der Mentalebene bewirkt. Diese Feststellung trifft zu, gleichviel ob man von einem Einzelnen spricht, oder von jenem Brennpunkt des Lichtes, der durch die mentale Einheit und das klare Denkvermögen fortgeschrittener Menschen entsteht. Diesen Menschen wird es kraft ihres vereinten Denkens gelingen, die Welt von einigen Aspekten der Großen Illusion zu befreien.

„Führ' uns vom Unwirklichen zum Wirklichen" bezieht sich insbesondere auf die Astralebene mit ihren allumfassenden Verblendungen. Diese Verblendungen verkörpern das Unwirkliche und stellen sich den Gefangenen der Astralebene so dar, daß sie sie für die Wirklichkeit halten. Diese Gefangenschaft im Banne der Verblendung kann durch die Technik des Lichtes beendet werden, wenn sie von denen angewandt wird, die — gruppenweise — auf die Zerstreuung der Verblendung und auf ein menschliches Bewußtsein hinarbeiten, das eine klare Vorstellung von der Wirklichkeit ermöglicht und das Wesen dieser Realität erkennen kann.

Diese Sonderaufgabe der Zerstreuung ist unser unmittelbares Thema. Es ist äußerst wichtig, daß diejenigen, welche die offene Tür in die Zukunft erkennen, durch welche die Menschheit gehen muß, sich dieser Aufgabe zu widmen beginnen. Nur so kann man der Menschheit helfen, die Irrtümer, Verblendungen und Fehlschläge der Vergangenheit hinter sich zu lassen. Dies ist die Technik, die Freiheit von Verblendung mit sich bringt, die das menschliche Leben verwandeln und damit die neue Zivilisation und Kultur einleiten kann. Diese Zerstreuung kann von Jüngern in allen Teilen des Planeten unter Mithilfe der Weltaspiranten vorgenommen werden; sie wird jedoch hauptsächlich das Werk derer sein, die sich durch ihre Strahlen-Einstellung am ehesten zum astralen Leben hingezogen fühlen und die gelernt haben oder lernen, durch die Kraft des Denkens und des mentalen Lichtes dieses Leben zu beherrschen. Es handelt sich dabei in erster Linie um Menschen des sechsten Strahles, die von Aspiranten und Jüngern auf dem zweiten und vierten Strahl unterstützt werden.

In Zeit und Raum wird diese Aufgabe vor allem von solchen Aspiranten begonnen und gruppenweise geleitet werden, deren Seelen- oder Persönlichkeitsstrahl der sechste ist oder deren Astralkörper vom sechsten Strahl bedingt werden. Wenn sie das Wesen der zu leistenden Arbeit begriffen und „die Technik des Lichtes im Dienst an der Menschenrasse fanatisch angewandt" haben, wird ihre Aufgabe durch Jünger des zweiten Strahles vollendet werden, die in den Ashrams jener Meister tätig sind, Die Jünger annehmen. Die von diesen beiden Gruppen geleistete Arbeit wird schließlich (und viel später) von jenen Aspiranten und Jüngern ans Tageslicht gebracht werden, die sich im astralen Bereich betätigen werden, sobald sich der vierte Strahl wiederum zu manifestieren beginnt. Die Zerstreuung der Verblendung ist demnach die Aufgabe derer, die mit den vom zweiten, vierten und sechsten Strahle verkörperten Energieströmen in die äußere Welt kommen. Ich betone das, weil Jünger häufig Aufgaben übernehmen, für die sie keine besondere Eignung besitzen, weil ihre Strahlen ihnen nicht helfen und ihr Vorhaben manchmal sogar vereiteln.

200] Das ganze Thema hängt mit dem Bewußtsein zusammen, mit dem zweiten Aspekt; es betrifft die Formen, durch die die Menschheit ihr Gewahrsein fortschreitend entfaltet. Verblendung entsteht durch die Erkenntnis dessen, was der Mensch selbst erschuf; okkult ausgedrückt: „Der Mensch wird erst dann der Wirklichkeit gewahr, wenn er das Gebilde seiner eigenen Schöpfung zerstört hat." Diese Formen zerfallen in zwei Hauptgruppen:

1. Jene Formen, die sehr alten Ursprungs sind und auf menschlicher Betätigung, menschlichem Denken und menschlichem Irren beruhen. Dazu gehören alle Formen, die von der *Wunschnatur* des Menschen seit undenklichen Zeiten erschaffen wurden; sie bilden die nebelhafte Substanz der Verblendung — nebelhaft vom physischen Gesichtswinkel aus, aber dicht von dem der Astralebene. Sie sind die Triebfeder hinter allem Streben und Handeln auf der äußeren Ebene, wo der Mensch seine Wünsche zu befriedigen sucht. Von diesen Formen muß sich der einzelne Aspirant jederzeit freimachen, um danach durch die Pforte einzugehen, die wir die zweite Einweihung in ein erweitertes Bewußtsein nennen.

2. Jene Formen, die ständig geschaffen und ununterbrochen hervorgebracht werden, weil sie dem *natürlichen Aufwärtsstreben* der Menschheit entsprechen; sie sorgen für die Lockungen, die den Menschen zunächst einmal zu hohen, persönlichen Errungenschaften und später zu geistiger Errungenschaft hinleiten. Sie enthalten Anzeichen des Neuen und des Möglichen; sie bedeuten aber auch (so seltsam das anmuten mag) eine Verblendung, denn sie sind zeitweilig und illusorisch und dürfen das Wirkliche nicht auf die Dauer verdecken. Diese Wirklichkeit wird im richtigen Augenblick ihren Niederschlag finden, sobald das höhere Licht einströmt. Sie sind Anzeichen des Wirklichen und werden oft mit dem Wirklichen verwechselt; sie stehen im Gegensatz zu den Gedanken und Wünschen der Vergangenheit, und müssen am Ende dem tatsächlichen Dasein des Wirklichen Platz machen. Sie **201]** sind (in kritischen Zeiten) der große Prüfstein für alle Aspiranten und Jünger und erwecken in ihnen das zarteste Feingefühl kritischer Unterscheidungsgabe; ist jedoch diese Prüfung siegreich überstanden, dann kann dem Jünger und Aspiranten die

Aufgabe übertragen werden, diese beiden Arten von Verblendung zu zerstreuen, — unter besonderer Berücksichtigung unmittelbarer Bedürfnisse oder einer bestimmten, landläufigen Verblendung.

Daraus geht also hervor, daß Gruppen, die bewußt an der Zerstreuung von Verblendung mitwirken, folgende Merkmale aufweisen werden:

1. Sie werden sich aus Aspiranten und Jüngern des sechsten Strahles zusammensetzen, die von zweistrahligen, geistigen Mitarbeitern unterstützt werden.
2. Sie werden aus Mitgliedern bestehen:

    a. die lernen oder gelernt haben, ihre eigenen, individuellen Verblendungen zu zerstreuen und deshalb Verständnis für die zu leistende Aufgabe mitbringen;

    b. die mental eingestellt sind und deshalb ein gewisses Maß von mentaler Erleuchtung besitzen. Sie sind dabei, die Technik des Lichtes zu meistern;

    c. die das Wesen der Verblendungen, die sie zu zerstreuen versuchen, kennen, und das erleuchtete Denken als Scheinwerfer benutzen können.

3. Sie werden zu ihrer Gruppe auch diejenigen zählen, bei denen sich (im okkulten Sinne) folgende Kräfte auf dem Wege beschleunigter Entwicklung befinden:

    a. Die Fähigkeit, Verblendung nicht nur dem Wesen nach zu erkennen, sondern auch zwischen den verschiedenen und mannigfaltigen Arten von Verblendung zu unterscheiden.

    b. Die Kraft, sich das Licht anzueignen, es in sich aufzunehmen und es sodann bewußt und nach wissenschaftlichen Grundsätzen in die Welt der Verblendung hineinzustrahlen.

202] Die Meister, die höheren Eingeweihten und Weltjünger tun das nötigenfalls allein und benötigen nicht den Schutz der Gruppe oder die Mithilfe des Lichtes der Gruppenmitglieder.

c. Die Fähigkeit, das Licht nicht nur durch Absorption und Wiederausstrahlung zu benutzen, sondern auch den ausgesandten Lichtstrahl durch einen bewußten Willensakt mit Energie aufzuladen. Dazu kommt noch eine beharrliche und beständige Konzentration. Der so ausgesandte Strahl bewirkt zweierlei: er besitzt eine austreibende, dynamische Kraft, ganz ähnlich wie ein starker Wind dichten Nebel wegbläst oder zerstreut, oder wie die Sonnenstrahlen Nebelschwaden austrocknen und absorbieren. Er dient außerdem als Richtstrahl für das, was neu ist und einen Teil der göttlichen Absicht darstellt. Die neuen Ideen und erwünschten Ideale können „auf dem Richtstrahl" hereinkommen, genau so wie die Flugzeuge heute durch solche Strahlen gelenkt und zum gewünschten Landungsplatz hingesteuert werden.

a. *Die Zerstreuung individueller Verblendung*

Zu allererst wollen wir einmal feststellen, wie der einzelne Aspirant mit Erfolg die Verblendungen zu zerstreuen vermag, die sein Leben in den drei Welten seit altersher bedingt haben. Während vier Fünftel seiner Inkarnationserfahrung wurde er von seinem Wunschleben beherrscht. Er hat damit begonnen, sein Wünschen in höheres Streben zu verwandeln und — unter höchstmöglichem Aufwand an Hingabe, Gefühl und Sehnen — nach wirklicher Erkenntnis zu suchen. Dann erst erkennt er mit Schrecken das Wesen der Verblendungen, die automatisch und normalerweise seinen Weg bestimmen. Verblendung entstand, als der Mensch sein Wünschen als die Triebfeder seines Handelns erkannte und bemerkte; damit bewies er sein Menschentum und seinen Unterschied vom Tiere, denn nur das Denken enthüllt das Vorhandensein von Wünschen. Anstelle des instinktiven Bestrebens, die der niederen Natur anhaftenden und angeborenen Wünsche zu befriedigen, traten geplante Bemühungen, den Wünschen gerecht zu werden, und dazu war zielbewußtes Denken notwendig. Auf diese Weise wurde die Trennungslinie zwischen Tier und Mensch immer deutlicher erkennbar, und so trat vor Äonen der erste und grundlegende Ausdruck reiner Selbstsucht in Erscheinung. Später, als die Evolution fortschritt und das Wünschen von einer geplanten Befriedigung zur anderen überwechselte, schwächte sich der physische Aspekt der Selbstsucht ab und die Menschen suchten ihr Vergnügen in gesteigertem Gefühlsleben; das führte zur Entstehung des Dramas, wo dieses Erleben zum ersten Male künstlerischen Ausdruck fand. Durch solche Schauspiele hat der Mensch seit altersher sein eigenes, dramatisches Gefühlsleben ergänzt, indem er sich in das Leben anderer hineinversenkte. Auf diese Weise trat er aus sich selbst heraus und ergänzte seine persönlichen, dramatischen Erfahrungen, Wünsche und Ziele durch solche, die durch die schöpferische Einbildungskraft hervorgebracht wurden; dadurch schuf er die Grundlage zur — verstandesmäßigen und tatsächlichen — Erkenntnis des Teiles in seiner Beziehung zum Ganzen. So wurde von der Frühzeit von Atlantis an der Grund für die stufenweise Entfaltung des mystischen Dualitätsgefühles gelegt, von der anthropomorphischen Gotteserkenntnis bis zur Erkenntnis des Wirklichen im Innern des Menschen selbst, und so sind wir schließlich bei dem Problem angelangt, mit dem sich der Jünger befassen muß. Dann steht der Hüter der Schwelle dem Engel der Gegenwärtigkeit gegenüber, und der letzte und größte Konflikt wird ausgefochten.

Dieses Dualitätsbewußtsein erreicht seinen Gipfel bei der dritten Einweihung im Endkampfe zwischen den Gegensatzpaaren mit dem glorreichen Sieg des Engels — der Verkörperung der Kräfte des Guten im Einzelnen, in der Gruppe und in der Menschheit. Dann stirbt der Dualismus aus und mit ihm der Wunsch nach dem, was materiell ist und nicht das eigentliche (sich mit dem Ganzen einswissende) Selbst. Einheit und das „Leben in größerer Fülle"*) sind erreicht.

---

*) vgl. Ev. Joh. 10, 11 „Leben und volle Genüge)"

Der Weg des Jüngers, der bewußt an der Zerstreuung der Verblendung in seinem Leben arbeitet, läßt sich in vier Abschnitte ein-
204] teilen, die in folgender Weise definiert werden können:

1. *Das Erkennen* der Verblendung oder der Verblendungen, die das Wirkliche verhüllen. In irgendeiner besonderen Lebenskrise hängen diese Verblendungen vom Persönlichkeitsstrahl ab.
2. *Die Konzentrierung* des Bewußtseins des Jüngers auf der Mentalebene und die Zentralisierung des Lichtes auf diesen Brennpunkt hin, so daß genügend Helligkeit vorhanden ist, die zu leistende Arbeit deutlich sichtbar wird und der Scheinwerfer des Denkens sich auf die Verblendung richtet, die zerstreut werden soll.
3. *Die Richtungstrahlung.* Das ist das stetige, sinnvoll gelenkte Hineinstrahlen von Licht in die dunklen Stätten der Astralebene, wobei zu bedenken ist, daß das Licht dem Jünger zwei Dinge ermöglichen wird:
    a. Die Verblendung zu zerstreuen — eine wohltuende Erfahrung.
    b. Das Wirkliche zu erschauen — eine erschreckende Erfahrung, lieber Bruder.
4. *Die Identifizierung mit dem Wirklichen,* mit dem man nach Zerstreuung der Verblendung in Berührung kommt. In dem zusätzlichen Licht, das jetzt zu Gebote steht, kommt man zu einer weiteren Erkenntnis von noch subtileren Verblendungen, die dann ihrerseits zerstört werden müssen.

Dieser Prozeß der Erkenntnis, Konzentration, Zerstreuung und der sich daraus ergebenden Enthüllung geht ununterbrochen vor sich von dem Zeitpunkt an, da der Jünger den Pfad der akzeptierten Jüngerschaft betritt bis zur dritten Einweihung.

Der Schlüssel zu allen Erfolgen dieser Entwicklung ist demnach die Meditation und das stetige Festhalten des Denkens im Licht. Nur durch Beharrlichkeit kann der Lichtstrahl gebildet, verstärkt, konzentriert und ausgesandt, und dann — im richtigen Augen-

205] blick — zurückgezogen werden. Ich kann an dieser Stelle nicht weiter auf den Meditationsvorgang eingehen, der auf richtigem Verständnis für das Wesen der Konzentration beruht. Ich habe viel über dieses Thema geschrieben, und die Raja-Yogadisziplin ist wohl bekannt. Konzentriertes und beherrschtes Denken ist heute der normale Gegenstand aller von Erziehern und klugen Eltern gegebenen Weisungen. Der Durchschnittsmensch kann sich heute nur schwer vorstellen, daß es eine Zeit gab, als solche Redensarten wie „gebrauch deinen Verstand" oder „wenn du nur ein bißchen denken würdest" oder „ein wenig Gedankenkontrolle würde dir sicher helfen" vollkommen unbekannt waren, weil das Denkvermögen noch so wenig entwickelt war. Es wurde damals nur als Werkzeug für das Bewußtsein von Eingeweihten anerkannt. Der Evolutionspfad ist in der Tat der Pfad der Wiedererkennungen, die zur Enthüllung führen. Der gesamte Evolutionsvorgang trägt den Charakter einer Einweihung, die von einer Bewußtseins-Erweiterung zur anderen führt, bis die Welten der Formlosigkeit und der Form enthüllt dastehen in dem Lichte, das der Eingeweihte selbst erzeugt und in dem er einhergeht. Diese Lichter sind verschieden und unterscheiden sich durch das, was sie enthüllen; es gibt:

1. Das Licht der Materie selbst, das sich in jedem Atom der Substanz vorfindet.
2. Das Licht des vitalen oder ätherischen Trägers — ein Licht, das die Reflexion des Einen Lichtes ist, weil es die drei Arten von Licht innerhalb der drei Welten in sich vereint.
3. Das Licht des Instinktes.
4. Das Licht des Intellektes oder das Licht des Wissens.
5. Das Licht der Seele.
6. Das Licht der Intuition.

Wir schreiten von Licht zu Licht, von Enthüllung zu Enthüllung, bis wir aus dem Bereich des Lichtes heraus in den Bereich des Lebens eingehen, der bis jetzt für uns noch reine Dunkelheit ist.

Es versteht sich von selbst, daß dieses wachsende Licht eine sich mehr und mehr entfaltende Reihe von Enthüllungen mit sich bringt, **206]** die wie alles andere in der menschlichen Erfahrungswelt zu allererst einmal die Welt der Formen und dann das Wesen der Seele, der Ideen und der Göttlichkeit vor unseren Augen aufrollt. All diese Enthüllungen bilden jedoch eine große, vereinte Enthüllung, die sich vor den Augen der Menschheit nach und nach entfaltet. Das Licht seines persönlichen, niederen Selbstes enthüllt dem Menschen die Welt der Form, der Materie, des Instinktes, des Wünschens und des Denkens; das Licht der Seele enthüllt das Wesen der Beziehung zwischen diesen Lebensformen und der Welt des Formlosen sowie des Konfliktes zwischen dem Wirklichen und dem Unwirklichen. Das Licht der Intuition eröffnet dem Auge der *Seele innerhalb der Persönlichkeit* das Wesen Gottes und die Einheit des Ganzen. Die Rastlosigkeit des materiellen Wünschens, das seine Befriedigung in den drei Welten sucht, weicht schließlich dem höheren Streben nach Seelenkontakt und Seelenleben. Dieses wird dann seinerseits als ein Schritt in Richtung auf jene großen, grundlegenden Erfahrungen anerkannt, denen wir die Namen der fünf hauptsächlichen Einweihungen beilegen. Diese enthüllen dem Menschen die bisher nicht erkannte Tatsache seines Nicht-Getrenntseins und der Beziehung seines individuellen Willens zum göttlichen Willen.

Wir wollen jetzt untersuchen, in welcher Art und Weise diese Arbeitsphasen auf der Astralebene vor sich gehen: zuerst lernt der Mensch das Licht des Denkens zu gebrauchen, das von der Seele im Laufe ihrer immer enger werdenden Beziehung zur Persönlichkeit erzeugt und von der Intuition angefacht wird. Mit Hilfe dieses Lichtes lernt der Jünger, seine persönlichen und privaten Verblendungen zu zerstreuen. Ich erwähne das, weil ich das Ausmaß der Aufgabe betonen möchte, die ein Mensch unternimmt, der sich bewußt dazu anschickt, seine Verblendung loszuwerden, um sich dadurch auf einen Dienst im größeren Rahmen vorzubereiten. Er befindet sich dann mit der gesamten Verblendung der ganzen Ebene in Konflikt und kann leicht überwältigt werden, wenn er merkt, was ihm bevorsteht. Das ist einer der Gründe für die tiefe Niedergeschlagenheit und für jene abgründigen Minderwertigkeitskomplexe, die manche Menschen vollkommen ohnmächtig machen oder schließlich zum Selbstmord treiben. Die Verblendungen ihrer eigenen Person ketten sie an die nationale oder planetarische Verblendung und bestimmen damit ihren Lebensausdruck und ihr Denken. Das sollte man nicht vergessen, wenn man es mit Menschen zu tun hat, die sich so in ihren Ideen verhärtet haben, daß sie die Wahrheit nicht so zu sehen vermögen, wie man selbst sie sieht. Sie sind wie sie sind, weil ihre eigene Verblendung von den größeren Verblendungen genährt wird; und damit können sie noch nicht fertig werden.

Es ist nicht meine Absicht, mich mit besonderen Verblendungen abzugeben; ich möchte aber eine Formel angeben, die — mit kleinen Abänderungen und Zusätzen — dem Einzelnen und der Gruppe bei Ausmerzung der Verblendung dienlich sein könnte. Gleich zu Anfang möchte ich sagen, daß ein Mensch sich zunächst einmal darüber klar sein muß, daß seine Empfindungen, Ideen, Wünsche und Lebenserfahrungen, soweit seine Gefühlsnatur in Betracht kommt, durch irgendeine oder eine Reihe von Verblendungen bedingt werden, daß er das Opfer von mehreren Verblendungen ist, die im Laufe vieler Lebensspannen erzeugt und in seiner Vorgeschichte tief verwurzelt sind, und auf die er instinktiv reagiert. Es kommt indes die Zeit, da der Probejünger dieser instinktiven Verblendungen gewahr wird und sie bei ihrem Auftreten erkennt, selbst wenn er noch darauf reagiert; er sucht sich davon loszumachen, anfänglich durch krampfhaftes Bemühen, indem er sein Denken benutzt, um sie sich auszureden. Dabei kommt es abwechselnd zu vorübergehendem Erfolg, wenn er mit Vorbedacht so handeln kann, als ob er von Verblendung frei sei, und zu langen Perioden der Niederlage, wenn er sich überwältigt wähnt, nirgends ein Licht erspäht und sich wie ein verwirrter Blinder benimmt. Das deutet darauf hin, daß er wie von einem Magneten (der angesammelten

Das Ende der Verblendung

Kraft uralter Verblendung mit ihren karmischen Auswirkungen) immer wieder gerade in die Verblendung hineingezogen wird, die er zu vermeiden trachtet. Später folgt (als Resultat obiger Wechselerscheinung) das Stadium, da die Anziehungskraft der Seele die Anziehungskraft dieser Verblendungen ausgleicht: er strebt nach 208] unbehindertem Ausdruck und nach Befreiung von der Herrschaft der Astralebene. Dann kommt er allmählich ins Gleichgewicht.

Während dieses Stadiums beginnt der Mensch zu meditieren, wodurch er des Seelenlichtes gewahr wird, wie es sich mit dem im Mentalkörper enthaltenen Lichte vereint; und dieses vereinte Licht wird immer stärker, je länger er die Meditationsarbeit beharrlich fortsetzt. Es folgt dann ein Tag, da der Aspirant entdeckt, daß er dieses innere Licht benutzen kann, und er fängt an, es versuchsweise und mit ungleichem Erfolge auf die Probleme seiner besonderen Verblendung anzuwenden. Auf dieser Stufe fördern wir jetzt die Technik des Lichtes, um damit die unbestimmte und unwissenschaftliche Technik der Vergangenheit zu beenden. Die besagte Technik nützt nur dem, der etwas vom Licht des Denkens, vom Licht im Kopfe und vom Licht der Seele weiß. Das Licht im Kopfe kommt durch definitiv geplantes Zusammenbringen des Seelen- und des Persönlichkeitslichtes zustande, die sich beide im Mentalkörper zu einem Brennpunkte vereinigen und eine Wirkung auf das Gehirn ausüben. Dieser Vorgang zerfällt in drei Stadien:

1. Der Versuch, das Licht des Denkens und das der Materie im mentalen Träger auf einen Brennpunkt zu vereinigen.

Das bedeutet ein Zusammenbringen des Lichtes der Materie und der Substanz (dichtes materielles und ätherisches Licht) und des Lichtes des Denkens selbst. Es gibt kein eigentliches oder besonderes Licht, das dem Astralkörper innewohnt oder davon ausgeht, denn er ist nur ein Formgebilde, das vom Einzelmenschen, von Nationen und menschlichen Rassen geschaffen wurde; und diese Formen machen in ihrer Gesamtheit die Astralebene aus und besitzen im Gegensatz zu anderen Formen kein Eigenlicht. Sie sind nicht als Ausdrucksformen irgendeines dynamischen Lebens vom planetarischen Logos erschaffen, und darin liegt die wahre Bedeutung meiner früheren Feststellung, daß die Astralebene in Wirklichkeit gar nicht existiert. Sie ist das Phantasiegebilde menschlichen Wünschens seit Anbeginn der Zeit, und ihr falsches Licht ist eine Reflexion entweder des Lichtes der Materie oder des Lichtes des Denkens. Diese Vereinigung der beiden Lichter in einem Brennpunkt wird durch Gleichschaltung und durch das Bemühen erreicht, das positive Licht des Denkens und das negative Licht des Gehirns zum Aufleuchten zu bringen, und das geschieht durch Gedankenkontrolle, die durch Meditation entwickelt wird. Wenn diese beiden Gegenpole (durch einen Willensakt der Persönlichkeit) in Verbindung gebracht sind, dann können diese beiden Aspekte des geringeren Lichtes einen kleinen Lichtpunkt bilden — eine winzige Fackel —, die eine Phase der Verblendung enthüllt, auf die der Aspirant am leichtesten reagiert. Dieser erste Lichtpunkt ist nicht so beschaffen, daß er mehr tun kann, als enthüllen. Er besitzt nicht die Kraft, zu zerstreuen, und er kann auch keine vorhandene Verblendung entkräften. Er kann lediglich dem wachen Gehirnbewußtsein eines Menschen klarmachen, daß Verblendung ihn im Banne hält. Es handelt sich hierbei um die Konzentrationsstufe im Meditationsvorgang.

2. Die zweite Stufe zur Vereinigung der beiden Lichter wird dadurch erreicht, daß man zu meditieren bemüht ist. Auf der vorhergehenden Stufe war die Vereinigung der beiden materiellen Lichter lediglich eine Angelegenheit der Formbildung, wobei der Aspirant gänzlich von den Kräften seiner Persönlichkeit und von Zweckdienlichkeit bewegt wurde. Dieser Vorgang und seine Wirksamkeit läßt sich am Beispiel eines Menschen erläutern, der aus rein eigennützigen Motiven und mit intensiver Konzentration sein Denkvermögen auf ein bestimmtes Vorhaben richtet und dadurch die Befriedigung seiner Wünsche durchsetzt und

seine Ziele erreicht. Er ertötet alle Gefühlsregungen und es gelingt ihm in hohem Maße, seine Verblendung zu zerstreuen. Er entwickelt die Fähigkeit, sich auf den Lichtstrom der Materie selbst (physische Materie und mentale Substanz) einzuschalten und dadurch ein falsches Licht zu erzeugen, von dem das Seelenlicht strengstens ausgeschlossen ist. Das ist die Macht, die schließlich einen Schwarzmagier hervorbringt. Er hat die Fähigkeit entwickelt, Lichtenergie der Materie selbst heranzuziehen und sie so machtvoll und wirksam auf einen Brennpunkt zu konzentrieren, daß sie zu einer großen Zerstörungsmacht wird. Das ist es, was Hitler und seinen sechs bösen Mithelfern die Macht verlieh, auf der materiellen Ebene als Zerstörer zu wirken. Im Falle des Aspiranten hingegen ist die Kraft, über geistige Wirklichkeit zu meditieren und mit der Seele in Berührung zu treten, ein Gegengewicht gegen die Gefahren der Konzentration auf das Licht der Materie und dessen ausschließliche Benutzung; zum geringeren Licht der Materie gesellt sich bei ihm das Licht der Seele, und dann werden diese beiden vereinten Lichter (oder Aspekte des Einen Lichtes) auf der Mentalebene durch die Kraft schöpferischer Imagination zusammengebracht. Das ermöglicht es dem Menschen schließlich, Verblendung zu zerstreuen und sich von der Astralebene zu befreien.

3. Die dritte Stufe ist diejenige, auf der das Licht der Materie, das Licht des Denkens und das Licht der Seele (als Stromrinne für die Intuition) bewußt vermengt, verschmolzen und zusammengefaßt werden. Dann richtet der Mensch dieses vereinte Licht unter Anleitung der Seele auf die Welt der Verblendung und auf die besondere Verblendung, mit der er es zu irgendeiner Zeit zu tun hat. Das falsche Licht der Astralebene verschwindet in diesem dreifach vermengten Licht, so wie ein Feuer nahezu zum Verlöschen gebracht werden kann, wenn es den Sonnenstrahlen voll ausgesetzt wird; oder wie ein Brennglas, das die Sonnenstrahlen in einem Brennpunkt konzentriert, ein zerstörendes Feuer anzufachen vermag. Es handelt sich um Anwendung

eines mächtigen Lichtes, das ein geringeres Licht überstrahlen und Nebelschwaden zerstreuen kann.

All dies muß verständnisvoll und bewußt als Vorstufe zur eigentlichen Technik ausgeführt werden. Dabei handelt es sich zunächst um Experimente und schließlich um wissenschaftliche Anwendung. Sie gründet sich auf ein Erkennen der Wahrheit — einer Wahrheit, der man ins Gesicht sieht und die man akzeptiert. Dieser Vorgang ist nicht bloß eine Art rationaler Klärung, wenngleich diese der von mir umrissenen, wissenschaftlichen Arbeit vorausgeht; es geht auch nicht um die Pflege neuer Interessen mentaler und geistiger Art, die allmählich das Wünschen verdrängen und die Verblendung austreiben. All das hat nur vorbereitenden Charakter und führt zu einer Entfaltung, die den Aspiranten zu wissenschaftlicher Arbeit reif macht; dabei handelt es sich nicht um die „Abtötung des Verlangens", wie sie von einigen Denkrichtungen gelehrt wird, sondern um die allmähliche Ausmerzung des Wünschens durch strenge Disziplinierung und harte Schulungsarbeit, wozu u. a. die Zerstreuung von Verblendung gehört. Solcherart waren die langsamen Methoden der Vergangenheit. Heute muß anders vorgegangen werden, weil es jetzt genügend Menschen gibt, die Verständnis entwickelt haben und weise und wissenschaftlich arbeiten können.

Die Methode, die ich für meine Schüler entwickelt habe, führt zu schneller und wirksamer Zerstreuung; sie beruht auf der Annahme der Hypothese vom Licht, auf der Anerkennung der Tatsache, daß die Astralebene in Wirklichkeit nicht besteht, auf geschulter Anwendung der schöpferischen Einbildungskraft und auf bedingungsloser Befolgung von Weisungen, individuell und als Gruppe.

Es ist meine Absicht, zwei Formeln auszugeben — eine zum Gebrauch des Einzelnen, und eine andere für Gruppen, die durch gemeinsames Bemühen zur Zerstreuung von Verblendung beitragen möchten; sei es eine Gruppenverblendung oder irgendein Aspekt der vorherrschenden Weltverblendung. Dabei wird man sich über zweierlei klar sein müssen:

Das Ende der Verblendung

Erstens: daß die Teilnehmer an der Ausmerzung von Verblendung in der Lage sein müssen, zwischen Verblendung und Wirklichkeit zu unterscheiden. Häufig ähneln sich beide, wenn man sie nur oberflächlich überprüft. Sie müssen einsehen können, daß ein emotionaler oder astraler Zustand eine Verschleierung der Wahrheit bedeutet und eine verzerrte Darstellung oder Erscheinung des individuellen oder Gruppenausdrucks der Göttlichkeit ist. Sie müssen also eine Vision wahrnehmen, klar denken und schnell erkennen können, was die Materialisierung dieser Vision und den ge-
212] nauen Empfang der Wahrheit verhindert. Sie müssen auch zwischen einer größeren und einer geringeren Verblendung unterscheiden können. Eine geringere Verblendung, eine flüchtige, vorübergehende Gedankenform, die leicht als solche erkennbar ist, rechtfertigt nicht den Gebrauch einer dieser Formeln. Solch eine geringe Verblendung wäre z. B. ein Gefühl der Selbstbemitleidung oder die Verherrlichung einer prominenten Persönlichkeit durch einen Einzelnen, eine Gruppe oder eine Nation. Zeit und gesunder Menschenverstand sind hinreichend in der Lage, mit einer solchen Situation fertig zu werden. Eine größere Verblendung in der Welt (vor dem Kriege) war die große Wertschätzung von Besitztümern und der Glaube, daß das Glück von Dingen, von materiellem Gut und materieller Behaglichkeit abhänge.

Zweitens: daß die drei oben besprochenen Stufen der Konzentration nur der Vorbereitung dienen. Diese drei Stufen müssen zu einem gewissen Grade entwickelt sein, ehe eine wirksame Anwendung der Formeln möglich wird; alle diejenigen, die am Ausmerzen der Weltverblendung mitwirken wollen, müssen sich beharrlich diesen Phasen in der — wenn ich so sagen darf — Kunst der Polarisierung unterwerfen. Sie müssen Verständnis haben für den Denkapparat, für das Erschaffen von Gedankenformen und für das Wesen des Denkers. Sie müssen auf der Gefühlsebene polarisiert und trotzdem in ihrer Gruppenarbeit verhältnismäßig frei von astraler Beeinflussung sein. Dieses astrale Freisein muß zu einem gewissen Grade die Auswahl derer bestimmen, die zur Arbeit an größeren Verblendungen in Frage kommen. Der Einzelmensch, der die Verblendung in seinem eigenen Leben zerstreuen möchte, muß sich aus eigenem Entschluß bemühen, mental polarisiert zu sein, selbst wenn die Gefühlsnatur in dem betreffenden Leben noch sein natürliches Fahrwasser bedeutet. Diejenigen, welche gruppenweise vorgehen, werden ein gewisses Maß von mentaler Einstellung errungen haben, aber für die Zwecke der zu leistenden Arbeit werden sie sich aufgrund der Beherrschung ihrer Eigennatur bewußt und absichtlich auf die Gefühlsebene konzentrieren. Die Mitarbeiter 213] müssen daher in der Meditation geübt sein, viel über das Wesen und die Anwendungsweise des Denkens nachgedacht haben und des inneren Lichtes gewahr sein.

Wenn diese drei Stufen als miteinander verbundene Betätigungen, Gewohnheiten und automatische Vorgänge eingewurzelt sind, wenn unbeirrbare Absicht vorliegt und die Konzentrationsfähigkeit zu einer fast instinktiven Reaktion geworden ist, dann kann eine gute und wirksame Arbeit geleistet werden; auch Beharrlichkeit und Geduld gehören dazu. Hinzufügen möchte ich, daß Vollkommenheit nicht notwendig ist, ehe man sich an dieses Werk macht und diesen Dienst beginnt. Jünger und Aspiranten müssen das Bewußtsein der Zusammenarbeit und der Erkenntnis pflegen, daß sie in einem Dienst, wie dem vorgeschlagenen, definitiv an einer hierarchischen Aktivität teilnehmen und deshalb in der Lage sind, Hilfe zu leisten, selbst wenn sie — allein und ohne Beistand — die erwünschten Ziele nicht erreichen könnten. Sie können durch vereinte Mithilfe den Vorgang beschleunigen. Die Macht vereinten Bemühens auf der physischen Ebene wird heute in großem Maßstabe anerkannt, und die Kriegsleistungen in allen Ländern haben diese Erkenntnis beschleunigt. Die Macht vereinter Gefühlsbewegung (die oft in sogenannter Pöbelpsychologie ihren Ausdruck findet) wird allerorten gewürdigt und sowohl gefürchtet als auch ausgenutzt. Die Macht vereinten Denkens ist noch wenig bekannt; die im Licht vieler Denker innewohnende Kraft, die sie zu wirksamen Werkzeugen in Weltangelegenheiten macht, die in Verblendung eindringt und sie zerstreut, und die sich auf der physischen Ebene als schöpferisch erweist, wird zu den neuen Arbeitsmethoden gehören, die im Neuen Zeitalter Anwendung finden werden. Auf dieses Ziel hin hat die Hierarchie geplant und vorgearbeitet; sie ist jetzt bereit, die Wirksamkeit dieser Arbeit dadurch zu erproben, daß sie eine oder mehrere Gruppen organisiert, die sich mit dem Problem der Verblendung beschäftigen sollen.

Wie ersichtlich, ist das, was ich hier in Umrissen darstelle, etwas verhältnismäßig Neues. Soweit der Einzelne in Frage kommt, ist ein schwacher Eindruck der kommenden Technik bereits verzeichnet worden. Männer und Frauen allerorten sind bestrebt, sich durch die Kraft klaren Denkens, strenger Disziplinierung und nüchterner Vernunft von Verblendung zu befreien; dazu gehört auch, daß sie sich ihrer Beziehung zum Ganzen bewußt werden, die sie veranlaßt, all das aus ihrem Leben auszumerzen, was andere behindern oder die weltweite Täuschung durch Verblendung erhöhen könnte. Dazu wird (vielleicht als ein Aspekt der neuen Weltreligion, die jetzt auf dem Wege ist, nach außen in Erscheinung zu treten) die Erkenntnis kommen, daß Gruppen kraft ihres vereinten und konzentrischen Denkens mit Erfolg die Verblendungen hinwegfegen können, die den Vormarsch der Menschheit auf ihr Ziel verdunkeln.

Um im Sinne eines solchen Dienstes den ersten Schritt zu vereinter Gruppenbetätigung zu machen, gebe ich nachstehend eine Formel (oder ein Gruppenritual) an, die viel dazu beitragen wird, gewisse Aspekte der Weltverblendung ihrem Ende zuzuführen, wenn sie von denen benützt wird, deren Leben verhältnismäßig frei von Verblendung ist, die Wirklichkeitsmenschen sind und als solche auch von der Gruppe als verhältnismäßig frei anerkannt werden und die von guter Absicht beseelt sind. Ihr Bemühen im Verein mit dem ähnlicher Gruppen, wird die Macht dieser uralten Verblendungen so schwächen, daß der „Tag der Klärung" schließlich anbrechen wird.

Vorerst möchte ich jedoch kurz eine Formel für den einzelnen

Aspiranten anbieten, die ihm helfen kann, sich von seiner besonderen Verblendung (oder Verblendungen) freizumachen. Ich werde den Vorgang anhand einer Tabelle darstellen und der Aspirant wird gut daran tun, ihn genau zu befolgen, ohne jeden Gedanken an die darauf verwandte Zeit; er muß den festen Vorsatz haben, diese Arbeit regelmäßig viele Monate und wenn nötig viele Jahre lang zu leisten, bis er sich freigemacht hat und das Licht vermittels seines Astralkörpers auf der Astralebene einbricht. Es sollte aber kein Aspirant den Versuch machen, das Verblendungsproblem in seiner Gesamtheit anzupacken oder alle Verblendung zu zerstreuen, für die er empfänglich ist. Er hat es mit einem sehr alten Übel zu tun, mit fest eingewurzelten und zur Gewohnheit gewordenen 215] Verblendungen. Sie sind eng verbunden mit gewissen Aspekten seines täglichen Lebens, mit seinem Geschlechtsleben oder mit seinen Ambitionen, mit seinen Beziehungen zu anderen Menschen, mit seinen Lieblingsidealen und Ideen, seinen Träumen und Visionen. Er sollte diejenige Verblendung wählen, die zu irgendeiner Zeit (und die gibt es immer) am meisten in Erscheinung tritt und am meisten behindert; und auf ihre Zerstreuung sollte er eifrig hinarbeiten, falls er die Grundlagen zu wirksamem Dienst an der Zerstreuung der Weltverblendung schaffen möchte.

FORMEL FÜR DIE ZERSTREUUNG VON VERBLENDUNG
(Für den Einzelnen)

I. *Vorbereitungsstufen.*

1. Erkennen der zu zerstreuenden Verblendung. Dazu gehört:
   a. Die Bereitschaft, mit der Seele auf physischem, astralem und mentalem Wege zusammenzuarbeiten, um dadurch die mehr technischen Phasen der Arbeit zu erleichtern. Dieser Satz muß in seinem ganzen Ausmaße durchdacht werden.
   b. Ein Erkennen der Art und Weise, wie diese Verblendung das tägliche Leben und alle Beziehungen beeinflußt.

2. Die drei weiter oben beschriebenen Stufen (zur Vereinigung der beiden Lichter) müssen durchgeführt werden (vgl. Seite 229—231)
   a. *Die Stufe, auf der das Licht des Denkens und das Licht der Materie im mentalen Träger auf einen Brennpunkt vereinigt werden.* Das geschieht durch Erhebung, Vermischung und Fusion, und dazu braucht man die schöpferische Einbildungskraft.
   b. *Die Stufe der Meditation,* die mit der Zeit die Fusion des Lichtes der Materie, des Lichtes des Denkens und des Lichtes der Seele auf der Mentalebene zuwege bringt.
216]   c. *Die Stufe, auf der diese drei Lichter als ein vereintes Licht erkannt werden* — ein Scheinwerfer, der je nach Bedarf in die notwendige Richtung gelenkt werden kann.
3. Die Erkenntnis zweier Aspekte der Vorbereitung:
   a. Gleichschaltung der Persönlichkeit, so daß die drei Aspekte der niederen Natur als integrierte Einheit der Persönlichkeit angesehen werden.
   b. Eine Art der Integrierung, wobei die Persönlichkeit und die Seele ebenfalls als eine Einheit angesehen werden. Das geschieht durch Hingabe der Persönlichkeit an die Seele und deren Annahme seitens der Seele.

   Diese beiden Gedankengänge erzeugen ein Kraftfeld magnetischen Denkens und Gewahrseins, innerhalb dessen alle weitere Arbeit vor sich geht.
4. Eine Pause, in der der ganze Mensch für die zu leistende Arbeit Kraft sammelt. Nach eingehender Beschäftigung mit der Stufe des Seelenkontaktes und der einleitenden Vorbereitung richtet er jetzt seine ganze Aufmerksamkeit auf die auszumerzende Verblendung. Das bedingt nicht, daß man sich der Verblendung und deren Ursachen bewußt ist. Es bedeutet, daß *die Aufmerksamkeit der integrierten Seelen-Persönlichkeit auf die Astralebene und die besondere Verblendung gerichtet wird; dem Astralkörper des Aspiranten,* der die Ar-

beit zu leisten sucht, wird keine Beachtung geschenkt. Diese Feststellung ist von besonderer Wichtigkeit, denn mit der Zerstörung der besonderen Art von Verblendung, mit der sich der Aspirant oder Jünger befaßt, beginnt er auch seinen Eigenanteil daran zu zerstören — nämlich das in ihm, was ihn mit der Verblendung in Kontakt bringt; und gleichzeitig bereitet er sich auf den Gruppendienst derselben Art vor. Das wird sich als keine leichte Aufgabe herausstellen.

217]   II. *Die Technik oder Formel.*

5. Durch einen Akt schöpferischer Einbildungskraft bemüht sich der Mitarbeiter zu hören und zu sehen, wie die Seele — die Quelle von Licht und Macht in den drei Welten — das OM in das Denken der aufmerksam wartenden Persönlichkeit hineinatmet. Dort wird das Licht und die Macht der Seele festgehalten und zwar von der positiven Persönlichkeit, denn eine negative Einstellung ist nicht erwünscht.

6. Das festgehaltene Licht und die Macht der Seele erzeugen dann zusammen mit dem Doppellicht der Persönlichkeit (das, wie wir wissen, seinen Brennpunkt auf der Mentalebene hat) ein intensives Licht, das man sich als einen Scheinwerfer mit blendendem Glanz und großer Leuchtkraft vorstellen kann. Es muß als lebhaft glänzende Lichtkugel erschaut werden, die aber noch nicht hinausstrahlt oder sich nach außen hin richtet.

7. Wenn man diesen Akt bildlicher Vorstellung als hinreichend vollbracht erachtet, folgt eine Pause, in der der Aspirant alle ihm verfügbare Willenskraft hinter dem Licht aufstaut, das aus der Fusion der drei Lichter erschaffen wurde. Dies bezieht sich auf die Stufe, von der Patanjali als dem „im Lichte verharrenden Denkvermögen" spricht. Dieser Willensaufwand der seelenerfüllten Persönlichkeit ist dynamisch, aber auf dieser Stufe noch ruhend und nicht magnetisch oder ausstrahlend.

Das Ende der Verblendung

8. Dann folgt ein Vorgang, in dessen Verlauf die zu zerstreuende Verblendung und der Scheinwerfer des Denkvermögens durch die Macht der Gedanken miteinander in Beziehung gebracht werden. Die Verblendung und ihre Qualität und der Scheinwerfer und seine Macht werden als solche anerkannt, und die durch diese Beziehung zu erzielende Wirkung oder Wirkungen werden sorgfältig durchdacht. Das darf jedoch nicht dahin ausarten, daß der Denkvorgang, das Licht und
218] die Macht die ohnehin mächtige Verblendung noch verstärken. Es muß vielmehr alles in einer solchen Weise ausgeführt werden, daß zu Ende des Vorganges die Verblendung merklich geschwächt und schließlich ganz zerstreut ist. Es ist wichtig, daß man sich darüber klar ist.
9. Sobald der Aspirant die nötige Konzentration, Vorstellung und Beziehung so weit wie möglich erlangt hat, stellt er (durch einen Akt des Willens und der schöpferischen Einbildungskraft) den Scheinwerfer an und sieht einen hellen Lichtstrahl hervorbrechen, der die Verblendung durchbohrt. Er muß sich einen breiten, glänzenden Strahl bildlich vorstellen, der vom erleuchteten Denken aus auf die Astralebene flutet. Er muß den Glauben haben, daß das eine Tatsache ist.
10. Dann folgt eine wichtige und schwierige Arbeitsphase: Der Mitarbeiter nennt *die Verblendung mit Namen* und sieht, wie sie sich zerstreut. Er unterstützt den Vorgang dadurch, daß er mit Spannung und unhörbar sagt:

> Die Macht des Lichtes verhindert das Erscheinen der (mit Namen genannten) Verblendung.
> Die Macht des Lichtes entkräftet die Eigenschaft der Verblendung, mich zu beeinflussen.
> Die Macht des Lichtes zerstört die Lebenskraft, die sich hinter dieser Verblendung verbirgt.

Das Aufsagen dieser drei Sätze bekräftigt die Macht und das Vorhaben; es muß von einem Spannungspunkte aus erfolgen,

mit beständigem Denken und mit positiver Einstellung auf das Ziel.
11. Wiederum wird das Heilige Wort angestimmt, um das hervorzurufen, was die okkulte Sprache einen „Akt der Durchdringung" nennt; man sieht dann, wie das Licht dreierlei bewirkt:
219] a. Es stürmt machtvoll auf die Verblendung ein.
    b. Es durchdringt die Verblendung und wird von ihr absorbiert.
    c. Es zerstreut langsam die Verblendung; nach einiger Zeit wird die Verblendung nie mehr so machtvoll sein und am Ende wird sie ganz und gar verschwinden.
12. Darauf folgt eine Phase der Zurückziehung; der Aspirant zieht den Lichtstrahl bewußt und mit Bedacht zurück und stellt sich selbst wieder auf die Mentalebene ein.

Ich möchte darauf hinweisen, daß Verblendung niemals sofort zerstreut wird. Dazu liegt ihr Ursprung zu weit zurück. Eine beharrliche Anwendung dieser Formel wird jedoch die Verblendung schwächen; langsam und unvermeidlich wird sie verschwinden und der Mensch wird von dieser besonderen Behinderung frei sein. Diese Formel mag sehr lang erscheinen, aber ich habe sie absichtlich so ausführlich wie möglich dargestellt, damit der Aspirant klar begreift, was er zu tun hat. Nach genügender Übung und gewissenhafter Befolgung der verlangten Bedingungen wird der Aspirant sie fast automatisch anwenden, und dann wird ihm die Formel in folgender, abgekürzter Fassung genügen:

Kurzer Umriß der Formel

1. Die vier Vorbereitungsstufen
   a. Erkennen der zu zerstreuenden Verblendung.
   b. Konzentration des Lichtes der Persönlichkeit, eines Doppellichtes.
   c. Meditation und Erkennen des größeren Lichtes.

Das Ende der Verblendung

220]
d. Vereinigung des Doppellichtes der Materie und des Lichtes der Seele, wodurch der Scheinwerfer des Denkens entsteht.
2. Gleichschaltung und Integration.
3. Bewußtes Einstellen des Denkscheinwerfers auf die Astralebene.

Die Formel

4. Tätigwerden der Seele und Festhalten des Lichtes.
5. Erzeugung und bildliche Vorstellung des Scheinwerfers.
6. Anspannung des Willens, der dem Denkscheinwerfer Kraft verleiht.
7. Das erzeugte, vereinte Licht wird durch die Kraft des Denkens auf die Verblendung gerichtet.
8. Benennung der Verblendung und dreifache Bekräftigung.
9. Der Akt der Durchdringung.
10. Der Vorgang der Zurückziehung.

Mein Vorhaben, lieber Bruder, besteht in der Tat darin, die kommende Generation zu lehren, wie sie jene Gedankenformen zerstören kann, die die Menschenrasse gefangen halten; im Falle der Verblendung sind es die Formen, welche das Wünschen und Fühlen, die Empfänglichkeit für die Umgebung, das sich entwickelnde Aufwärtsstreben und alte Ideale angenommen haben, und die das Licht der Seele daran hindern, das Wachbewußtsein zu erleuchten. Die auf der Astralebene Gestalt annehmenden Energien sind keine reinen Gemütsstimmungen und Gefühle, die sich etwa in reinen Astralstoff kleiden, denn so etwas gibt es nicht; es sind vielmehr die durch Evolution der Substanz der physischen Ebene erweckten, instinktmäßigen Wünsche. Und diese ganze Substanz wird durch den Tätigkeitstrieb der menschlichen Familie unaufhörlich erlöst und zur Höhe hinangezogen, bis wir eines Tages die Verklärung dieser Substanz und die „Verherrlichung der Jungfrau Maria" — des Mutteraspektes der Gottnatur erleben werden. Die auf der Astralebene Form-gewordenen Energien sind außerdem die herabkommenden Gedankenformen, die der Mensch im Verlauf seiner Evolution immer wieder erschafft und in die Manifestation heruntergezogen, indem er sie mit Wunschsubstanz umkleidet. Wenn die herabkommenden Gedankenformen (eine Reflexion innerhalb der drei Welten von jener umfangreichen, im Verlauf der Wahrnehmung begriffenen „Regenwolke erkennbarer Dinge", wie Patanjali sie nennt, die in Erwartung ihres Herabströmens auf der buddhischen Ebene schwebt) einerseits und die aufsteigende, vom niederen Aspekt des Einzelmenschen und von der Gesamt-Menschheit herstammende Masse instinktmäßigen Verlangens andererseits an einem Spannungspunkte zusammentreffen, dann kommt es zur Erscheinung der sogenannten Astralebene — eines vom Menschen erzeugten Wirkungsbereiches. Die untermenschlichen Naturreiche kennen keine Astralebene; die übermenschlichen Reiche haben sie überwunden und das Geheimnis ihrer Täuschung entdeckt, und sie erkennen sie nicht mehr an, es sei denn als einen vorübergehenden Erfahrungsbereich, in dem der Mensch lebt. Dort erlernt er die Tatsache, daß die Wirklichkeit „nichts dergleichen ist, sondern nur der Eine und das Andere in Beziehung zueinander." Das ist einer der okkulten Sätze, den der Jünger verstehen lernen muß, ein Satz, der die Manifestation beschreibt.

b. *Zerstreuung der Gruppen- und Weltverblendung*

Ein Gruppenwerk zwecks Zerstreuung der Weltverblendung muß naturgemäß denen obliegen, die an der Zerstreuung von Verblendung in ihrem eigenen Leben arbeiten und die gelernt haben, die obige Formel anzuwenden. Die Mehrzahl der auf diesem Gebiete Tätigen sind Aspiranten des sechsten Strahls, also Aspiranten, deren Persönlichkeitsstrahl oder deren Seelenstrahl der sechste ist; dazu kommen Menschen auf allen Strahlen mit stark ausgeprägten sechststrahligen Astralkörpern. Sie sind äußerst wirksame Mitarbeiter innerhalb der Gruppe, leiden aber unter einen wesentlichen Schwierigkeit. Trotz ihrer Aspiration und ihrer guten Absicht bemerken sie selten die Verblendungen, denen sie unterliegen. Es fällt außerordentlich schwer, den Aspiranten auf dem 6. Strahl zum Eingeständnis zu bewegen, daß er im Banne einer Verblendung **222]** steht, besonders dann, wenn es sich um eine Verblendung handelt, die geistige Merkmale trägt und ein sehr hohes Niveau hat. In diesem Falle wird die Verblendung durch die Energie der Hingabe gesteigert, die sie erhärtet und ihr eine Qualität verleiht, deren Durchdringung äußerst schwierig ist. Ihre vollendete Selbstüberzeugung ist ein ernsthaftes Hindernis für jede klarsehende Arbeit, weil das alles von ihnen abfallen muß, ehe das Zerstreuungswerk mit Erfolg gefördert werden kann. Erststrahlige Menschen können Verblendung verhältnismäßig leicht überwinden, sobald sie diese als eine Beeinträchtigung ihrer Persönlichkeit erkennen. Drittstrahlige Menschen sind dafür ebenso empfänglich, wie sechststrahlige, und ihr weitschweifiges, verdrehendes und Pläne-schmiedendes Denken sowie die Schnelligkeit, mit der sie sich selbst täuschen können (und oftmals andere zu täuschen versuchen) behindert stark ihr Bestreben, mit Verblendungen aufzuräumen. Ihre ausgesprochene Tendenz, der Verblendung zum Opfer zu fallen, zeigt sich in der Unfähigkeit des drittstrahligen Aspiranten oder Jüngers, sich in klaren Worten verständlich auszudrücken. Er hat durch so viele Inkarnationen hindurch hinter gewundenen Formulierungen von Gedanken und Ideen Schutz gesucht und kann sich nur selten klar verständlich machen. Aus diesem Grunde erweisen sich sechst- und drittstrahlige Menschen meistens als unfähige Lehrer. Diese beiden Gruppen müssen daher diese Formel anzuwenden lernen, und sie würden den Zerstreuungsprozeß erheblich beschleunigen, wenn sie sich dazu zwängen, ihre Gedanken klar auszusprechen oder niederzuschreiben, wenn sie jeden Doppelsinn vermieden und sich nicht mit halben Gedanken, Anspielungen oder Suggestionen abgäben. Sie sollten klar die Ideen aussprechen, mit denen sie sich jeweils befassen.

Das Problem des Menschen auf dem 7. Strahl liegt in seiner Fähigkeit, außerordentlich klar umrissene Gedankenformen zu schaffen; die Verblendungen, die ihn beherrschen, sind daher scharf ausgeprägt, bestimmt und für ihn durchaus zwangsläufig. Sie kristallisieren jedoch sehr schnell und sterben von selbst. Zweitstrahlige Aspiranten sind sich gewöhnlich jeder Verblendung voll bewußt, die sie etwa niederzuhalten sucht, denn sie besitzen eine angeborene Fähigkeit zu klarer Wahrnehmung. Ihr Problem besteht darin, daß sie die leichte Empfänglichkeit in sich ertöten müssen, mit der sie so schnell auf die magnetische Anziehung der Astralebene und deren vielfältige und weitverbreitete Verblendungen reagieren. Sie sind oft nicht so sehr für *eine* besondere, als vielmehr für alle Verblendungen empfänglich und zwar in einer Weise, die von verhältnismäßig kurzer Dauer ist, die aber nichtsdestoweniger ihren Fortschritt erheblich verzögert. Weil sie so klarsehend sind, kommt zu ihrer Empfänglichkeit für Verblendung die Neigung hinzu, darunter zu leiden und ihre Empfänglichkeit als eine Sünde und einen Mangel anzusehen; auf diese Weise verzögern sie ihre Befreiung davon durch eine negative Haltung, die auf Minderwertigkeit und Bedrängnis beruht. Stete Anwendung der obigen Formel wird für sie außerordentlich nützlich sein, bis die Zeit kommt, da sie eine oder mehrere Verblendungen wahrnehmen können, ohne selbst davon berührt zu werden. Personen auf dem 5. Strahl leiden zwar am wenigsten unter Verblendung, sind aber hauptsächlich Opfer der Illusion; für sie ist die Technik der Gegenwärtigkeit von allergrößter Bedeutung, weil sie etwas mit sich bringt, was der ausgesprochen fünfstrahlige Mensch zu verleugnen und nicht zuzugeben geneigt ist, nämlich die Tatsache des Höheren Selbstes. Er ist sich selbst genügend. Solche Menschen reagieren daher leicht und mit Genugtuung auf die Macht des Denkens; Stolz auf die eigene mentale Leistungsfähigkeit ist ihre Gewohnheitssünde, sie halten daher hartnäckig an ihren Vorsätzen fest und beschäftigen sich ganz mit der Welt des Konkreten und des Intellektuellen. Sobald der Engel der Gegenwärtigkeit ihnen zur Wirklichkeit wird, verliert ihre Empfänglichkeit für Verblendung an Kraft und verschwindet. Ihr Hauptproblem besteht nicht so sehr in der Verneinung des Astralkörpers, denn sie neigen ohnehin dazu, dessen Anziehungskraft gering einzuschätzen, sondern ihre Hauptschwierigkeit liegt im Erkennen dessen, was das Denken zu enthüllen bestimmt ist — das göttliche, geistige Selbst. Ihr niederes, konkretes Denkvermögen bildet eine Schranke zwischen ihnen und der Vision.

Vierstrahlige Menschen unterliegen der Verblendung besonders leicht und geraten dadurch in eine äußerst schwierige Lage. Ihr Problem könnte ich vielleicht am besten wie folgt beschreiben: sie neigen dazu, ihre Illusion auf die Astralebene herunterzubringen und sie dort mit Verblendung zu umkleiden; dadurch bürden sie 224] sich ein doppeltes Problem auf; sie haben es mit einer Vereinigung von Verblendung und Illusion zu tun. Sie sind jedoch diejenige Gruppe von Seelen, die am Ende das wahre Wesen der Intuition enthüllen werden und zwar als Resultat ihres illusorischen Verblendungskampfes in der Erscheinungswelt.

Wir kommen jetzt zur Betrachtung der Formel, die von denen benützt werden soll, die der Menschheit durch bewußte Zerbröckelung und Zerstreuung der sie im Banne haltenden Verblendungen dienen wollen, und die wissen, daß das in Gruppenformation geschehen muß. Bestimmte, individuelle Merkmale sind für das Personal solcher Gruppen wesentlich. Vor allem müssen sie fähig sein, unbekümmert um Resultate zu wirken und die Formel eine bestimmte Zeitlang (z. B. einmal wöchentlich zwei oder mehr Jahre lang) anzuwenden, ohne irgendwelchen Erfolg zu erwarten; sie müssen sich darüber klar sein, daß sie niemals wissen können, ob sie erfolgreich sind oder nicht, weil die Verblendungen, die sie zu zerstreuen versuchen, so weit verbreitet und so allgemein sind, daß ihr individuelles Denken die Wirkungen nicht begreifen kann. Sie stehen der Situation zu nahe, ihr Gesichtskreis beschränkt sich daher notwendigerweise auf den unmittelbaren Vordergrund. Zweitens müssen sie sich verstandesmäßig darüber klar sein, was eine Weltverblendung kennzeichnet, damit sie diese okkult „beim Namen nennen" und dadurch mit ihr in Berührung kommen können. Sie müssen drittens gewohnt sein, an der Zerstreuung von Verblendung in ihrem eigenen Leben zu arbeiten; die Notwendigkeit dazu und ihr dabei erzielter Erfolg sind Faktoren, die ihre Eignung für die Aufgabe anzeigen.

Letzlich müssen sie ihre Mitmenschen lieben. Das dürfen sie aber nicht mit der isolierenden Hingabe tun, mit der eine sechststrahlige Person zu lieben pflegt, sondern in der Art, wie eine zweitstrahlige Person liebt — mit einer allumfassenden Wertschätzung der Menschheit, mit einem verstehenden Herzen, zu dem sich ein kritisches Denkvermögen gesellt, das trotz erkannter Irrtümer beharrlich liebt und mit klarem Blick die Vorzüge und Schattenseiten eines Einzelmenschen oder einer Rasse sieht. Diese Fähigkeit ermöglicht es dem sechststrahligen Aspiranten, vom geringeren 225] sechsten Strahl überzuwechseln und seinen Platz auf dem zweiten Hauptstrahl zu finden, wie das alle sechst- und viertstrahligen Eingeweihten tun müssen.

Eine der Vorbedingungen für diese Gruppenarbeit ist eine sehr sorgfältige Auswahl derer, die dabei mitzuwirken bestimmt sind. Sie müssen gewählt werden, weil sie eben zur Zusammenarbeit *fähig* sind. Sie müssen sich entweder außerordentlich gut kennen und von persönlichen Reibungen frei sein, oder sie müssen sich als Persönlichkeiten verhältnismäßig unbekannt sein, sich aber zueinander angezogen fühlen als Seelen-Mitarbeiter in diesem besonderen Werk. Sie müssen, soweit es ihnen möglich ist, regelmäßig mitzuarbeiten versuchen, so daß ein Rhythmus zuwege gebracht werden kann, der zu beständigen, rhythmischen Lichtstößen auf die Verblendung führt. Sie müssen sich auch getreulich an die gegebene Formel halten. Es ist eine der Anfangsformeln und von größter Macht, weil sie als allererste Formel einer Gruppe dazu dienen soll, Verblendung zu zerstreuen. Der ganze Vorgang ist völlig neu, soweit der Mensch in Frage kommt, und die zu leistende Arbeit wird sich zwangsläufig als sehr schwer erweisen, da sie es mit einer interessanten Situation zu tun hat. Die Gruppen, die sich damit befassen werden, die Verblendungen, die die Vision der Menschheit trüben, zu durchdringen und zu zerstreuen, werden die ersten Gruppen von Nicht-Eingeweihten sein, die sich in dieser Weise auf der physischen Ebene betätigen und bewußt auf ein bestimmtes Ziel hinarbeiten werden. Bislang wurde diese Arbeit von Mitgliedern der Hierarchie geleistet und auch dann nur mit dem Gedanken, die Verblendungen so lange zurückzuhalten, bis die Menschheit selbst bereit sein würde, das von ihr Geschaffene zu zerstören. Verblendungen sind auch schon früher durch Massen-Anstrengungen durchdrungen worden und zwar eine lange Zeit hindurch, aber meistens ohne irgendwelches bewußtes Verständnis. Ein Beispiel dafür wäre das zusammenhanglose und verschwommene Bemühen der Kirche, die Verblendung materieller Wünsche und materiellen Wohlseins dadurch zu durchdringen, daß sie den Gedanken an einen himmlischen Ersatz an ihre Stelle setzte. Das jetzt geplante Werk dagegen ist dynamisch und klar umrissen, von bewußter Absicht getragen und spezifisch in seiner Wirkung. Es ist eine bestimmte Methode der Handhabung und Aussendung von Lichtenergien mit dem Ziel, die emotional-mentalen Hindernisse auf dem Pfade der Rückkehr zu Gott zu zerstören.

Zur Förderung einer leichteren und mehr konzentrierten Arbeitsweise ist es wünschenswert, wenn die Gruppe sich zum Gebrauch der Formel zusammenfinden kann. Wenn sich das jedoch als unmöglich erweist, dann kann das Gruppenpersonal es so einrichten, daß man zwar getrennt, aber doch im Bewußtsein enger Verbundenheit und in steter Anerkennung der zum Gruppenkörper gehörigen Mitglieder arbeitet. Das ist sowohl für den „Zusammenschluß von Licht" als auch zum Schutz gegen die anzugreifende Verblendung erforderlich. Dieser „Lichtbeitrag" ist ein Haupterfordernis und muß stets im Auge behalten werden. Wenn irgend möglich sollte man es zur Regel machen, daß die Gruppe sich an einem bestimmten Treffpunkt zur Arbeit zusammenfindet, selbst wenn das von einigen Mitgliedern große Opfer verlangt.

Ich empfehle der Gruppe, sich zuerst mit jener Verblendung zu

befassen, die von allen Gruppenmitgliedern als Haupthindernis gegenüber dem Fortschritt der Menschheit anerkannt wird. Auch würde ich empfehlen, daß sie sich in den Anfangsstadien der Arbeit mit einer Verblendung befassen, die die Aspiranten beeinflußt, und daß sie sich nicht gleich an die weitverbreiteten und tiefverwurzelten Verblendungen der gesamten Menschenrasse heranwagen. Erst sollen sie einmal an einer der geringeren und leichter vorstellbaren Verblendungen ihre Fähigkeit entwickeln. Wenn die Gruppe dann im Laufe der Zeit einige Übung erlangt hat, kann sie sich schwierigeren Aufgaben zuwenden und sich mit Verblendungen abgeben, die etwas weiter über den Bereich der eigenen Schwierigkeiten hinausragen. Ich brauche wohl kaum zu betonen, daß nur solche als Gruppenmitglieder in Frage kommen, die ihr eigenes Leben von Verblendung freizuhalten bestrebt sind. Auch möchte ich hinzufügen, daß ein Gruppenmitglied, das selbst im Dickicht einer Verblendung steckt und mit ihrer Bekämpfung beschäftigt
227] ist, sich solange von der Gruppenarbeit fernhalten sollte, bis es sich mit Hilfe der individuellen Formel selbst freigemacht hat.

Wer in der Lage ist, sich selbst offen ins Gesicht zu schauen und die Wahrheit so zu sehen, wie sie ist, wer den gleichen Tatsachen in bezug auf die Menschheit gegenübertreten kann und angesichts von Entdeckungen schlimmster Art über sich selbst und die Welt der Menschen gleichmütig und unerschrocken zu bleiben vermag, der gehört zu denen, die bei Anwendung dieser Technik am erfolgreichsten sein werden. Ich möchte auch noch daran erinnern, daß die Gruppe sich vor der Verblendung oder den Verblendungen schützen muß, die sie zu zerstreuen versucht. Ihre individuelle Neigung zur Verblendung gibt zwar den einzelnen das Recht, auf diese Weise zu dienen, setzt sie aber auch Gefahren aus, und dagegen ist eine Schutzformel notwendig.

Die Formel besteht demnach aus drei Teilen:
 1. Die Vorbereitungsstufen.
 2. Der Gebrauch der Schutzformel.
 3. Gruppenformel zwecks Zerstreuung von Verblendung.

Die Arbeit, die der Einzelne bei der Bewältigung seiner persönlichen Verblendungsprobleme geleistet hat, wird das Vorbereitungswerk der Gruppe erheblich erleichtern.

Man wird bemerken, daß ich im Zusammenhang mit diesem Werk nichts über die Art des Raumes sage, oder die Rangordnung der Gruppenmitglieder, die einzunehmende Haltung, den Gebrauch von Weihrauch oder sonstigem Drum und Dran, was von so vielen okkulten Gruppen für wichtig erachtet wird. Starre, physische Rituale sind heutzutage (vom Standpunkt der Hierarchie aus) gänzlich veraltet und ohne Bedeutung, soweit Jünger und fortgeschrittene Aspiranten in Frage kommen. Solche Dinge sind für den wenig entwickelten Menschen von Wert, dessen Sinn für das Dramatische entwickelt werden muß und der noch äußerliche Hilfsmittel braucht; und letztere sorgen in der Tat für eine Szenerie, die es Anfängern leichter macht, den Gegenstand ihrer Betätigung und deren Zweck im Auge zu behalten. Das einzige Ritual, das noch
228] für die gesamte menschliche Familie — und besonders für den fortgeschrittenen Menschen — als wertvoll betrachtet wird, ist das Ritual der Freimaurer. Der Grund dafür ist der, daß es sich dabei um eine bildliche Darstellung des Schöpfungsvorganges, der Beziehung zwischen Gott und Mensch, des Pfades der Rückkehr und auch jener großen Einweihungen handelt, vermittels derer der befreite Eingeweihte in die Ratskammer des Allerhöchsten eingeht. Von dieser Ausnahme abgesehen, werden jedoch die kleinen unbedeutenden Rituale der sozialen Stellung und der physischen Beziehungen im Hinblick auf Verhalten und Sitzanordnung als unnötig erachtet, zumal sie häufig die Aufmerksamkeit von der zu leistenden Arbeit ablenken.

Von denen, die diese Formeln anwenden, wird angenommen, daß sie ein gewisses Maß von innerer Polarisierung erlangt haben und fähig sind, sich an jedem Ort und zu jeder Zeit in ihr geistiges Zentrum zurückzuziehen. Das ist das Zentrum ruhigen Denkens, von wo aus das Werk beginnt.

Als Auftakt zu diesem Gruppenwerk sind lediglich zehn Minuten absoluten Schweigens erforderlich, während dessen die Gruppenmitglieder jenes magnetische Feld positiver und doch empfangsbereiter Betätigung (man beachte hier die Paradoxe der okkulten Wissenschaften) zu schaffen suchen, das die übrige Arbeit ermöglichen soll.

Der Leiter der Gruppe (der abwechselnd gewählt wird, damit alle Mitglieder der Gruppe einmal diese Stellung einnehmen) beginnt die Arbeit damit, daß er die Namen der Gruppenmitglieder aufruft; und bei jedem Namensaufruf schauen die anderen Mitglieder direkt in die Augen des Genannten, der aufsteht und ihnen eine Minute lang gegenüber steht. Dadurch wird eine harmonische Verbindung und Beziehung geschaffen, denn die zielweisende, magnetische Kraft jeder Seele wird stets von „Auge zu Auge" erreicht. Das ist die okkulte Bedeutung von Redensarten wie „kannst du mir ins Auge sehen?" oder „sie mustern sich gegenseitig mit den Augen" und dergleichen mehr. Nach Erlangung wechselseitiger Verbundenheit sitzt dann die Gruppe zehn Minuten lang in vollem Schweigen. Das geschieht, um das Bewußtsein von allen weltlichen **229]** und persönlichen Angelegenheiten loszulösen und es auf die zu leistende Arbeit zu konzentrieren. Nach Ablauf der Schweigezeit nennt der Leiter die Verblendung, mit der die Gruppe sich beschäftigen soll. Bei der Zusammenkunft der Gruppe besteht keine Meinungsverschiedenheit mehr über die Verblendung selbst, weil die Mitglieder — außerhalb der Sitzungen und einen Monat lang, bevor sie an die Aufgabe der Zerstreuung herantraten, — die Verblendung, ihre Zusammenhänge, ihren geschichtlichen Werdegang, ihre psychologischen Einwirkungen auf den Einzelnen, die Gruppe und die Nation sowie ihren ausgedehnten Einfluß auf die gesamte Menschheit studiert haben. Die Erfahrung der Gruppe in einer Tätigkeit dieser Art wird das Wesen der zu behandelnden Verblendung bestimmen. Wie bereits gesagt, wird die unerfahrene Arbeitsgruppe zunächst einmal mit einer der Verblendungen anfangen, die den Aspiranten Schwierigkeiten machen, und dann erst zur Behandlung der mächtigeren und weiter verbreiteten Verblendungen übergehen, die die Menschheit als Ganzes heimsuchen. Dieser Auftakt zur Arbeit wird häufig als der *Akt der Benennung* bezeichnet, weil sowohl die Mitglieder der Gruppe als auch die Verblendung selbst mit Namen genannt werden.

Die nächste Stufe ähnelt der Vorbereitungsstufe zur Zerstreuungsformel für die Verblendungen des Einzelmenschen. Es ergibt sich demnach folgendes:

DIE VORBEREITUNGSSTUFEN

1. Der Akt der Namensnennung.
2. Die Schutzformel.

Die Schutzformel ist sehr einfach. Die Mitglieder der Gruppe sagen gemeinsam:

„Als Seele arbeite ich im Licht, und die Dunkelheit kann mir nichts anhaben.
Ich nehme innerhalb des Lichtes meinen Platz ein.
Ich arbeite und verharre auf diesem Punkte."

230] Während sie das sagen, schlägt jeder einzelne in der Gruppe das Zeichen des Kreuzes, indem er die Mitte der Stirn, die Mitte der Brust und jedes der beiden Augen berührt und dadurch das langgestreckte Kreuz Christi oder der gottgewordenen Menschheit bildet. Bekanntlich ist das Kreuz nicht bloß ein christliches Symbol. Es ist das große Symbol des Lichtes und des Bewußtseins, und es bedeutet das vertikale und das horizontale Licht, die Kraft der Anziehung und der Ausstrahlung, Seelenleben und Dienst. Das jetzt in der katholischen Kirche übliche Kreuz, wobei die Stirn, das Herz und die beiden Schultern berührt werden, ist das Kreuz der Materie. Es bedeutet in Wirklichkeit den dritten Aspekt. Das Kreuz, das die Gruppe schlagen wird, ist das Kreuz Christi und des Christusbewußtseins. Allmählich wird das Kreuz Christi (das Kreuz des auferstandenen Christus) das Kreuz der Materie und des Mutteraspektes verdrängen. Seine Ähnlich-

keit mit der Swastika ist offensichtlich und wird einer der Gründe für sein Verschwinden sein.
3. Die Vorbereitungsstufen:
   a. Konzentrierung des zweifachen Persönlichkeitslichtes der Materie und des Denkens.
   b. Meditation über Seelenkontakt und Erkennen des Seelenlichtes.
   c. Vermischung und Fusion der beiden niederen Lichter und des Seelenlichtes. Das geschieht im Rahmen der Gruppe, wobei jedes Mitglied seinen Teil beisteuert und bewußt versucht, sich im Geiste vorzustellen, wie das dreifache Licht, zu dem jeder Einzelne beiträgt, zu einer einzigen Lichtsphäre verschmilzt.
4. Auf das Zeichen vom Leiter sagt dann die Gruppe gemeinsam:

231]   „Das Licht ist eins und in diesem Lichte werden wir Licht sehen. Dies ist das Licht, das Dunkelheit in Tageshelle verwandelt."

OM.   OM.   OM.

Die Gleichschaltung und Integration des Einzelnen und der Gruppe kann jetzt als vollendet betrachtet werden, und wenn das wirklich in der richtigen Weise durchgeführt wurde, dann sollte sich bei jeder folgenden Zusammenkunft eine schnellere Integration und Fusion und größere Leuchtkraft der dabei gebildeten Lichtsphäre ergeben. Das Anstimmen des OM deutet sowohl die Fusion als auch den Wirkungsbereich an, denn das OM wird zuerst einmal von der Gruppenseele (der erkannten Einheit der Seelen aller Gruppenmitglieder) angestimmt, dann als die Seele auf der Mentalebene und schließlich als die Seele, die bereit ist, als Lichtträger und Lichtverteiler auf der Astralebene zu fungieren. All dies ist eine symbolische Art, die innere Wirklichkeit wahrzunehmen und ein Versuch, Kraft in äußere Erscheinung zu bringen, denn das ist es, was alle Symbole und symbolischen Handlungen erreichen können; auf diese Weise tragen sie dazu bei, die Mitarbeiter auf einem

Spannungspunkte festzuhalten. Dies ist eine wichtige Erkenntnis, die die Mitarbeiter davor hüten sollte, dem Formenaspekt des einfachen Rituals ungebührende Macht beizumessen, und die ihnen helfen sollte, ihre Aufmerksamkeit in der Welt der Bedeutung und der subjektiven, geistigen Betätigung zu konzentrieren. Diese drei Stufen heißen:

1. Der Akt der Namensnennung.
2. Der Akt der Beschützung.
3. Der Akt der Lichtkonzentration.

Es dürfte also klar sein, daß viel von der Fähigkeit der Gruppenmitglieder abhängt, sich eine klare bildliche Vorstellung zu machen und klar zu denken. Praktische Übung verhilft natürlich zur Verbesserung beider Vorgänge. Zum Ende dieser drei Stufen oder Stadien sind die Gruppenmitglieder vereint als Seelen, die gegen die Anziehungskraft der Verblendung geschützt sind; und vereint als Seelen, deren Gedanken und Gehirne stetig und positiv im Licht verharren. Sie betrachten ihr vereintes Licht als einen großen Lichtkegel, dessen Strahlen durch einen Willensakt von der Mentalebene herab auf die auf der Astralebene bestehende Verblendung gelenkt werden, welch' letztere durch den Akt ihrer Namensnennung mit der Gruppe in Beziehung gebracht wurde. Ich erwähne all das im einzelnen, weil diese Arbeit etwas ganz Neues ist, und weil mir sehr daran liegt, daß alle Teilnehmer von vornherein klar verstehen, wie die Aufgabe in Angriff genommen werden muß. Am Schluß dieser Lektion gebe ich zwei lange und zwei abgekürzte Formeln ohne erklärenden Text. Anfänglich sollte die einleitende Arbeit fünfzehn, und später nicht mehr als fünf Minuten in Anspruch nehmen (abgesehen von den zehn Minuten stiller Vorbereitung, die dem formellen Werk vorausgehen), denn die Gruppenmitglieder werden sich aneinander gewöhnen und die Ziele der Vorbereitungsarbeit schließlich sehr schnell erreichen können.

DIE TECHNIK ODER FORMEL

5. Dann sagt die Gruppe gemeinsam und einstimmig:

> „Ausstrahlung sind wir und Macht. Wir stehen immerdar mit ausgestreckten Händen und verbinden Himmel und Erde, die innere Welt der Bedeutung und die subtile Welt der Verblendung.
>
> Wir dringen ins Licht hinein und bringen es hernieder, um der Not abzuhelfen. Wir reichen in die Stätte des Schweigens hinein und bringen von dort die Gabe des Verstehens mit. So wirken wir mit dem Licht und verwandeln Dunkelheit in Tageshelle."

Während die Gruppe das spricht, stellt sie sich im Geiste vor, wie der durch ihr vereintes Licht gemeinsam erschaffene Lichtkegel sich gegen die zu zerstreuende Verblendung hinwendet; dabei hält die Gruppe das Licht unbeirrt fest und stellt sich in Gedanken das Zerstreuungswerk vor, das es verrichten soll. Dies ist der sogenannte *Akt der Richtstrahlung*.

6. Dann folgt eine Pause von einigen Minuten, in der die Gruppe den Lichtkegel durch ihren vereinten dynamischen Willen zu verstärken sucht; dadurch wird der ausgesandte Lichtstrahl mit der zerstörenden Qualität des geistigen Willens imprägniert — einer Qualität, die alles zerstört, was die Manifestation des Göttlichen behindert. Das geschieht dadurch, daß ein vereinter Spannungspunkt erreicht wird, und daß der Wille des Einzelnen und der Gruppe sich dem Willen Gottes hingibt. Dies nennt man den *Willensakt;* er wird schweigend von jedem Gruppenmitgliede vollzogen, im tiefen Bewußtsein dessen, daß alle damit eingeschlossen sind und daß es der Gruppenwille ist, der lautlos zu einem Brennpunkte zusammengefaßt wird. Dann sagen sie zusammen:

> „Mit machterfülltem Strahl konzentriert sich das Licht auf das Ziel."

Das Ende der Verblendung

7. Dann kommt der *Akt der Aussendung* und das Sprechen der Machtworte — wobei die besondere Verblendung wiederum bei Namen genannt und dadurch bewußt mit dem konzentrierten Licht in Verbindung gebracht wird. Damit beginnt das Werk der Zerstreuung.

„Die Macht unseres vereinten Lichtes verhindert das Auftreten der (mit Namen zu nennenden) Verblendung. Die Macht unseres vereinten Lichtes macht die Qualität dieser Verblendung, die Menschen zu beeinflussen, unwirksam. Die Macht unseres vereinten Lichtes zerstört die Lebenskraft dieser Verblendung."

Diese Worte sind fast die gleichen wie die der individuellen Formel*) und gewinnen durch die Erfahrung des Aspiranten und durch seine Vertrautheit mit ihrer Anwendung an Kraft. Dies ist der *Akt der Bejahung,* der den zweiten Teil des Aktes der Aussendung darstellt.

8. Dann kommt ein wichtiger Aspekt der Arbeit: die Gruppenmitglieder stellen sich im Geiste vor, wie das in die Dunkelheit eindringende Licht die Verblendung allmählich zerstreut und zerteilt. Sie versuchen zu sehen, wie sie sich auflöst und wie die Wirklichkeit hervortritt; sie tun das durch Anstrengung ihrer schöpferischen Einbildungskraft. Jeder wird das auf seine Weise und je nach dem Grade seines Verstehens und seiner Fähigkeit tun. Dies ist der *Akt der Durchdringung.*

9. Jetzt folgen fünf Minuten des Schweigens und intensiven Zielbewußtseins, während dessen die Gruppe darauf wartet, daß das eingeleitete Werk seinen Fortgang nimmt. Dann zieht die Gruppe ihr Bewußtsein von der Astralebene und von der Welt der Verblendung zurück. Die Gruppenmitglieder wenden zunächst ihre Aufmerksamkeit wieder der Mentalebene und sodann der Seele zu; sie geben jeden Gedanken an die Verblendung auf, da sie wissen, daß das Werk mit Erfolg vorangekommen ist. Sie organisieren sich wieder als

---
*) (siehe Seite 239)

eine Gruppe in Beziehung zum Reiche der Seele und zu einander. Okkult gesprochen ist der „Scheinwerfer der Seele abgestellt". Dies ist der *Akt der Zurückziehung*.
10. Das OM wird sodann von der Gruppe gemeinsam angestimmt; und um zu betonen, daß das Gruppenwerk beendet ist, stimmt dann jedes Mitglied der Gruppe das OM allein an und sagt:

 „So sei es und so möge es mir dazu verhelfen, in meinem eigenen Leben aller Verblendung und Unwahrheit ein Ende zu bereiten."

Aspiranten werden einige Zeit brauchen, bis diese Arbeit ihnen leicht fällt, aber es versteht sich von selbst, daß beim Erlernen einer ganz und gar neuen Technik des Dienens jeder einzelne Schritt 235] lange Zeit geübt und gemeistert werden muß. Jedes neue Wissensgebiet erfordert einige Zeit, bis man damit vertraut wird, und dieses ist keine Ausnahme. Der Versuch ist jedoch der Mühe wert, sowohl vom Standpunkte des Einzelnen aus, als auch im Sinne eines Dienstes an der Menschheit.

Daß alle Gruppen im Lichte zu wirken lernen, und daß Verblendung aus dem Leben jedes Menschen verschwinden möge, damit er frei in diesem Lichte einhergehen und dieses Licht zum Wohle anderer verwenden möge, ist mein Herzenswunsch für alle.

FORMEL FÜR DIE ZERSTREUUNG VON VERBLENDUNG
(Für den Einzelnen)

Vorbereitungsstufen.
1. Erkennen der zu zerstreuenden Verblendung. Dazu gehört:
    a. Die Bereitschaft, mit der Seele zusammenzuarbeiten.
    b. Ein Verstehen der Wesensart der in Frage kommenden Verblendung.
2. Die drei Stufen der Konzentration:
    a. Konzentrierung des Doppellichtes der Materie und des Denkens auf einen gemeinsamen Brennpunkt im Mentalkörper.

Das Ende der Verblendung

    b. Konzentrierung dieses Doppellichtes und des Seelenlichtes durch Meditation.

    c. Konzentrierung dieser drei Lichter, die zusammen den Lichtkegel zur Zerstreuung von Verblendung bilden.

3. Bereitmachung durch Gleichschaltung und Integration. Dadurch entsteht ein Kraftfeld aus magnetischem Gedankenstoff.
4. Die Aufmerksamkeit und der Denkscheinwerfer richten sich auf die Astralebene.

236] *Die Formel.*

5. Die Seele atmet das OM in die wartende Persönlichkeit hinein, und das Licht und die Macht, die dadurch erzeugt werden, bleiben zu späterer Verwendung verfügbar.
6. Ein intensives Licht wird langsam und bewußt erzeugt.
7. Der geistige Wille wird angerufen, während das Denken stetig im Licht festgehalten wird.
8. Die zu zerstreuende Verblendung und der Denkscheinwerfer werden miteinander in Beziehung gebracht.
9. Der Scheinwerfer wird sodann durch einen Willensakt angestellt, und ein starker Lichtstrahl wird auf die Verblendung gerichtet.
10. Die Verblendung wird mit Namen genannt und der Aspirant sagt mit Spannung unhörbar:

    „Die Kraft des Lichtes verhindert das Auftreten der (zu benennenden) Verblendung. Die Macht des Lichtes macht die Qualität der Verblendung, mich zu beeinflussen, unwirksam. Die Macht des Lichtes zerstört die Lebenskraft der Verblendung."

11. Das OM wird vom Aspiranten angestimmt und führt zu einem Akt der Durchdringung. Dies bewirkt Ansturm, Durchdringung und Zerstreuung.

12. Der Aspirant zieht sich nach Beendigung seiner Arbeit bewußt auf die Mentalebene zurück, und der Lichtstrahl erlischt.

Abgekürzte Form der Individuellen Formel.
1. Die vier Vorbereitungsstufen:
   a. Erkennen der zu zerstreuenden Verblendung.
   b. Konzentration des Doppellichtes der Persönlichkeit.
   c. Meditation und Erkennen des Seelenlichtes.
   d. Vereinigung der drei Lichter.
2. Gleichschaltung und erkannte Integration.
3. Einstellung des Denkscheinwerfers auf die Astralebene.

Die Formel.
4. Tätigwerden der Seele und Zurückhaltung des dreifachen Lichtes.
5. Erzeugung und bildliche Vorstellung des Lichtscheinwerfers.
6. Anspannung des Willens, der dem Denkscheinwerfer Kraft verleiht.
7. Der durch Denkkraft gelenkte Scheinwerfer richtet sich auf die Verblendung.
8. Benennung der Verblendung und dreifache Bekräftigung.
9. Der Akt der Durchdringung.
10. Der Vorgang der Zurückziehung.

FORMEL
FÜR DIE ZERSTREUUNG VON WELTVERBLENDUNG
(Technik für eine Gruppe)

Die Vorbereitungsstufen.
1. Namentlicher Aufruf der Gruppenmitglieder, danach zehn Minuten Schweigen.
2. Die Schutzformel: Die Gruppenmitglieder sagen gemeinsam:
   „Als eine Seele wirke ich im Licht, die Dunkelheit kann mich nicht berühren.
   Ich nehme meinen Platz im Lichte ein.
   Ich wirke und auf diesem Punkt verharre ich unentwegt."

Während diese Worte gesprochen werden, schlägt jedes Gruppenmitglied das Zeichen des Kreuzes der Göttlichkeit.
3. Die drei Vorbereitungsstufen.
   a. Konzentrierung des Doppellichtes der Materie und des Denkens.
   b. Meditation über den Kontakt mit der Seele und Erkennen des Seelenlichtes.
   c. Fusion der beiden niederen Lichter mit dem Seelenlicht.
4. Auf ein Zeichen des Leiters sagt die Gruppe gemeinsam:

   „Das Licht ist eins, und in diesem Lichte werden wir Licht sehen. Dies ist das Licht, das Dunkelheit in Tageshelle verwandelt."

   OM   OM   OM

Die Formel.
   5. Dann sagt die Gruppe gemeinsam:

   „Ausstrahlung sind wir und Macht. Wir stehen immerdar mit ausgestreckten Händen und verbinden Himmel und Erde, die innere Welt der Bedeutung und die subtile Welt der Verblendung.
   Wir reichen ins Licht hinein und bringen es hernieder, um der Not abzuhelfen. Wir reichen in die Stätte des Schweigens hinein und bringen von dort die Gabe des Verstehens mit. So wirken wir mit dem Licht und verwandeln Dunkelheit in Tageshelle."

239] Bei diesen Worten stellt sich die Gruppe bildlich vor, wie der von ihr geschaffene, große Lichtkegel sich der Astralebene zuwendet.
   6. Es folgt eine Pause und dann die Invokation des geistigen Willens. Wenn das geschehen ist, sagt die Gruppe:

   „Mit machtbeladenem Strahl richtet sich das Licht auf das Ziel."

7. Die zu zerstreuende Verblendung wird mit Namen genannt und das Licht auf sie gerichtet. Die Machtworte werden gesprochen:

"Die Macht unseres vereinten Lichtes verhindert das Auftreten der (mit Namen zu nennenden) Verblendung.
Die Macht unseres vereinten Lichtes macht die Qualität der Verblendung, den Menschen zu beeinflussen, unwirksam.
Die Macht unseres vereinten Lichtes zerstört die Lebenskraft, die dieser Verblendung zugrunde liegt."

8. Bildliche Vergegenwärtigung, wie das Licht in die Verblendung eindringt und sie schwächt und zerstreut.
9. Fünf Minuten Schweigen und intensive Konzentration auf das Vorhaben, während man sieht, wie das Werk fortschreitet. Dann stellen sich die Gruppenmitglieder wiederum auf die Mentalebene ein und entziehen ihre Aufmerksamkeit der Astralebene. Der Scheinwerfer der Seele wird abgestellt.
10. Jedes einzelne Mitglied intoniert laut das OM.

Abgekürzte Form der Gruppenformel.
1. Der Akt der Namensnennung.
2. Der Akt der Beschützung.
3. Der Akt der Konzentrierung der Lichter.
4. Der Akt der Richtstrahlung.
5. Der Akt der Willensinvokation.
6. Der Akt der Aussendung und Bekräftigung.
7. Der Akt der Durchdringung.
8. Der Akt der Zurückziehung.

Unsere Betrachtung über Verblendung nähert sich ihrem Ende. Wir haben das Thema in seinen verschiedenen Phasen eingehend behandelt und sind dem dreifachen Aspekt der Weltillusion nachgegangen, wie er auf der Mentalebene in Erscheinung tritt und dort die Intellektuellen beeinflußt; wie er sich auf der Astralebene zeigt und dort die Verblendung darstellt, der die große Masse der Menschen anheimfällt; jetzt wollen wir die Welt der Maja betrachten, in der wir rein physisch leben, wirken und unser Dasein haben.

Ich frage mich, ob die Leser meiner Worte die Bedeutung des Gesamtthemas zu würdigen wissen und ob sie sich des weiten Dienstbereiches bewußt sind, der sich ihnen da eröffnet, und der ja im ganzen menschlichen Leben praktisch anwendbar ist und zugleich den Weg weist, wie die Wirklichkeit erkennbar wird und alle verschleiernden Formen verschwinden können. Hinter den Worten Illusion, Verblendung und Maja liegt WAHRHEIT. Diese Wahrheit ist das klare Bewußtsein des Seins, der Existenz und der wesentlichen Urwirklichkeit. Aus diesem Grunde blieb Christus stumm vor Pilatus, dem Symbol des menschlichen Intellektes; Er wußte, daß keine Antwort diesem illusionsbefangenen, inhibierten Denker irgendwelche Bedeutung vermitteln konnte.

Illusion ist die Art und Weise, Wahrheit mit unzulänglichem Verstehen und materiellem Wissen so auslegen, daß diese hinter einer Wolke von Gedankenformen verschleiert und versteckt wird. Diese Gedankenformen erscheinen dann wirklicher als die Wahrheit, die sie verschleiern; folglich beeinträchtigen sie den Menschen im Streben nach der Wirklichkeit. Vermittels der Illusion erkennt er den Denkapparat und dessen Tätigkeit, die im Erbauen von Gedankenformen besteht, sowie das, was ihm zu erbauen gelingt und was er als die Schöpfung seines Intellektes betrachtet. Er hat jedoch eine Schranke zwischen sich und dem, was *ist* aufgerichtet; und solange er nicht die Hilfsquellen seines Intellektes erschöpft hat oder sich mit Vorbedacht weigert, sie zu benutzen, kann seine göttliche Intuition nicht wirksam werden. Die *Intuition* ist es, die das wahre Sein enthüllt und einen Zustand geistiger Wahrnehmung herbeiführt. Dann wird die Technik der GEGENWÄRTIGKEIT zur festen Gewohnheit.

Verblendung verschleiert und verbirgt die Wahrheit hinter den Nebelschwaden von Gefühlen und emotionellen Reaktionen; sie ist von einzigartiger und ungeheurer Wirkungskraft, wegen der starken Neigung der menschlichen Natur, sich mit der Astralnatur zu identifizieren, und wegen der Lebenskraft der darauf reagierenden, bewußten und gefühlsmäßigen Empfänglichkeit selbst. Wie der Leser aufgrund früherer Anweisungen weiß, kann Verblendung nur durch den Einstrom von klarem, gezieltem Licht zerstreut werden; das gilt sowohl für das Leben des Einzelnen als auch für das der Gesamt-Menschheit. *Erleuchtung* enthüllt vor allem das Vorhandensein von Verblendung; sie erhellt die qualvollen Kontraste, mit denen alle wahren Aspiranten zu kämpfen haben, und dann überstrahlt sie allmählich das Leben in so hohem Maße, daß alle Verblendung am Ende vollends verschwindet. Der Mensch sieht dann die Dinge, wie sie wirklich sind — er sieht die Fassade, die das Gute, das Schöne und das Wahre überdeckt. Die Gegensätze werden dann aufgelöst, und Bewußtsein wird durch einen Zustand klaren Erkennens verdrängt — durch ein Gewahrsein reinen Seins, für das wir keine angemessene Bezeichnung haben. Die Technik des LICHTES wird zum Dauerzustand.

3. *DIE TECHNIK DER INDIFFERENZ*

Wir kommen jetzt zu einer kurzen Betrachtung des dritten Aspektes der Illusion, den wir *Maja* nennen, und zur Technik, mit der man sie überwinden kann. Wir haben es dabei mit der Technik der Indifferenz zu tun, die sich damit befaßt, Seelenkraft auf dem Wege über die ätherische Ebene auf der physischen Ebene zu verteilen, was zur Inspiration führt. Das hängt mit der Wissenschaft des Atmens zusammen.

Was ist nun eigentlich Maja? Sie zu definieren ist nicht leicht, lieber Bruder, weil sie mit der formschaffenden Aktivität des Planetarischen Logos selbst zusammenhängt. Immerhin dürfte eine Betrachtung der Analogie zwischen dem Mikrokosmos und dem Makrokosmos ein wenig helfen. Die Seele schafft sich ein dreifaches Ausdrucksmittel in den drei Welten des menschlichen Daseins. Das ist eine okkulte Binsenwahrheit. Die äußere Form, der physische Doppelkörper (dicht und vital oder ätherisch) wird von gewissen Energien und Kräften produziert, geschaffen, durchkraftet, angetrieben und bedingt, die von jenen Ebenen herrühren, auf denen die Seele — mit Recht oder Unrecht — *eine Identitätsempfindung zuwege gebracht hat.* Beachte diesen Satz, lieber Bruder. Diese Kräfte machen den Menschen zu dem, was er ist; sie geben ihm sein Temperament, seinen Beruf und seine Qualität auf der physischen Ebene; sie machen ihn negativ oder positiv gegenüber den verschiedenartigen Energien, die auf ihn einstürmen; sie geben ihm seinen Charakter und machen ihn zu dem, was er anderen zu sein scheint; sie bewirken seine Färbung, seine Fähigkeiten und seine Persönlichkeit. Mit alledem identifiziert sich der Durchschnittsmensch; er hält sich für die Form, vermittels der er seine Wünsche und seine Ideen auszudrücken sucht. Diese völlige Identifizierung mit der vergänglichen Schöpfung und mit der äußeren Erscheinung ist Maja. Man darf nicht vergessen, daß individuelle Maja ein Bruchteil der Welt von Energien und Kräften ist, die den Lebensausdruck des planetarischen Logos ausmachen, die unser äußeres, planetarisches Leben bedingen und unseren Planeten zu dem machen, was er anderen Planeten zu sein scheint.

Der Unterschied zwischen dem Menschen (dem Mikrokosmos) und dem planetarischen Logos, dem Herrn der Welt (dem Makrokosmos), liegt in der Tatsache, daß der Herr der Welt keinerlei Anteil hat an der Maja, die Er erschuf und die den Zweck hat, am Ende die Freilassung der „Gefangenen des Planeten" zuwege zu bringen. Dieser Maja steht Er höchst gleichgültig gegenüber, und eben diese göttliche Indifferenz hat zur großen, theologischen Illusion einer anthropomorphischen Gottheit und (im Osten) zu dem Glauben geführt, daß unser Planet lediglich die Staffage oder das Spielzeug der Götter ist. Diese kosmische Indifferenz ist es auch, die zur menschlichen Verblendung bezüglich des „unerforschlichen Willens Gottes" und zur Behauptung geführt hat, daß Gott weit entfernt sei und nicht immanent in jeder Kreatur und in jedem Atom, aus dem Kreaturen erschaffen werden. Dies sind einige Aspekte der Verblendungen und Illusionen, die zerstreut und verscheucht werden müssen. Dabei wird man die Entdeckung machen, daß die Form nur Maja ist und außer acht gelassen werden kann, daß Kräfte durch Energie organisiert und gelenkt werden können, und daß die Welt der Gedanken, der Bereich gefühlsmäßigen Bewußtseins sowie der physische Spielplatz der Energien etwas ganz anderes sind, als der große Denker, der Eine, der empfindet, oder als der Schauspieler oder Darsteller der vielen Rollen, die zu spielen die Seele unternimmt.

Der Jünger lernt schließlich (während er inkarniert ist), vor allem sich selbst als Lenker von Kräften zu erkennen: er lenkt sie von der Höhe des göttlichen Beobachters aus, in dem Maße wie er sich zur Loslösung durchringt. Das sind Dinge, die ich meinen Schülern oft wiederholt habe. Diese Wahrheiten sind für sie nur Gemeinplätze des Okkultismus. Wenn sie doch nur die volle Bedeutung des Losgelöstseins begreifen und gelassen als beobachtende Lenker dastehen könnten, dann gäbe es keine Kräftevergeudung mehr, keine irrigen Schritte und keine falschen Deutungen, kein Abwandern auf die Seitenpfade des Alltagslebens; sie würden sich von ihren Mitmenschen nicht mehr ein verzerrtes und voreingenommenes Bild machen und sie würden — vor allem — nicht mehr Kräfte mißbrauchen.

Immer wieder und wieder haben seit altersher die Meister Ihren Jüngern (wie ich den meinigen) gesagt, daß der Okkultist in der Welt der Kräfte wirkt. Alle Menschenwesen leben, regen und manifestieren sich innerhalb und vermittels jener gleichen Welt von ewig fließenden, ewig anstürmenden, ein- und ausströmenden Energien. *Der Okkultist jedoch arbeitet dort;* er wird zum bewußten Lenker; er erschafft auf der physischen Ebene das, was er wünscht; und was er wünscht ist das Urbild der Dinge und die Verwirklichung des Plans, der auf dem Reißbrett des göttlichen Bewußtseins vom großen, göttlichen Baumeister entworfen wurde. Trotzdem identifiziert er sich weder mit dem Urbild noch mit den Kräften, die er benutzt. Frei von Illusion, nicht behindert durch Verblendung und nicht beherrscht von den Majakräften bewegt er sich in der Welt der Maja. Er nähert sich rasch in seiner eigenen

Das Ende der Verblendung 265

kleinen Welt derselben „göttlichen Indifferenz", die für Sanat Kumara, den Herrn der Welt, bezeichnend ist; deshalb erkennt er in steigendem Maße den Plan, wie er im Universellen Denken besteht, sowie den Zweck, der dem Willen Gottes Antrieb verleiht.

Diese göttliche Indifferenz ist verantwortlich für die Tatsache, daß sich beim Versuch, „Reines Sein" oder Gott zu beschreiben, und im Bemühen, das Wesen des Göttlichen einigermaßen zu verstehen, eine Verneinungsformel herausgebildet hat. Gott ist nicht das; Gott ist nicht jenes; Gott ist kein Ding; Gott ist weder Zeit noch Raum; Gott ist weder Gefühl noch Gedanke; Gott ist weder Form noch Substanz. Gott IST einfach. Gott IST — jenseits aller Ausdrucksform und Manifestation — der Lenker von Energie, der Schöpfer der greifbaren und der nicht greifbaren Welten, der alles-Leben-Durchdringende, oder der allen-Formen-Innewohnende. Gott ist DER EINE, DER sich zurückziehen und dadurch alles Erschaffene verscheuchen, zerstreuen und seines Lebens berauben kann — wobei diese Worte in ihrer vollsten Bedeutung gemeint sind.

Es dürfte also klar sein, daß in diesen drei Aktivitäten dieser Wirklichkeit, die mit der Erscheinungswelt nicht gleichzusetzen ist, der Wille Gottes, der Zerstöreraspekt der Gottheit, in wohltätiger Weise vorhanden ist. Der Akt des Ab- oder Zurückziehens führt zur Verscheuchung der illusorischen Welt der Gedanken; die Abwendung der göttlichen Aufmerksamkeit zerstreut das empfindende Universum und bewirkt das Ende aller Verblendung; das Aufhören göttlicher Lenkung bedeutet den Tod der physischen Welt. All diese Tätigkeiten sind Manifestationen des Willens oder des ersten Aspektes — des Willens-zum-Guten, der sich erst dann in seiner Vollendung auswirken kann, wenn sich der gute Wille 245] schließlich durch Mitwirkung der Menschheit auf Erden voll entwickelt hat.

Der Wille und der Atem, lieber Bruder, sind im okkulten Sinne synonyme Begriffe. In der Feststellung liegt der Schlüssel zur Beendigung von Maja.

Obige Bemerkungen bilden die Einleitung zu unserem Studium der Technik der Indifferenz. Es ist notwendig, auf Analogien hinzuweisen und die verschiedenen Aspekte verwandter Lehre miteinander zu verbinden, wenn eine wahre Vorstellung entwickelt werden soll. Wir wollen unsere Betrachtung dieses Themas wie folgt einteilen:

1. Betätigung auf der ätherischen Ebene, d. h. in der Welt der Kräfte.
    a. Ihre Verteilung.
    b. Ihre Handhabung.
2. Die Wissenschaft des Atems.
    a. Die Beziehung zwischen Wille und Atem.
    b. Inspiration.
3. Die Technik der Indifferenz.
    a. Durch Konzentration.
    b. Durch Loslösung.

Wir kommen damit auf das Gebiet des praktischen Okkultismus. Dies ist nicht das Gebiet des Aufwärtsstrebens oder der Bereich eines geplanten Fortschritts in Richtung auf das, was höher und wünschenswert ist. Es ist in mancher Beziehung eine umgekehrte Betätigung. Von dem auf der Evolutionsleiter erreichten Punkte aus wirkt der „im geistigen Sein verharrende" Jünger (soweit ihm das möglich ist) bewußt und mit Vorbedacht mit den Energien in den drei Welten. Er lenkt sie in den ätherischen Körper hinein und sucht sich dabei die Ebene aus, von der aus er zu arbeiten wünscht — die mentale, die emotionale oder die vitale Ebene selbst. Er tut dies in Übereinstimmung mit irgendeiner von ihm erschauten Idee, einem ihm liebgewordenen Ideal, einem erfühlten, göttlichen Vorbild, einer geistigen Hoffnung, einer geheiligten Ambition oder auf Grund eines sehnlichen Wünschens.

246] Der Ätherleib des Einzelnen ist bekanntlich ein Teil des ätherischen Körpers der Menschheit, und dieser ist seinerseits ein

Aspekt des ätherischen Körpers des Planeten, der in gleicher Weise ein wesentlicher Bestandteil des ätherischen Körpers des Sonnensystems ist. Nebenbei bemerkt bildet dieses weitreichende, tatsächliche Beziehungsverhältnis die Grundlage aller astrologischen Einflüsse. Der Mensch bewegt sich also in einem Strudel von Kräften jeder Art und Qualität. In jedem Teil seiner manifestierten oder unmanifestierten Ausdrucksform setzt er sich aus Energien zusammen; er steht deshalb mit allen anderen Energien in Beziehung. Seine Aufgabe ist äußerst schwierig und bedarf der großen Zeitspanne des evolutionären Zyklus. Mit der Masse von Weltenergien und Kräften des Sonnensystems können wir uns hier nicht befassen; wir wollen uns vielmehr auf die Betrachtung des individuellen Problems beschränken und dem Schüler empfehlen, sich zu bemühen, sein Verständnis für die mikrokosmische Lage auf die makrokosmische auszudehnen.

a. *Kraftverteilung und Handhabung auf der ätherischen Ebene.*

Wir wollen jetzt annehmen, daß der Aspirant von der Notwendigkeit überzeugt ist, seinem Leben auf der physischen Ebene einen neuen und höheren Rhythmus zu verleihen, seine Zeit in Einklang mit den Geboten seines höheren Selbstes einzuteilen und bewußt und nach wissenschaftlichen Regeln jene Wirkungen zu erzielen, die — in seinen höchsten Augenblicken — ihm als wünschenswert dargestellt werden. Er besitzt jetzt ein gewisses Maß von Kenntnissen über das Rüstzeug, das ihm für seine Aufgabe zur Verfügung steht, und er hat einige Tatsachen über seinen ätherischen Träger bewältigt. Die Gegensatzpaare sind ihm klar erkenntlich, auch wenn er noch immer von einem der Gegenpole beeinflußt wird; er ist sich des grundsätzlichen Zwiespaltes bewußt zwischen seiner Vision des Guten und der Art, wie er dieses Gute zum Ausdruck bringt. Er hat gelernt, daß er eine dreifache Reflexion einer höheren Dreiheit ist und daß diese Dreiheit — für ihn — die Wirklichkeit darstellt. Er versteht, daß das Denken, die Gefühle und das physische Dasein

247] dazu bestimmt sind, am Ende diese Wirklichkeit zu manifestieren. Im letzten Grunde weiß er, daß, sobald dieser Zwischenaspekt seiner selbst, der Ätherkörper, beherrscht und in richtiger Weise gelenkt werden kann, die Vision und ihr Ausdruck schließlich übereinstimmen werden und müssen. Er ist sich auch dessen bewußt, daß der dichte, physische Körper (die äußere, greifbare Erscheinung) nur ein Automat ist, der jedweden Kräften und Energien gehorcht, die in der subjektiven Welt vorherrschen und den Menschen bestimmen. Soll dieser physische Körper von emotionaler Kraft beherrscht werden, die durch das Sakralzentrum strömt und den Wunsch nach Befriedigung physischer Gelüste auslöst, oder durch das Sonnengeflechtszentrum (plexus solaris), wo sie zu irgendeiner emotionellen Befriedigung führt? Soll er dem Denken Folge leisten und hauptsächlich unter dem Antrieb von Gedankenwellen funktionieren? Soll er vielleicht von einer Energie gelenkt werden, die größer ist als irgendeine von diesen, die aber bislang anscheinend ohnmächtig blieb, nämlich von der Energie der Seele als einer Wesensäußerung reinen Seins? Soll er unter dem Antrieb von Gefühlsreaktionen, Ideen oder Gedanken in Tätigkeit gesetzt werden, die von anderen Menschen ausgehen, oder sollte er von der geistigen Hierarchie richtunggebend beeinflußt und zur Tätigkeit angespornt werden? Das sind so einige Fragen, die beantwortet werden müssen. An die Stelle des Strebens, Träumens und wunscherfüllten Denkens muß jetzt unmittelbares Handeln und sorgfältig geplante Anwendung der verfügbaren Kräfte treten, die durch Atmen, unter Leitung des inneren Auges und unter der Aufsicht des geistigen Menschen in Tätigkeit gesetzt werden. Welche Energien können und müssen in dieser Weise benutzt werden? Welche Kräfte müssen unter Kontrolle gebracht werden? Wie lassen sie sich kontrollieren? Sollten sie ignoriert und durch diese Nichtbeachtung wirkungslos gemacht werden, oder handelt es sich um Kräfte, die beim großen Schöpfungswerk benötigt werden?

Es dürfte also klar sein, daß der geistige Sucher zunächst einmal — wahrhaftig und im Lichte der Seele — herausfinden muß, wo eigentlich der genaue Brennpunkt seiner Identifizierung liegt. Damit will ich sagen: Gebraucht er in der Hauptsache die Energie, die sich auf der Mentalebene befindet? Ist er überwiegend gefühlsmäßig eingestellt und benutzt er meistens Kraft von der Astralebene? Kann er mit der Seele in Berührung treten und Seelenenergie in solcher Weise heranziehen, daß sie seine Persönlichkeitskraft neutralisiert oder ausgleicht? Kann er also mit Hilfe des ätherischen Körpers als Seele auf der physischen Ebene leben? Wer dieses Problem ernstlich überprüft, wird mit der Zeit entdecken, welche Kräfte in seinem Ätherkörper vorherrschen; und er wird *bewußt* merken und empfinden, zu welchen Zeiten und in welcher Situation die Anwendung von Seelenenergie am Platze ist. Das, lieber Bruder, braucht Zeit und erfordert anhaltende Beobachtung und eine genaue Analyse der Handlungen und Gefühlsregungen, der Worte und Gedanken. Wir haben es hier, wie ersichtlich, mit einem äußerst praktischen Problem zu tun, das auch ein wesentlicher Bestandteil unseres Studiums ist und im Leben des Jüngers grundlegende Änderungen hervorrufen wird.

Er wird nicht nur die Stärke der eingesetzten Kraft oder Kräfte beobachten, sondern auch genau untersuchen, unter welchen Umständen sie wirksam werden und wie oft sie in Erscheinung treten, ob neu oder gewohnheitsmäßig, und in welcher Art sie sich manifestieren. Auf diese Weise wird ihm ein neues Verständnis der bedingenden Ursachen aufgehen, die sich durch seinen Vitalkörper äußern und die ihn — auf der physischen Ebene — zu dem machen, was er wesentlich ist. Diese Untersuchung wird ihm in tief geistiger und bedeutsamer Weise von Nutzen sein.

Diese Periode der Beobachtung beschränkt sich jedoch auf mentale und verständnisvolle Beobachtung. Sie bildet die Grundlage für die zu leistende Arbeit, bringt Gewißheit und Kenntnis, ändert aber nichts an der Lage. Seine nächste Aufgabe besteht darin, sich der Qualität der angewandten Kräfte bewußt zu werden; um das festzustellen, wird es sich als notwendig erweisen, nicht nur seinen Seelen- und Persönlichkeitsstrahl zu entdecken, sondern auch die

Strahlen seines Denkapparates und seiner Gefühlsnatur kennen zu
249] lernen. Wenn er diese Strahlen noch nicht kennt, ist eine weitere Periode der Untersuchung und sorgfältigen Beobachtung notwendig. Wenn ich sage, daß zu diesen Ermittlungen auch noch eine genaue Beobachtung der Einwirkung von Kräften und Energien hinzukommen muß, denen er astrologisch ausgesetzt ist, dann wird der Schüler ermessen, welch harte Aufgabe er sich vorgenommen hat. Er muß nicht nur seine fünf Strahlenenergien heraussondern, sondern auch die Energie seines Sonnenzeichens in Betracht ziehen, das seine Persönlichkeit bedingt, sowie die Energie seines aufsteigenden Zeichens, das die Persönlichkeit zur Empfänglichkeit für die Seele anzuregen sucht, um auf diese Weise die Absichten der Seele durch die Mitarbeit der Persönlichkeit zu verwirklichen.

Es gibt demnach sieben Faktoren, welche die Qualität der Kräfte bestimmen, die sich durch den ätherischen Körper auszudrücken suchen:

1. Der Strahl der Seele.
2. Der Strahl der Persönlichkeit.
3. Der Strahl des Denkvermögens.
4. Der Strahl der Gefühlsnatur.
5. Der Strahl des physischen Trägers.
6. Die Energie des Sonnenzeichens.
7. Der Einfluß des aufsteigenden Zeichens.

Sobald diese jedoch festgestellt sind und man einigermaßen gewiß weiß, daß es sich dabei um wahre Tatsachen handelt, beginnt das ganze Problem sich zu klären, und der Jünger kann mit Wissen und Verständnis weiterwirken. Er entwickelt sich zum wissenschaftlichen Mitarbeiter auf dem Gebiet der verborgenen Kräfte. Er weiß dann, was er tut, mit welchen Energien er arbeiten muß, und er fängt an, diese Energien beim Eintritt in den ätherischen Träger zu verspüren.

Jetzt kommt die Stufe, auf der er in der Lage ist, die Wirklichkeit und die Funktion der sieben Zentren zu erfahren, die das Ein-

und Ausströmen der wogenden Kräfte und Energien ermöglichen, mit denen er es in dieser besonderen Inkarnation unmittelbar zu tun hat. Er beginnt damit eine ausgedehnte Periode der Beobachtung, Erprobung und Erfahrung, wobei Versuch und Irrtum, Erfolg 250] und Fehlschlag miteinander abwechseln; und das erfordert von ihm ein Höchstmaß an Kraft, Mut und Ausdauer.

Im allgemeinen wirkt sich die Seelenenergie durch das höchste Kopfzentrum aus, und sie wird durch Meditation und durch angewandte Kontaktfähigkeit zur Funktion gebracht. Die Energie der integrierten Persönlichkeit konzentriert sich durch das Ajnazentrum zwischen den Augen; und wenn sich der Jünger damit identifizieren kann und außerdem das Wesen und die Schwingung seiner Seelenenergie kennt, dann kann er erstmalig die Kraft der Lenkung anwenden, wobei er die Augen als Richtungsweiser benutzt. Wie aus meinen anderen Schriften hervorgeht, gibt es drei Augen der Vision und Lenkung, die dem Jünger zur Verfügung stehen.

1. *Das innere Auge*, das einzelne Auge des geistigen Menschen. Es ist das wahre Auge der Vision und verkörpert die Idee der Dualität (des Sehers und des Gesehenen). Es ist das göttliche Auge. Es ist das, durch welches die Seele auf die Welt der Menschen hinausblickt und wodurch die Persönlichkeit gelenkt wird.

2. *Das rechte Auge*, das Auge des Buddhi, das Auge, welches in direkter, empfangsbereiter Beziehung zum inneren Auge steht. Durch dieses Auge kann die höchste Aktivität der Persönlichkeit auf der *physischen Ebene* beaufsichtigt werden. Wir haben es also in diesem Zusammenhang mit einem Dreieck von geistigen Kräften zu tun, die vom fortgeschrittenen Jünger und Eingeweihten zu einzigartiger Wirksamkeit gebracht werden können.

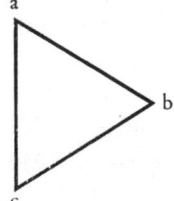

a. das geistige Auge.

b. das Ajnazentrum.

c. das rechte Auge.

251] Dieser Dreiheit bedient sich beispielsweise der geschulte Eingeweihte, wenn er es mit einer Gruppe von Menschen oder mit einem Einzelnen zu tun hat.

3. *Das linke Auge,* das Auge des Manas, der Austeiler von Gedankenenergie unter richtiger Kontrolle — richtig, soweit die Absichten der Persönlichkeit in Frage kommen. Dieses Auge ist ebenfalls Teil eines Kraftdreiecks, das dem Aspiranten und dem Probejünger zu Gebote steht.

a. Ajnazentrum.

b. linkes Auge.

c. rechtes Auge.

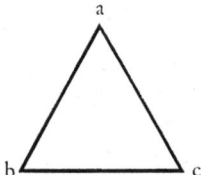

Das innere oder göttliche Auge befindet sich im Ruhezustand und ist verhältnismäßig untätig, da es für die Seele nur ein Organ der Beobachtung ist; in der Mehrzahl der Fälle ist es noch nicht zum Verteiler von lenkender Seelenenergie geworden. Der disziplinierte, geistig eingestellte Aspirant, der in seiner integrierten und geläuterten Persönlichkeit polarisiert ist, gebraucht jedoch sowohl buddhische als auch manasische Kraft; er fängt an, intuitiv und vorwiegend mental zu sein. Wenn diese beiden Dreiecke unter Kontrolle sind und in der richtigen Weise zu funktionieren anfangen, dann können auch die sieben Zentren im ätherischen Körper einer klaren Lenkung unterworfen werden; sie werden dann zum Empfänger des festgesetzten Rhythmus des entwickelten Menschenwesens, und sie sind folglich für die Seele sowohl Stromleiter für geeignete Energien, als auch Instrumente, durch welche sich die vollendete Konstitution und der Zweck eines werktätigen Gottessohnes auf Erden manifestieren können.

Danach kommt das, was wir die Stufe der Richtstrahlung oder Lenkung genannt haben. Die Seele oder die integrierte Persönlichkeit oder — auf einer höheren Spiralwindung — die Monade übt

252] die Befehlsgewalt aus, und die Persönlichkeit ist dann lediglich das Vollzugsorgan des Geistes. Durch die beiden Dreiecke, oder dadurch, daß beide im Gleichtakt arbeiten, werden die Zentren entlang der Wirbelsäule (fünf im ganzen) unter rhythmische Kontrolle gebracht. Energie wird in sie hinein und durch sie hindurch geleitet; sie werden ständig zu einer harmonischen Einheit von einer Schönheit zusammengefügt, die man als ein „in Gott entflammtes Leben" bezeichnet hat; es ist ein Leben voller geistiger Hingabe und Dienst, in dem das höhere Dreieck die höchste Wirkungskraft ausübt.

Folgende drei Sätze fassen den Werdegang der schließlichen Erlösung des Jüngers von der Großen Illusion zusammen:

> Erstens: In dem Maße, wie die durch das höhere Dreieck wirkende Seele zum lenkenden Faktor wird, wird die Illusion verscheucht. Das Denkvermögen wird erleuchtet.
>
> Zweitens: In dem Maße, wie die Persönlichkeit (unter wachsender Beeinflussung durch die Seele) sich durch das zweite Dreieck auswirkt, wird die Verblendung zerstreut. Die Herrschaft der Astralnatur ist gebrochen.
>
> Drittens: In dem Maße, wie der als Seele und als integrierte Persönlichkeit wirkende Jünger die Leitung seines Lebensausdrucks übernimmt, wird der Maja oder der Welt ätherischer Energien die Lebenskraft entzogen; es werden nur noch jene Kräfte und Energien verwendet, die den Erfordernissen des Jüngers oder des Eingeweihten bei der Erfüllung göttlicher Absicht dienlich sind.

Wie ersichtlich, ist all das in dem früher beschriebenen, siebenfältigen Werk enthalten, und es wird dadurch erreicht. Es läßt sich wie folgt zusammenfassen:

1. Der Jünger entdeckt den Brennpunkt seiner Identifizierung.
2. Er stellt das Wesen der Kräfte fest, die er gewohnheitsmäßig benutzt und die ihn immer wieder zu Tätigkeit zu veranlassen scheinen.

253] 3. Er verspürt die Stärke und Häufigkeit dieser Kräfte.

All das geschieht vom Standpunkte des mentalen Beobachters aus.

4. Er wird sich der Qualität der angewandten Kräfte, sowie ihrer Strahlenbeziehung oder ihrer astrologischen Bedeutung bewußt.

Dabei tritt mehr Empfindung und Gefühl in Tätigkeit, nicht so sehr das Denkvermögen, wie in den drei vorhergehenden Stufen.

5. Er identifiziert die Zentren im ätherischen Körper, und er merkt und erkennt, daß jedes einzelne davon ein Kraftvermittler ist.
6. Die beiden „Dreiecke der Vision und Lenkung" im Kopfe treten in ein Stadium harmonischer Wirkungsweise und sind dann:

    a. Tätige und funktionstüchtige Werkzeuge.
    b. Miteinander verbunden und wirkend, und damit praktisch ein einziges Instrument. Dies ist eine objektive und subjektive Tätigkeit.

7. Die Einschaltung und Stimulierung des physischen Körpers zur Mitarbeit vermittels der Richtstrahlung im Kopfe und der Zentren entlang der Wirbelsäule.

Jetzt erhebt sich die Frage, wie das zuwege gebracht werden soll. Damit kommen wir zu unserem zweiten Punkt.

b. *Die angewandte Wissenschaft vom Atem.*

Über die Wissenschaft vom Atem ist viel Unsinn geredet worden. Viele Gruppen erteilen eine Menge von gefährlichen Anweisungen über das Atmen — gefährlich, weil sie auf Bücherweisheit beruhen und weil ihre Exponenten sie niemals selber eingehend erprobt haben; gefährlich außerdem, weil viele Gruppen unreife Anfänger einfach ausbeuten wollen, meistens zu geschäftlichem Nutzen. Die

254] Masse der Aspiranten darf froh sein, daß die Informationen und Anweisungen schwach, ungenau und häufig harmlos sind, obwohl sie in vielen Fällen üble Folgen verursachen; glücklicherweise ist außerdem das zielbewußte Streben des Durchschnittsaspiranten so schwach entwickelt, daß er unfähig ist, die Anweisungen beharrlich, täglich und unbeirrt zu befolgen, und er strengt sich nicht genügend an, um einen ohnehin zweifelhaften Erfolg zu gewährleisten; daher besteht in solchen Fällen keine Gefahr. Manche okkulte Gruppen nutzen das Thema aus und umgeben es mit Geheimnistuerei, um dem Unbefangenen einen Anreiz zu geben oder ihren Anhängern etwas Beschäftigung zu verschaffen; gleichzeitig möchten sie als gelehrte und wohlgeschulte Okkultisten für sich selbst Lob ernten. Jedermann kann Atemübungen lehren. Es handelt sich dabei in der Hauptsache um regelmäßiges Ein- und Ausatmen, dessen Länge und Rhythmus vom Wunsche des Lehrers abhängt. Wer sich beharrlich bemüht, wird dabei Erfolge haben, aber sie werden meistens unerwünscht sein, denn der Durchschnittslehrer betont zwar die Technik des Atmens, aber nicht die Ideen, die — mit den durch den Atem erzeugten Energien — im Leben des Jüngers Gestalt annehmen sollten.

Die gesamte Wissenschaft des Atems hat das Heilige Wort, das OM, zum Mittelpunkt. Es war beabsichtigt, den Gebrauch des Wortes jenen Aspiranten vorzubehalten, die sich ernstlich verpflichtet haben, den Pfad zu beschreiten. Es hat sich aber herumgesprochen und wird heute von vielen, gewissenlosen Lehrern zum Gebrauch empfohlen, besonders von gewissen Swamis, die aus Indien kommen, sich als Heilige Männer ausgeben und einfältige Frauensleute im Westen damit umgarnen. Das Wort wird dann mit keinerlei geistiger Absicht angewendet, sondern einfach als ein Laut, der, vom Atem getragen, gewisse psychische Wirkungen hervorruft, die von Leichtgläubigen als Beweise ihrer tiefen Geistigkeit angesehen werden. Das Traurige dabei ist, daß Atemübungen zwangsläufig mit dem OM in Beziehung stehen, aber die Wirkungen hängen ganz vom Motiv und von der inneren, festen Absicht ab. Der Orientale, der noch nicht die vierte oder fünfte Einweihung erreicht hat, besitzt kein wirkliches Verständnis für den Westländer oder für dessen Mechanismus und Ausrüstung, die sich aufgrund von Zivilisation und Lebensweise erheblich von seiner eigenen unterscheidet. Im Osten besteht die schwierige Aufgabe des Lehrers oder des Guru darin, aus negativ polarisierten Leuten positive zu machen. Die westlichen Rassen sind im großen Ganzen positiv eingestellt und brauchen daher keine Schulung, wie sie dem Orientalen mit Recht erteilt wird. Was will ich, genau genommen, damit sagen? Ich meine damit, daß im Osten der Willensfaktor (der erste Aspekt) nicht vorhanden ist. Dem Orientalen, besonders dem Bewohner Indiens, fehlt es an Willen, an dynamischer Triebkraft und der Fähigkeit, jenen inneren Druck auf sich selbst auszuüben, der bestimmte Resultate hervorruft. Eben deshalb kann er sich der modernen Zivilisation so schwer anpassen, deshalb macht das indische Volk so geringe Fortschritte auf dem Gebiete kommunaler und nationaler Ordnung, und deshalb bleibt es so weit hinter der Zeit zurück, soweit moderne, zivilisierte Lebenshaltung in Frage kommt. Im allgemeinen ist dagegen der Westländer positiv; er braucht die lenkende Kraft der Seele und kann sie mit sehr geringer Anleitung hervorrufen. In der arischen Rasse findet heutzutage eine Fusion zwischen dem Willensaspekt, dem Denkvermögen und dem Gehirn statt. Das ist im Orient nicht der Fall. Dazu wird es später kommen.

Der einzige Faktor, der den Atem wirksam macht, ist der Gedanke, die Absicht und der treibende Wille, die dahinter stehen. In dieser Feststellung liegt der Schlüssel zu dynamisch wirksamen Atemübungen. Wenn der Zweck nicht klar gewürdigt wird, wenn der Jünger nicht weiß, was er tut wenn er esoterische Atemübungen macht, und solange die Bedeutung der Worte „dem Gedanken folgt Energie" nicht verstanden wird, sind Atemübungen reine Zeitvergeudung und möglicherweise gefährlich. Daraus läßt sich schließen, daß Resultate nur dann möglich sind, wenn eine Verbindung zwischen Atmen und Denken besteht.

Das Ende der Verblendung

Dahinter steht ein dritter und noch wichtigerer Faktor — der WILLE. Deshalb kann nur derjenige ohne Gefahr und mit Nutzen
256] Atemübungen vornehmen, dessen Wille wirksam ist — d. h. der geistige Wille, und somit der Wille der Geistigen Triade. Jeder Jünger, der im Begriff steht, die Antahkarana zu erbauen, kann vorsichtig damit anfangen, unter Aufsicht Atemübungen vorzunehmen. Im letzten Grunde können eigentlich nur die Eingeweihten dritten Grades, die unter monadischen Einfluß gelangen, mit Erfolg diese Form der Lebenslenkung anwenden und dabei wirksame Resultate erzielen. Das ist eine grundsätzliche Wahrheit. Immerhin muß ein Anfang gemacht werden, und zu diesem Bemühen werden alle wahren Jünger aufgefordert.

Nach gründlicher Erwägung aller im obigen Absatz erwähnten Einzelheiten dürfte man sich wohl darüber klar sein, daß der Jünger zu allererst einmal eine direkte Verbindung zwischen seinem Gehirn, seinem Denkvermögen und dem Willensaspekt der Geistigen Triade herstellen muß; mit anderen Worten: der negative Gedankenempfänger (das Gehirn), das Werkzeug des Willens (das Denkvermögen) und die Triade selbst müssen miteinander vermittels der Antahkarana in Berührung gebracht werden. Wenn eine solche Beziehung besteht oder zu bestehen anfängt, dann können Atemübungen ohne Gefahr und mit Nutzen unternommen werden. Nur der gelenkte Wille, lieber Bruder, der den geordneten rhythmischen Atem zu Hilfe nimmt, kann die Zentren beherrschen und eine planvolle Absicht im Leben entwickeln. Deshalb muß der Jünger bei seiner Atemübung von einer Idee oder Gedankenrichtung beherrscht sein. Diese Idee muß irgendeinen Zweck enthalten, eine geplante Aktivität und ein anerkanntes Ziel, ehe der Atem, der dieses Vorhaben verwirklichen soll, erzeugt, angesammelt und ausgesandt, und damit zum Träger einer Kraft wird. Das muß auf den Schwingen bewußter Absicht geschehen, wenn ich mich symbolisch ausdrücken darf. Diese letzten Sätze sollten wiederholt gelesen werden, denn sie betreffen die Wissenschaft des Atmens und sind der Schlüssel zur erfolgreichen Arbeit. Diese Wissenschaft befaßt

sich hauptsächlich und grundsätzlich mit Ideen, die in klare Gedankenformen gebracht wurden und auf diese Weise das Leben
257] des Jüngers im ätherischen Bereich bestimmen. Von da aus beeinflussen sie schließlich auch sein Leben auf der physischen Ebene.

Ich habe hier nicht die Absicht, Atemübungen anzugeben, die von Jüngern oder Aspiranten gebraucht oder — was wahrscheinlicher ist — mißbraucht werden könnten. Ihre erste Verantwortung liegt darin, der inneren Impulse gewahr zu werden, die die Zentren zur Tätigkeit anregen und auf diese Weise Zustände und Ereignisse auf der physischen Ebene hervorrufen könnten. Wenn diese Impulse sich klar und bestimmt im Denkbewußtsein des Jüngers herausgebildet haben, dann kann sie nichts daran hindern, zu gegebener Zeit ans Tageslicht zu treten. Sie müssen aber eine geregelte Reifeperiode durchmachen und der Zeitpunkt ihres Erscheinens muß mit Vorbedacht berechnet werden.

Wenn der Schüler wahren Idealismus besitzt und in der richtigen Weise denkt, wenn er außerdem das rechte Verständnis für den Ausdrucksträger und für die Welt der Kräfte hat, in die die Idee hineingesandt werden muß, dann kann er ohne Gefahr planmäßige Atemübungen betreiben, dann wird die zweite Phase oder Folge vernünftiger, rhythmischer Atmung in Erscheinung treten. *Das ist die Inspiration.*

Atemübungen, lieber Bruder, haben eine rein physiologische Wirkung, wenn sie nicht durch gelenktes Denken angeregt oder motiviert sind, und wenn sie sich nicht daraus ergeben, daß der Aspirant einen Spannungspunkt erreicht hat und beibehält. Während des Ein- und Ausatmens muß ständig eine klare aktive Gedankenlinie eingehalten werden, damit der Atem (beim Aussenden) mit irgendeiner Idee qualifiziert und erfüllt wird. An dieser Stelle versagt der Durchschnittsaspirant so oft. Gewöhnlich ist er so intensiv mit der Atemlenkung beschäftigt und so voller Erwartung gewisser Wirkungen in der Erscheinungswelt, daß er den lebendigen Zweck des Atems vergißt. Dieser Zweck besteht darin, durch Aussendung eines dargestellten Gedankens, der eine erfüllte und festgestellte

Das Ende der Verblendung 279

Idee ausdrückt, dem Leben der Zentren Energie und neue Qualität zuzuleiten. Wo diese Grundlage idealistischen Denkens fehlt, werden die Resultate des Atmens praktisch null sein, oder — wenn 258] sich unter diesen Umständen Resultate irgendwelcher Art einstellen — werden sie mit dem Denken durchaus nichts zu tun haben, sondern psychischer Natur sein. Dann können sie ständige psychische Schwierigkeiten verursachen, denn sie stammen aus astraler Quelle, und die ausgesandte Energie strömt zu den Zentren unterhalb des Zwerchfelles; sie nährt dadurch die niedere Natur, bereichert und bestärkt deren astralen Inhalt und verschlimmert und vergrößert dadurch die Verblendung. Die Auswirkungen können auch physiologischer Art sein, weil durch eine Stimulierung des ätherischen Körpers die physische Natur gestärkt wird. Das führt häufig zu ernsten Folgen, denn der Atem wird Zentren zugeführt, die „im Begriff der Erhöhung" stehen sollten, wie man das esoterisch nennt; das bestärkt ihre physische Wirkungskraft, nährt die physischen Gelüste und erschwert in erhöhtem Maße das Bestreben des Aspiranten, seine niedere Natur zu verfeinern und das Leben seiner Zentren oberhalb des Zwerchfells oder im Kopf zu verankern.

Dann wachsen Verblendung und Maja; und während des Lebens, in dem diese Übungen falsch angewendet werden, bleibt der Aspirant in einem statischen und gewinnlosen Zustand. Während er einatmet, entnimmt er den Atem aus dem inneren seiner eigenen Aura, seines aurischen Grenzringes. Er nährt die niedere Natur und formt einen ‚circulus vituosus' innerhalb seiner selbst, der von Tag zu Tag stärker wird, bis er vollends von der Verblendung und Maja umgarnt ist, die er immer wieder neu erschafft. Die niederen Zentren werden ständig belebt und zu äußerster Tätigkeit angeregt. Der Spannungspunkt, von dem aus der Aspirant dann wirkt, befindet sich in der Persönlichkeit und ist nicht in bezug auf die Seele eingestellt; das Bewußtsein der Einzigartigkeit spezieller Atemübungen und die Erwartung rein psychischer Phänomene verhindert alles Denken, abgesehen von niederen Gedanken kamamanasischer Art; die Gefühle werden genährt und verstärkt und der Astralkörper wächst ins Ungeheure; häufig zeigen sich auch erhebliche physiologische und auffällige Folgeerscheinungen, wie z. B. 259] eine große Erweiterung des Brustkastens und eine Verstärkung der Muskeln des Zwerchfelles. Etwas Derartiges läßt sich bei Opernsängern beobachten. Singen, wie es jetzt gelehrt wird, bringt einige niedere Aspekte des Atems zum Ausdruck; das Atmen dieser Gesangskünstler führt zu starker Brustentwicklung, verstärkt die Schwankungen des Gefühlslebens, führt zur Unbeständigkeit der Lebensäußerung (die oft als Temperament bezeichnet wird) und sorgt dafür, daß der Gesang seinem Wesen nach rein astral bleibt.

Es gibt eine höhere und bessere Art des Gesanges, die sich im Spannungspunkte unterscheidet und zu der eine Atemtechnik gehört, die die notwendige Energie aus Quellen einatmet, die höher und umfassender sind, als die gewöhnlich benutzten; dadurch wird die Inspiration erweckt, die den ganzen Menschen umfaßt und nicht bloß seine gefühlsmäßige Reaktion auf den Text seines Gesanges und auf seine Zuhörerschaft. Daraus wird sich eine neue Art und Weise des Singens und Atmens entwickeln, die auf einer Art mentaler Atmung beruht; diese schöpft die Energie und die darauffolgende Inspiration aus Quellen, die außerhalb der Persönlichkeits-Aura liegen. Die Zeit dazu ist noch nicht gekommen. Meine Worte werden heute noch wenig Verständnis finden, aber im nächsten Jahrhundert wird es Sänger geben, die wissen werden, wie man durch eine neue Methode und Technik des Atmens die Sammelbecken der Inspiration anzapfen kann. Diese Techniken und Übungen werden in den zukünftigen esoterischen Schulen von Anfang an gelehrt werden.

Inspiration ist ein Vorgang, in dessen Verlauf die Empfänglichkeit der Persönlichkeit — auf dem Wege über die Zentren — derart qualifiziert, belebt und angeregt wird, bis sie jenen Spannungspunkt erreicht, auf dem eine Seelenkontrolle gegenwärtig und offenbar wird. Auf diese Weise kann die von der Seele kommende Energie das Leben der Persönlichkeit durchfluten und durch die

Zentren hindurchströmen, wobei sie alle Hindernisse mit sich fortreißt; dadurch befreit sie den Aspiranten von seiner letzten Verblendung und Maja, und schafft ein vollendetes Instrument, das die Musik der Seele und später die musikalische Qualität der Hierarchie hörbar machen kann. Man vergesse nicht, daß der Schall 260] alle Formen durchdringt; der Planet selbst hat seine eigene Note oder seinen eigenen Ton; auch jedes winzige Atom hat seinen Ton; jede Form kann in Musik umgesetzt werden und jedes Menschenwesen hat seinen besonderen Akkord; und alle Akkorde tragen zur großen Symphonie bei, die von der Hierarchie und der Menschheit gespielt wird. Jede geistige Gruppe hat ihre eigene Melodie (wenn ich ein so unzulängliches Wort gebrauchen darf), und die Gruppen, die jetzt darangehen, mit der Hierarchie zusammen zu arbeiten, machen ohne Unterlaß Musik. Diese rhythmische Tonfülle und diese unzähligen Akkorde und Noten vereinigen sich mit der Musik der Hierarchie selbst und bereichern damit ständig den harmonischen Zusammenklang; im Lauf der Jahrhunderte vereinigen sich allmählich alle diese Töne und lösen sich ineinander auf, bis eines Tages die planetarische Symphonie, die Sanat Kumara komponiert, vollendet ist; unsere Erde wird dann einen ansehnlichen Beitrag zu den großen Akkorden des Sonnensystems liefern — die ihrerseits ein wesentlicher und tatsächlicher Teil der Sphärenmusik sind. Dann werden (wie die Bibel sagt) die Gottessöhne, die planetarischen Logoi, zusammen singen. Das, lieber Bruder, wird der Enderfolg des richtigen Atmens, des beherrschten und geregelten Rhythmus, des wahren, reinen Denkens und des rechten Einvernehmens zwischen allen Teilen des Chors sein.

Man sollte dieses Thema als Meditationsübung durchdenken und daraus Inspiration gewinnen.

c. *Die Technik der Indifferenz*

In meinen anderen Büchern habe ich viele Auskünfte über den Ätherkörper und dessen Haupt- und Nebenzentren gegeben. Es besteht eine Tendenz unter den Schülern, die Zentren in Gedanken

mit dem physischen Körper, aber nicht so klar mit dem ätherischen Körper zu identifizieren. Dabei handelt es sich in den meisten Fällen um die Lage der Zentren, und das ist ein Irrtum. Aspiranten täten gut daran, jedwede Konzentration auf den physischen Körper zu
261] unterlassen; sie sollten lieber lernen, den Brennpunkt ihrer Aufmerksamkeit allmählich in den ätherischen Körper zu verlegen. Der physische Körper ist notwendigerweise aktiv und wirkungsvoll, er sollte aber in steigendem Maße als Automat angesehen werden, der beeinflußt und gelenkt wird durch:

1. Den vitalen Körper und die Kräfte der Maja; oder aber durch Inspiration, die aus geistigen Spannungspunkten herrührt.
2. Den Astralträger und die Kräfte der Verblendung; oder aber durch empfindende, bewußte Liebe, die von der Seele ausgeht.
3. Das Denkvermögen und die Kräfte der Illusion; oder aber durch Erleuchtung, aus Quellen, die höher sind als das Leben in den drei Welten.
4. Die Seele, als Träger monadischer Beeindruckung, bis die Antahkarana hergestellt ist — jene Brücke aus Gedankenstoff, die dereinst die Monade und die Persönlichkeit verbinden wird.

Eines der von Jüngern zu lösenden Probleme ist folgendes: Wo oder was ist der Ursprung des Ansporns, der Impulse, Eindrücke oder der Inspiration, die — vermittels des ätherischen Körpers — den physischen Träger zur Betätigung auf der physischen Ebene antreiben und damit die Qualität, die Zielsetzung und den Spannungspunkt des sich inkarnierenden Menschen ersichtlich machen und das Wesen des Menschen auf der jeweiligen Stufe der Evolutionsleiter offenbaren? Die Tätigkeit der Zentren richtet sich ganz nach den erwähnten Spannungen und Impulsen. Daraus läßt sich ersehen, wie viele meiner Lehren das übliche, okkulte Verfahren geradezu umkehren. Ich lehre nicht, wie man die Zentren erweckt, weil rechte Impulse, stetige Empfänglichkeit für die höheren Regungen und praktisches Erkennen der Inspirationsquellen die Zentren automatisch und gefahrlos zur notwendigen und angemessenen

Aktivität anregen werden. Das ist die gesunde Entwicklungsmethode. Sie ist zwar langsamer, führt aber zu keiner verfrühten Entwicklung, sondern zu einer ausgeglichenen Entfaltung; sie ermöglicht es dem Aspiranten, wirklich zum Beobachter zu werden und
262] mit Sicherheit zu wissen, was er tut; sie bringt ein Zentrum nach dem anderen auf die Stufe geistiger Empfänglichkeit und begründet dann den geordneten, zyklischen Rhythmus einer beherrschten, niederen Natur. Daß Atemübungen später einmal ihren Platz in der Ausbildung des Jüngers haben werden, ist wahr und durchaus möglich, aber das wird sich von selbst ergeben als Folge einer rhythmischen Lebensweise und der ständigen richtigen Anwendung des Heiligen Wortes OM. Wenn beispielsweise ein Jünger in der Meditation sieben Mal das OM anstimmt, so entspricht das einer Atemübung; wenn er die damit erzeugte Energie auf den Schwingen bewußt geplanten Denkens dem einen oder anderen Zentrum zuleiten kann, bewirkt er innerhalb des Kräfte-Mechanismus Veränderungen und Umstellungen; und wenn er das mit Leichtigkeit tun und sein Denken auf einem „gedankenvollen Spannungspunkt" halten kann, dann wird es nicht mehr lange dauern, bis der Jünger den gesamten Brennpunkt seiner Aufmerksamkeit aus der Welt der Illusion, Verblendung und Maja hinwegwenden und in den Bereich der Seele, in die Welt des „klaren, kalten Lichtes" und in das Reich Gottes hineinverlegen kann.

Wenn er außerdem die Technik der Indifferenz versteht und anwendet, dann steht er frei und ohne Fesseln da; er ist jederzeit hauptsächlich der Beobachter und Benutzer des Manifestationsapparates.

Worin besteht diese Technik? Was ist Indifferenz? Ich frage mich, lieber Bruder, ob du die Bedeutung des Wortes „Indifferenz" verstehst? Es bedeutet in Wirklichkeit die Erreichung einer neutralen Haltung gegenüber all dem, was als das Nicht-Selbst angesehen wird; dazu gehört auch eine Ablehnung jeder Ähnlichkeit; es bedeutet die Weigerung, mit irgendetwas anderem eins zu sein als mit der geistigen Wirklichkeit, insoweit sie auf einer bestimmten

Stufe in Zeit und Raum erspürt und erkannt wird. Es handelt sich also um etwas viel Stärkeres und Lebendigeres als das, was man gewöhnlich unter Indifferenz versteht. Es ist eine aktive Nichtanerkennung, jedoch ohne jede Konzentration auf das, was nicht an-
263] erkannt wird. Diese Feststellung ist wichtig und verdient sorgfältige Beachtung. Sie bezieht sich auf den Spannungspunkt, von dem aus der beobachtende Jünger oder Aspirant wirkt. Der Spannungspunkt wird zur Ausgangsquelle einer bestimmten Art von Energie, und diese strömt herab in und durch den ätherischen Körper, ohne in irgendeiner Weise von Maja oder von der Konzentration verschiedener Kräfte beeinflußt zu werden, aus denen der ätherische Körper jeweils besteht. Indifferenz, im technischen Sinne, bedeutet direkten Abstieg von dort nach hierhin, ohne Ablenkung oder Verzerrung. Die sich manifestierende Wesenheit, der Jünger, steht unbeweglich und fest auf diesem Spannungspunkte; er muß daher zuerst einmal herausfinden, wo dieser Punkt sich befindet, auf welcher Ebene er liegt und wie stark die Spannung ist, auf die er sich verlassen muß. Danach muß er feststellen, ob das, was er dem physischen Körper übermitteln möchte, um so auf die äußere Welt der Experimente und Erfahrungen einzuwirken, etwa durch Illusion irgendwelcher Art verzerrt, durch Verblendung in seinem Ausdruck gehemmt oder so beschaffen ist, daß es von unkontrollierten Kräften und der von ihnen hervorgerufenen Maja auf Abwege gelenkt werden könnte. Das stellt er nicht etwa dadurch fest, daß er sich auf der jeweiligen Stufe des Abstiegs mit den Hemmungen und etwaigen Hindernissen identifiziert; er ermittelt es vielmehr durch Erhöhung seines Spannungspunktes, durch stete Erinnerung an die Wahrheit, daß er das Selbst und nicht das Nichtselbst ist, und durch einen Aussendungsprozeß. Diese Aussendung läßt sich als eine Ausstrahlung von qualifizierter und erkannter Energie definieren, die vom Spannungspunkte aus direkt und ohne Umwege in den Vitalkörper gelenkt wird, von wo aus sie dann ihren Weg zu den sieben Kontrollzentren finden kann.

Dies ist der Punkt, auf dem er die Technik der Indifferenz an-

wendet, weil anderenfalls das, was er auszudrücken sucht, von ätherischer Kraft oder von den Schleiern der Maja aufgehalten und zum Stillstand gezwungen werden könnte. Er wirkt demnach von einem Punkte intensiver Konzentration aus; während der Ausstrahlung von Energie in und durch die drei Welten weist er jegliche
264] „Bindung" an irgendeine Form der Ebene zurück. Wenn er merkt, daß der Energiestrom durch aktive Illusion oder Verblendung aufgehalten oder auf Abwege gelenkt wird, dann „löst er sich" bewußt von derartigen Kontakten „los" und stärkt sich für die letzte Stufe der Indifferenz oder Nichtanerkennung aller Kräfte mit Ausnahme derjenigen, die er — bewußt und mit Vorbedacht — auf der physischen Ebene zu benutzen sucht.

Im letzten Grunde, lieber Bruder, wird beim Durchschnittsjünger der Spannungspunkt auf mentalen Ebenen zu finden sein und das erleuchtete Denkvermögen und einen zunehmenden Kontakt mit der Seele umfassen:

a. Er wird dann fähig sein, klar im Lichte der Seele zu „sehen", mit einem entwickelten Sinn für wirkliche Werte; er kann infolgedessen Illusion verscheuchen.

b. Er wird fähig sein, bewußt Licht zur Astralebene auszusenden, so daß er Verblendung verscheuchen kann.

c. Er wird fähig sein, Lichtenergie durch den ätherischen Körper zu senden und das Licht oder die Energie in den geeigneten Zentren zu verankern, denn dort besteht völlige Indifferenz oder Nichtidentifizierung mit Maja.

Was den Eingeweihten anbetrifft, so erfolgt der Vorgang zunächst von einem Spannungspunkte innerhalb der Seele und später von einem Spannungspunkte in der Geistigen Triade aus. In allen Fällen jedoch führt die lenkende Energie, sobald sie sich im Grenzringe der drei Welten befindet, zu den bereits genannten Wirkungen, nämlich zur:

1. Verscheuchung der Illusion.
2. Zerstreuung der Verblendung.
3. Überwindung der Maja.

Beim Durchlesen dieser ziemlich einfachen Erläuterungen eines schwierigen Vorganges mag der Aspirant wähnen, daß das verhältnismäßig einfach klingt und leicht zu bewerkstelligen ist, aber **265]** das ist schon an sich eine Täuschung. Uralte Identifizierung mit der Formseite des Lebens ist nicht leicht zu überwinden, und die dem Jünger bevorstehende Aufgabe ist eine langwierige und beschwerliche; aber sie verspricht immerhin am Ende Erfolg, vorausgesetzt, daß er klar denkt, eifrig und zielstrebig bleibt und methodisch-wissenschaftlich vorgeht.

VIERTER TEIL
DIE TECHNIK DER FUSION

In diesem unserem letzten Abschnitt haben wir es mit der — beständigen und unbeirrten — Kontrolle der Seele über die Persönlichkeit zu tun. Wir kommen also zur Stufe der Einweihung, die für die Menschheit das Ende des Entwicklungspfades bedeutet und einen Daseinszyklus einleitet, von dem wir nichts wissen und nichts wissen können, außer daß der befreite Meister dann auf zweifache Art zu wirken beginnt: Erstens, als Mitglied der Hierarchie und Mitarbeiter am Plan und zur Erlösung der Menschheit, und zweitens als ein Jünger von Sanat Kumara. Die Aufgabe Sanat Kumaras in bezug auf die Meister besteht darin, Sie für den Weg der Höheren Evolution vorzubereiten. Wenn das möglich wird, kommt es zu einer Verlegung der geistigen „Aufmerksamkeit" (ich gebrauche dieses unzulängliche Wort in Ermangelung eines besseren); das Augenmerk wendet sich von der Seele und dem Engel der Gegenwärtigkeit ab und richtet sich auf die geheimnisvolle Gegenwärtigkeit; diese wurde bisher nur verspürt und undeutlich erschaut. Der Meister — befreit von den drei und den fünf Welten menschlicher und sogenannter übermenschlicher Evolution — besitzt jetzt in vollem Maße die Gaben der Allgegenwärtigkeit und Allwissenheit. Er ist der grundsätzlichen Einheit gewahr, die auf der tatsächlichen Natur des Einen Lebens und Wesens beruht, Das alle Manifestation durchdringt; Er hat auch die Meisterschaft über alle nur möglichen Arten von Techniken und Methoden der Betätigung, der Kontrolle und der Fusion erreicht. Nachdem er aber diese Fähigkeiten entwickelt hat, wird er jetzt dunkel dessen gewahr, was das Eine Wesen bedingt; Er verspürt Energien und Kontakte, die von außerhalb des Planeten herrühren und von denen Er bislang gar nichts gewußt hatte. Dieses Wissen wird ihm nach der fünften Einweihung zuteil.

267] Vor Ihm liegt die Erreichung eines noch höheren Wahrnehmungsbereiches, und um den Lohn dieser möglichen Kontakte genießen zu können, muß Er verschiedene Arbeits- und Entwicklungsmethoden meistern, die Ihn allmächtig machen und somit befähigen, den höchsten der drei göttlichen Aspekte zum Ausdruck zu bringen. Diese Entwicklung wird ihm Machtmöglichkeiten und Erfahrungen zugänglich machen, die nur durch wissenschaftliche Betätigung des WILLENS gehandhabt und verstanden werden können; und dieser Willenseinsatz muß von einem Spannungspunkte aus erfolgen, der seinen Brennpunkt in der sogenannten „Monade" hat. Weißt du, was das bedeutet, lieber Bruder? Ich bin sicher, du weißt es nicht. Nur die Meister der Weisheit können diese letzten Entfaltungen einigermaßen würdigen, und selbst dann nur im Sinne von willenserfülltem Aufwärtsstreben — einer Phase des Strebens, dessen Merkmal bewußtes Wollen ist, gleichwie das Streben des Jüngers sich durch verfeinertes Wünschen kennzeichnet. Diese Dinge liegen jedoch jenseits des Auffassungsvermögens des Durchschnittsjüngers; ihr einziger Wert liegt darin, daß sie die nie endende Gelegenheit andeuten, die sich auf jeder Stufe und jedem Krisenpunkt auf dem endlosen Wege darbietet.

In diesem Zeitpunkt beschäftigen wir uns mit der großen Krise, die dem Jünger bevorsteht, wenn er in Vorbereitung auf gewisse, größere Einweihungen den Versuch macht, das letzte Gegensatzpaar aufzulösen; ich meine das Zusammentreffen der Persönlichkeit mit dem Engel der GEGENWÄRTIGKEIT. Ich brauche diese beiden Aspekte der Natur des Jüngers nicht zu definieren, denn das ist es, was sie ihrem Wesen nach sind. Wie früher erwähnt und bereits bekannt, ist der Hüter der Schwelle die vollentwickelte Persönlichkeit — die Gesamtsumme alles Vergangenen und die Zusammenfassung (auf der physischen Ebene) aller ungelösten Probleme, aller unausgesprochenen Wünsche, aller schlummernden Merk-

male und Eigenschaften, aller Phasen des Denkens und des Eigenwillens, aller niederen Kräfte und uralter Angewohnheiten (sowohl schlechte als auch gute) der drei Körper. Sie werden in ihrer Gesamtheit an die Oberfläche des Bewußtseins gebracht, um dort in
268] der Weise behandelt zu werden, daß ihre Kontrolle gebrochen wird. Dem Jünger steht es dann frei, sich den letzten Einweihungen zu unterziehen. Dieser Vorgang findet jedoch nicht in einem einzigen Zusammentreffen der beiden gegnerischen Kräfte seine Vollendung. Es handelt sich vielmehr um einen dreifachen Vorgang, und er umfaßt jede der drei Vorbereitungsperioden vor den ersten drei Einweihungen, oder (vom Standpunkte der Hierarchie aus) vor den zwei Einweihungen der Schwelle und der ersten größeren Einweihung, der Verklärung.

Durch viele Leben hindurch hat der Jünger die Schwelle gehütet. Er selbst ist der Hüter. Hinter der sich langsam öffnenden Tür verspürt er Leben, Energie, geistige Verkörperung und die *Tatsache* des Engels. Zwischen ihm und jener Tür liegt ein glühender Boden; vor diesem steht er, und er weiß, daß er ihn durchschreiten muß, wenn er durch die Tür hindurch möchte. Er steht vor der Frage, ob sein Wille zum Erfolg stark genug ist, um sein niederes, persönliches Selbst den Feuern der letzten Läuterung zu übergeben. Das persönliche Selbst ist jetzt sehr hoch entwickelt; es ist ein nützliches Werkzeug der Seele; es ist ein gründlich geschultes Mittel zum Dienen; es ist im wesentlichen ein genügend wirksames und brauchbares Ausrüstungsstück. Es hat jedoch seine schwachen Punkte, die jederzeit Gefahr laufen, zu Krisenpunkten zu werden; es hat aber auch seine starken Punkte, die sich verhältnismäßig leicht in Spannungspunkte verwandeln lassen; im Ganzen genommen ist es ein verläßliches Werkzeug, das gute Dienste zu leisten vermag. Kann es und sollte es aufgeopfert werden, so daß (esoterisch gesprochen) seine Aktivität verloren ginge und durch ein Leben der Heilung und Hingabe ersetzt werden würde? Das ist ein hartes Problem, das alle Jünger lösen, verstehen und zu praktischer Auswirkung bringen müssen. Nur durch dreimaliges Überqueren des glühenden

Bodens werden alle Hindernisse für die freie Willensäußerung zerstört. Die Beziehung zwischen dem Engel und dem Hüter muß durch den Willen zu vollem Ausdruck freigemacht werden. Damit meine ich den geistigen Willen und seine drei Aspekte, die in Funk-
269] tion treten müssen, ehe der göttliche Wille allmählich die Kontrolle übernehmen kann. Der Jünger vereint die beiden Aspekte seiner Natur in vollem Bewußtsein und mit klarer Absicht durch einen geplanten Willensakt, und dieser *Akt* erzeugt einen Spannungspunkt im „Zentrum des glühenden Bodens, wo die beiden sich treffen können", wie die uralten Archive es ausdrücken.

Ich möchte auf die Tatsache hinweisen, daß die große Unterwerfung des Niederen unter das Höhere auf einem „Punkt auf halbem Wege" stattfindet. Sie ereignet sich nicht, während der Jünger ungewiß am äußeren Rande des glühenden Bodens zögert, oder wenn er vor der Tür steht, nachdem die Erfahrung des glühenden Bodens hinter ihm liegt. Der wesentliche Krisenpunkt, der den notwendigen Spannungspunkt hervorruft, ist das Resultat der „invokativen Entscheidung" der Persönlichkeit, das mit der Zeit eine „evokative Antwort" vonseiten des Engels hervorruft. Die beiden betreffenden Faktoren (wobei nicht zu vergessen ist, lieber Bruder, daß all dies im Bewußtseinsbereiche des Jüngers vor sich geht) wirken gleichzeitig und kommen aufeinander zu. In der Mitte des glühenden Bodens treffen sie sich, und dann wird das niedere Licht der Persönlichkeit (ein wahres Licht kraft eigenen Rechtes) in das größere Licht des Engels oder der Seele eingesaugt. Der Hüter wird also vom Engel „okkult ausgelöscht" und entschwindet dem Blick in der strahlenden Aura des Engels. Das wird uns symbolisch im Bilderbuch der Himmel dargestellt, wenn nach dem katholischen Festkalender die Himmelfahrt der Jungfrau stattfindet und das Sternbild Jungfrau im Strahlenglanze der Sonne den Blicken entschwindet. Da haben wir die drei Faktoren:

1. Die Jungfrau . . . . materielle Form . . . . Persönlichkeit . . . Hüter
2. Die Sonne . . . . . geistige Natur . . . . . Seele . . . . Engel
3. Die Erde . . . . . . strebender Mensch . . . Der Jünger . . . . .

Die Technik der Fusion

Die Persönlichkeit verbleibt; sie besteht fort, wird aber nicht mehr gesehen, wie von altersher. Das Licht des Engels hüllt sie ein; der glühende Boden hat sein Aufgabe erfüllt und die Persönlichkeit ist jetzt nichts mehr und nichts weniger als die gereinigte Schale oder 270] Form, durch die das Licht, der Strahlenglanz, die Qualität und die Eigenschaften des Engels hindurchleuchten können. Es ist eine Fusion von Lichtern, wobei das stärkere und mächtigere das geringere auslöscht.

Wie ist dies zustande gekommen? Ich spreche hier nicht von der Vorbereitung des Hüters der Schwelle auf dieses große Ereignis oder von der äonenlangen Disziplinierung, Vorbereitung, Erprobung und Erfahrung von einem Leben zum anderen, die dieses Gipfelereignis möglich und erfolgreich gemacht haben. Die beiden Aspekte im Menschen können erst dann mit voller Macht, mit Absicht und endgültig zusammentreffen, wenn die Illusion das Denken nicht mehr beherrschen kann, wenn die Verblendung alle Kraft zur Verschleierung verloren hat und wenn die Majakräfte nicht länger zu hindern vermögen. Klares Unterscheidungsvermögen, Leidenschaftslosigkeit und Indifferenz haben bewirkt, daß alle diese Täuschungen durch konzentriertes Licht, durch die zerstreuende Kraft des verbreiteten Lichts und durch die richtungsweisende Macht der Lichtenergie zum Verschwinden gebracht wurden. Nur fünf Dinge beherrschen jetzt den Jünger:

1. Die Tatsache seiner Jüngerschaft.
2. Die Wahrnehmung des Engels, wartend und kraftvoll.
3. Der invokative Ruf des Hüters auf der Schwelle.
4. Die Notwendigkeit, den Willen in einer neuen und anderen Weise anzuwenden.
5. Die Notwendigkeit, den glühenden Boden zu überqueren.

Die wesentlichen Punkte sind jetzt völlig klar. Es bleibt nur die Frage der Zeitbestimmung und des Entschlusses. Ich möchte daran

erinnern, daß es bei all diesen Vorgängen der Jünger ist, der mit vollem Bewußtsein *handelt.* Er leitet alle diese Vorgänge selbst ein. Nicht der Engel oder der Hüter, sondern der geistige Mensch selbst ist es, der den Willen einsetzen und ganz klar die Initiative ergreifen muß. Sobald der Jünger die notwendigen Schritte unternommen hat und unwiderruflich vorwärts geht, ist die Antwort des Engels gewiß, automatisch und allumfassend. Vollständige Auslöschung des persönlichen Selbstes in drei aufeinanderfolgenden Stufen ist die
271] unmittelbare und normale Folge davon. Darauf bezog sich Johannes der Täufer mit den Worten: „Er soll wachsen, aber ich muß abnehmen." Als er das sagte, sprach er als Jünger vor der zweiten Einweihung der Schwelle. Dieses okkulte Zunehmen und Abnehmen ist symbolisiert für uns in den Mondphasen, und für den ganzen Planeten im Zeichen Zwillinge; das Licht des einen Zwillings verblaßt langsam und das Licht des anderen nimmt an Stärke zu.

Wenn diese „okkulte Auslöschung" stattgefunden hat, was ist dann die Bestimmung des Jüngers? Sie besteht in vollkommener Beherrschung durch die Seele, und das bedeutet praktisch Gruppengewahrsein, Gruppenarbeit, Gruppendienst und schließlich Gruppeneinweihung. Auf diese Entwicklungen brauche ich hier nicht näher einzugehen, denn darüber habe ich mancherlei in meinen anderen Büchern geschrieben. Hier in dieser kurzen Erläuterung habe ich mich mit den Wirkungen befaßt, die von den Substanzen und substantiellen Kräften der drei Welten im Jünger ausgelöst werden, und in welcher Art und Weise sie den Aspiranten beeinflussen. Ich habe das Problem der Verblendung, Illusion und Maja nicht vom Gesichtswinkel des Durchschnittsmenschen aus betrachtet. Letzterer ist notwendigerweise in ihnen versunken, und er verbringt sein Leben unter ihren fortwährenden Einwirkungen. Dadurch lernt er. Er steht noch nicht auf dem Punkte, wo er Befreiung von ihnen sucht, wie der Mensch auf dem Pfade es tut. Ich habe deshalb das Problem vom Gesichtswinkel der Jünger und Aspiranten aus betrachtet.

Für sie eröffnet sich der WEG, und für sie kommt es zu bewußter Erkenntnis des Lichtes. Das Bedürfnis zu dienen war bei Männern und Frauen, die frei sind von Illusion und Verblendung, noch nie in so starkem Maße vorhanden wie heute, und für diese zur Abhilfe an einer verzweifelten Notlage dienstbereiten Menschen habe ich diese Zeilen geschrieben.

Daß der Engel der GEGENWÄRTIGKEIT seine Nähe fühlbar machen und euch den Mut verleihen möge, die Feuer des glühenden 272] Bodens zu durchqueren, ist mein ernstes Gebet; daß die *Tatsache* der GEGENWÄRTIGKEIT von euch verspürt werden und euch zu größerer Aktivität veranlassen möge — sobald der glühende Grund überschritten ist — ist mein tiefster Wunsch für euch; möge das Licht auf eurem Wege leuchten und mögen all die Mühen und Kämpfe, die euren Lebensweg gekennzeichnet haben, zur gewissen und gesicherten Vollendung führen — das ist meines Herzens Wunsch für euch. Ich rufe euch auf, wirksamer zu arbeiten und unermüdlich weiterzustreben.

DER TIBETER.

Die Arkanschule bietet jedem Interessenten die Möglichkeit, sich einer Schulung zur Jüngerschaft des Neuen Zeitalters zu unterziehen. Die Prinzipien der Zeitlosen Weisheit werden *als neuer Lebensstil* dargestellt und kommen durch esoterische Meditation, durch Studium und Dienst an der Menschheit zur Entfaltung.

Schreiben Sie bitte an den Verlag um weitere Auskunft.

DIE KOSMISCH-PHYSISCHE EBENE

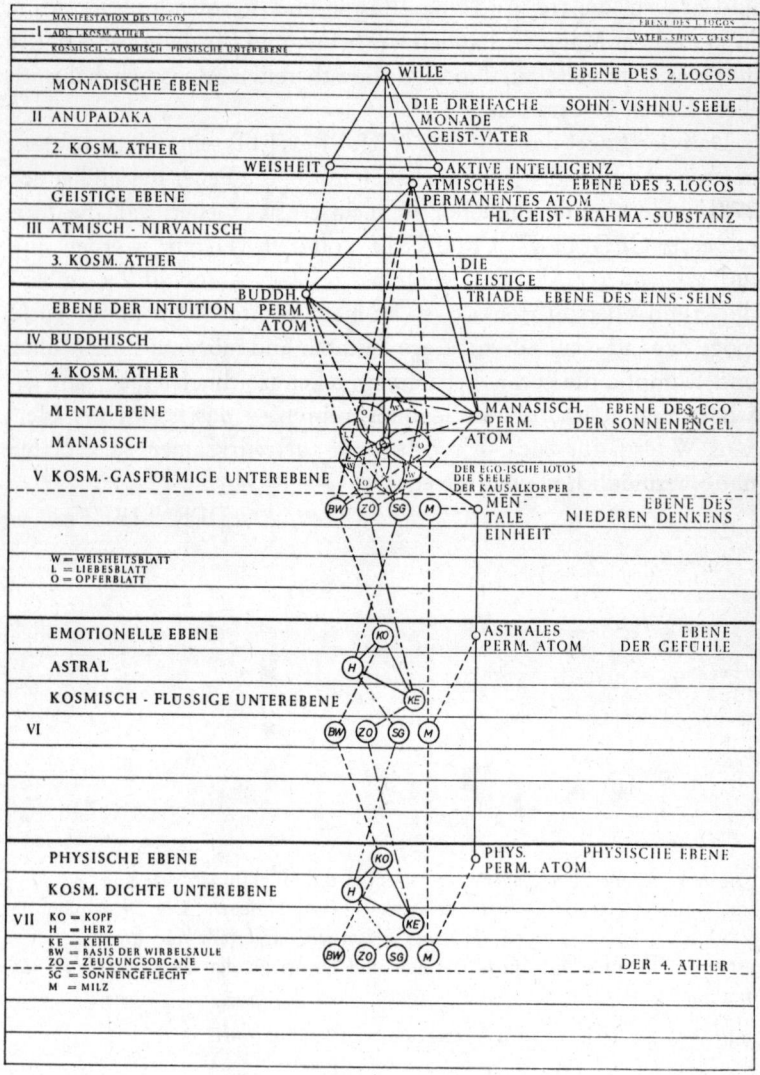

INDEX

Achtung! Die im Index angegebenen Hinweiszahlen beziehen sich nicht auf die Buchseiten, sondern auf die am linken Textrand in **Fettdruck** eingeschalteten Zahlen.

INDEX

A

Abneigung, 146
Achsenmächte, 163, 165
Agni Yoga, 171, 178/9
Ajna-Zentrum, 250
Akt der
  Aussendung, 233
  Durchdringung, 218, 234
  Richtstrahlung, 232
  Zurückziehung, 234
All-Liebe, 3
  -Licht 181
Alter Kommentar, 150/1, 153
Antahkarana, 256, 261
Arjuna
  als Symbol, 158
  — Erfahrung, 88, 98/9
  Fragen, 115
Ära, die neue, 197
Aspiranten
  Aufgabe der —, 15, 37, 69
  Dienst der —, 16/7
  Irrtümer der —, 83
  müssen unterscheiden, 58/9
  Probleme des —, 27
  Selbstüberschätzung des —, 52
Astralebene
  definiert, 141, 208, 221
  Wirken auf der —, 17
Astralkörper, 66
  Ausdrucksmittel der Seele, 141
  planetarischer —, 69/70
Astrologische
  Einflüsse, 156, 246
  Zeichen, 119/120, 249
Atem
  falsch angewandter, 258
  — und Gesang, 259
  —übungen, Wert, 150, 255/6
  Zweck des —, 257
Ätherkörper (Vital-), 96
  des unentwickelten M., 86
  — und Kräfte, 249
  Zentren im —, 249—251

Atlantis, 32
Atom, 17
Aufgaben der Menschheitsführer, 163—166
Augen, drei, 250
Aura
  des Engels, 269
  Fragen zum Thema —, 34/5
  Reinigung der —, 27
Ausstrahlung
  astrale, 31
  seelische, 263
Autorität der Seele, 47
Autoritätsverblendung, 45—47
Avatare, 166

B

Begriffe, 14
Beobachter, geschulte, 38
Bescheidenheit, 145
Bewußtsein
  arisches, 32
  „Ich bin" —, 110
  — saspekt, 79
Bhagavad Gita, 87/8, 99, 116, 158
Blavatzki, H. P. B., 183/4
Brüderlichkeit, 134
Buddha, 23, 166
Buddhi-Auge, 151

C

Chitta, 116
Christus, 166/7

D

Denken
  Einwirkung des —, 18
  höheres —, 175
  universales —, 13
Denkkraft, 144/5
  vereinte —, 213
Denkvermögen
  als Werkzeug, 83, 173
  als Lichtquelle, 110
  Notwendigkeit, 12/13
Dharma, 1, 150

Index

Deutsche und Juden, 147/8
Deutschland, 163
Dienst
  an der Menschheit, 23/4
  des Jüngers, 44
  Freiwerden zum Dienst, 154
Dienstpflicht, militärische, 89
Disziplinierung
  emotionelle, 211
  körperliche, 87, 89
Dogmatismus, 138
Doktrin, 177
Doppelleben, 179
Drama, 203
Dreiheit, 246
Dualität, 94, 96
  Auflösung der —, 97, 99, 101
  Gefühl der —, 95, 203
  niedere —, 127
  Prinzip der —, 39
Durchschnittsjünger, 45

E

Ebene der Intuition, 9
Eckehart, Meister, 196
Einheit, 94
Eins-Sein, abgeschiedenes, 196
Einswerden, phys., 95, 101
Einweihung, 88, 175
  Erkenntnisstufen, 103
Einweihungen, 103, 206
Empfindung, 111
Energie, geistige,
  2 Arten, 43
  3 Arten, 165
  5 Arten, 156
Engel der Gegenwärtigkeit, 159, 176, 268
Enthüllung, 173/4, 176
  Feuerprobe der —, 182
Enthüllungen
  fünf, 185
  primäre und sekundäre, 183
  wissenschaftliche, 187/8
Ereignisse, bevorstehende, 18
Erkenntnis des Lichts, 49
Erkenntnisse
  vier grundlegende, 71—74
Erleuchtung, 3, 82, 140, 144/5, 241
Erweckung schlummernder Fähigkeiten, 8
Esoterik, 10

Esoterische Schulen, 18
Evolutionsprozeß, 205

F

Fähigkeiten, drei, 102
Fanatiker, 29, 97
Formel
  Gruppen —, 232—235, 238
  inividuelle, 215—221, 235
Formen, 200
Fortschritt bis zum Jahre 2025, 171
Fragen, an sich zu stellende, 35, 93, 115, 124, 247
Freiheit der Welt, 161
Freisein
  astrales, 212
  von materiellen Interessen, 76
Freiwerden, zum Dienst, 154
Freimaurer, 228
Furcht, 46
Fusion, 153, 178

G

Gebet, das älteste, 198
Gedankenformen, 72
  Arten, 58
  Auswirkungen, 133
Gefangene
  des Planeten, 242
  der Freiheit, 46
Gefährdung, 151
Gefühlswirrwarr, 22
Gegensatzpaare, 79, 91, 109, 128
Gegenwärtigkeit, 102, 152, 159, 162, 176, 267
  Erspüren der —, 180
Geheimlehre (H. P. B.), 183
Gehirn, 256
Gehorsam, okkulter, 49
Geist der Liebe, 16
Geistige Triade, 81
Geld, 72
Gereiztheit, 151/2
Gesetz
  des Dienens, 48
  der Wiedergeburt, 179
Gesang, 259
Gewissen, 109
Glaube, 193
Gleichschaltung, 89, 209, 216
Glühender Boden, 268
Gott, 162, 244,
  als verzehrendes Feuer, 183

Gottnatur, Aspekte, 80
Götter, unvollkommene, 22, 106
Gruppe
  enthüllende —, 176
  Gesetz der —, 47
Gruppen-
  Aufgaben, 38
  Bewußtsein, 48, 124
  Dienst, 18
  Meditation, 143
  Merkmale, 201
  Mitglieder, Vorbereitung, 28
  Schutzformel, 229
  Formel, 232

H

Haustiere, 87
Herzzentrum, 141, 143
Hesekiel, 137
Hierarchie
  Probleme der —, 33
Hitler, 210
Hochmut, 60, 62
Humanitäre Bestrebungen, 162
Hüter der Schwelle
  falsch gedeutet, 21
  richtig erklärt, 22, 26, 90, 154, 159, 267
  Stadien der Beherrschung, 154
  — taucht auf, 39/40

I

Ideal, 56, 133/4
Idee
  Abwärtsweg einer —, 55/6
  als Ergebnis der Intuition, 193
  einseitige Auslegung, 132
  Entstellung einer —, 56—64
  fixe —, 119
  — Gottes, 130
  —, Ideal, Idol, 134
Ideen
  Arten, 129
  Ausleger (Deuter) von —, 31
  Entwicklungsstadien, 124
  ererbte —, 120
  grundlegende —, 38
  Kontakt mit —, 61
  Reich der —, 32
Identifizierung
  falsche — der Seele, 114, 242
  mit dem Wirklichen, 204
Ideologien, 129

Illusion, 53—68
  als Stadium der Erprobung, 178
  definiert, 26, 54, 112, 128, 131, 173, 175, 240
  Erlösung von —, 252
  falsch ausgelegt, 21
  ideologische —, 132
  mentale —, 130
  theologische —, 242
Illusionen
  Ursachen und Arten, 56—64
Impression, 174
Indien, 255
Indifferenz
  definiert, 262/3
  göttliche, 172, 242
Individualität, 175
Individualisierung, 87
Inkarnation, 157
Inquisition, 46
Inspiration, 241, 257, 259
Intellekt, 138
Intellektuelle Klassen, 100
Intuition
  definiert, 2/3, 67, 81, 135, 241
  dreifaches Licht der —, 181
  drei Qualitäten, 3/4
  Erweckung der —, 6, 43
  stufenweise Entwicklung, 178—184
  Wirkung der —, 15, 194
Irrlehre vom Getrenntsein, 79
Italien, 163

J

Japan, 163
Jesaja, 137
Jesus am Kreuze, 65
Johannes
  Evangelium, 66
  Offenbarung, 137
Judenhaß, 146
Jungfrau Maria, 220
Jünger
  Anweisung für —, 142
  definiert, 26, 127
  Dienstbereich des —, 62/3
  invokative Entscheidung, 269
  Lenker von Kräften, 243
  müssen unterscheiden lernen, 117
  Werk des —, 252/3
  westlicher —, 179
Jüngerschaft, 69

K

Kama-Manas, 21, 66
Karma Yoga, 172
Keime des Todes, 106
Kirchen, 186
Körper, physischer, 247, 261
Kräfte, 84/5
    und Ätherkörper, 249
    und Energien, 42, 243
    und Yoga, 171
Kreuz Christi, 230
Krishna, 116
Kritik, 84
Kurukshetra, 87

L

Lebenstrieb, 105
Leitmotive, 166
Lemuria, 32
Licht
    der Materie, 196
    der Seele, 36, 139, 144, 191
    der Wahrheit, 145
    des Denkens, 206
    des Intellekts, 3
    drei Grade, 191/2
    inneres —, 196
    jenseitiges —, 49
    — Einstrahlung, 36
    — im Kopfe, 208
    Symbol des —, 230
    — und Substanz, 194
    — vermittler, 182
Lichter
    sechs Arten, 205/6
    Vereinigung der —, 208—210
Lichtstrahl, ausgesandter, 202
Liebe
    allumfassende, 224
    definiert, 4/5
    Schein —, 76/7
Logos, planetarischer, 105
Losgelöstsein, 243

M

Machtillusion, 51—53
Maja, 33, 84—90
    definiert, 26, 85, 148, 242
    Einfluß auf die Massen, 149
    falsche Ansicht über —, 20
Makrokosmos, 171

Meditation
    drei Hauptteile, 67
    Wichtigkeit der —, 81, 204/5
    zur Zeit des Vollmondes, 25
Meister, 266
Menschen
    als Opfer von Kräften, 96/7
    auf dem 1. Strahl, 4, 6
    auf dem 2. Strahl, 6, 199, 224
    auf dem 3. Strahl, 37, 222
    auf dem 6. Strahl, 77, 199, 221
    auf verschiedenen Strahlen, 221—224
    drei Gruppen von —, 111
    atlantische —, 109
    emotionale, 31
    intellektuelle, 100
    intuitive —, 176, 184, 188/9
    lemurische, 108
    mentale —, 29
    sensitive —, 19
    guten Willens, 23
Menschheit
    und Hierarchie, 159
    Aufwärtsstreben der —, 200
Mentalebene, 30
Miasma (Giftbrodem), 76
Mikrokosmos, 171
Minderwertigkeitskomplexe, 207
Monade, 97, 195, 267
Motive, 149
Musik, 260
Mystiker, 138

N

Neue Gruppe der Weltdiener, 48
Neu-Orientierung, 170
Neues Testament, Zitate, 167, 189, 193, 203, 271
Neues Zeitalter, 213

O

Offenbarung des Johannes, 137
Okkulte
    Heilung, 101
    Auslöschung, 271
Okkultisten, 138, 243/4
Okkultismus, praktischer, 245
OM, 217, 254
    richtige Anwendung, 262
Orientalen, 255

P

Persönlichkeit, magnetische, 5
Pfad der Rückkehr, 90
Physische
 Disziplinierung, 87
 Ko-ordinierung, 89
Pilatus, 240
Pilger auf dem Wege, 51
Polarisierung, 212
Priester, wahre, 137/8
Probejünger, 207
Probleme des Aspiranten, 44, 118
Propheten, 137
Psychische Geschenkwellen, 61

R

Raja Yoga, 81, 195
 für Aspiranten, 100, 172
Regeln des Pfades, 47, 50/1
Regenwolke wißbarer Dinge, 135, 221
Religion, orthodoxe, 162
Rasse, atlantische, 109
Revolution, geistige, 162
Richtstrahlung, 204, 251
Rituale, physische, 227

S

Sackgasse, materielle, 74
Sanat Kumara, 244, 266
Seele
 Hauptmerkmal, 140
 Identitätsempfindung der —, 242
 magnetische Kraft der —, 228
 und Astralkörper, 141
 Wesen der —, 143
Seelenenergie
 Erweckung, 43
 Wirksamkeit, 117
Seelenkontrolle
 Stufen, 89, 90
 Ziele, 90
Selbst
 integriertes, 127
 persönliches, 268
Selbstbemitleidung, 111, 212
Selbsterkenntnis, 35
Selbstüberschätzung, 61
Sensitivität, mentale, 13
Separatismus, 84, 145
Spaltungen, 30
Spannung, 178

Spannungspunkt, 263/4
Sphärenmusik, 260
Substanz, 72, 128
Symbole
 Analyse, 10/11
 definiert, 6
 Feuer, 179
 Sternbild Jungfrau, 269
Symphonie, planetarische, 260
Synthetisches Erkennen, 9
Systeme, theologische, 186

Sch

Schall, 260
Shamballa, 137
Scheinliebe, 76/7
Schutzformel, 229, 237
Schwarzmagier, 209

St

Stimme der Stille, 112
Stolz, 84
Strahl
 der Harmonie, 157
 Persönlichkeits —, 156
 Seelen —, 156
Strahlen
 beherrschende, 92
 die 5 bestimmenden, 156
 im Wassermann-Zeitalter, 157
 und Verblendungen, 120—123

T

Tag der Klärung, 214
Teilhabenlassen, 164
Telepathische Vermittler, 18
Tendenzen, ererbte, 120
Tiernatur, 95
Ton (Schall), 260
Triade, 195

U

Umwertung der Werte, 74
Universalität, 5
Unterscheidungsvermögen, 19
Unterschiede, Erkennen der —, 164
Unvollkommene Götter, 22

V

Vater unser, als Formel, 24
Verblendung
 Aspekte, vier, 40/1

Verblendung (Forts.)
  Arten, 73/4
  astrale —, 73, 76
  Autoritäts —, 45
  definiert, 26, 94, 241
  Entstehung der —, 32
  falsche Ansicht über —, 20
  Kräfte der —, 116/7
  Merkmale der —, 82, 84
  nationale —, 71
  Phasen der —, 111/2
  synthetische —, 159
  Unterschiede, 212
  Ursachen, 71, 74—80, 106, 113, 125, 200
  Ursprung, 46, 107
  Wesen der —, 34
  Zerstreuung der —, 204
  der Absonderung, 145
  der Gefühle, 76/7
  der Gegensatzpaare, 79/80
  der Hingabe, 77—79
  der materiellen Interessen, 74
  des Probejüngers, 212
Verblendungen
  des Pfades, 80
  durch die sieben Strahlenarten, 120—123
Vereinte Nationen, 165/6
Verherrlichung der
  Jungfrau Maria, 220
Verklärung, 168
Verstehen
  definiert, 4
  liebevolles, 166
Versuchungen Jesu, 80
Vitalkörper = Ätherkörper
Vollmond, Mai 1942, 169

W

Wahrheit, 111
  entstellt, 131
  ist, 240
  konkrete, 145

Wahrheiten
  vier edle, 23, 167
Wegweiser
  zum Dienst, 43
  zur Befreiung, 185
Weiße Magie, 66
Welt der Bedeutung, 190
Welt-
  diener, 136
  krieg, 88
  literatur, 31
Weltverblendung
  Aspekte, 39/40
Wille
  — und Atem, 245, 256
  — zum-Guten, 244
  unerforschl. — Gottes, 243
Wirklichkeit
  Kontakte mit —, 82
  Verdrehungen der —, 80
Wissen, 194
Wissenschaft des Atmens, 253—260
Wunschleben, 71
Wüstenerfahrung, 75

Y

Yoga
  drei Arten, 171/2
  —pfad, der, 191
  Raja- —, 195
  — Sutras, 83

Z

Zeichen Zwillinge, 271
Zentren
  im Ätherkörper, 249, 251
  richtige Entfaltung, 261
Ziel der Menschheit, 132, 134
Zirbeldrüse, 1
Zuneigung, 77
Zwangssysteme, ideolog., 132
Zwiespältigkeiten, 118
Zyklus, 157

Die große Invokation

Aus dem Quell des Lichts im Denken Gottes
ströme Licht herab ins Menschen-Denken.
Es werde Licht auf Erden!

Aus dem Quell der Liebe im Herzen Gottes
ströme Liebe aus in alle Menschenherzen.
Möge Christus wiederkommen auf Erden!

Aus dem Zentrum, wo der Wille Gottes thront,
lenke plan-beseelte Kraft die kleinen Menschenwillen
zu dem Endziel, dem die Meister wissend dienen!

Durch das Zentrum, das wir Menschheit nennen,
entfalte sich der Plan der Liebe und des Lichtes
und siegle zu die Tür zum Übel.

Mögen Licht und Liebe und Kraft
den Plan auf Erden wieder herstellen!

Diese Invokation gehört nicht irgendeiner Person oder Gruppe, sondern der ganzen Menschheit.

„Die Schönheit und Stärke dieser Anrufung liegt in ihrer Einfachheit und darin, daß sie bestimmte Hauptwahrheiten zum Ausdruck bringt, die von allen Menschen als ganz natürlich angenommen werden, nämlich: Die Wahrheit, daß eine Ur-Intelligenz existiert, der wir unklar den Namen Gott geben; die Wahrheit, daß hinter allem äußeren Schein L i e b e die treibende Kraft im Universum ist; die Wahrheit, daß eine große Individualität auf die Erde kam, von den Christen Christus genannt, und diese Liebe so verkörperte, daß wir sie verstehen konnten; die Wahrheit, daß Liebe und Intelligenz die Auswirkungen dessen sind, was Gottes Wille genannt wird; und schließlich die selbstverständliche Wahrheit, daß sich der göttliche P l a n nur durch die *Menschheit* selbst entfalten und auswirken kann." – Alice A. Bailey.

Bücher von Alice A. Bailey

INITIATION — menschliche und solare Einweihung; 3. Auflage, 1982,
258 Seiten, Leinen
Taschenbuchausgabe

BRIEFE über OKKULTE MEDITATION; 2. Auflage, 1972, 358 Seiten,
Leinen

DIE WIEDERKUNFT CHRISTI; 2. Auflage, 1972, 200 Seiten, Leinen

PROBLEME DER MENSCHHEIT; 2. Auflage, 1983, 231 Seiten, Leinen
Taschenbuch

EINE ABHANDLUNG über die SIEBEN STRAHLEN — BAND I;
2. Auflage, 1976, 470 Seiten, Leinen
Taschenbuchausgabe

EINE ABHANDLUNG ÜBER WEISSE MAGIE; 4. Auflage,
1982, 728 Seiten, Leinen
Taschenbuchausgabe

VOM INTELLEKT ZUR INTUITION; 3. Auflage, 1986, 226 Seiten,
Taschenbuchausgabe

EINE ABHANDLUNG über die SIEBEN STRAHLEN — BAND II;
2. Auflage, 1973, 801 Seiten, Leinen

TELEPATHIE UND DER ÄTHERKÖRPER; 2. Auflage, 1972, 212 Seiten,
Leinen

SCHICKSAL UND AUFGABE DER NATIONEN; 2. Auflage, 1977,
167 Seiten, Leinen
Taschenbuchausgabe

ESOTERISCHES HEILEN — BAND IV der SIEBEN STRAHLEN;
3. Auflage, 1983, 850 Seiten, Leinen
Taschenbuch

DER YOGA-PFAD (PATANJALIS LEHRSPRÜCHE); 1. Auflage, 1963,
391 Seiten, Leinen
Taschenbuchausgabe

VERBLENDUNG: EIN WELTPROBLEM; 2. Auflage, 1986, 302 Seiten,
Taschenbuchausgabe

ERZIEHUNG IM NEUEN ZEITALTER; 2. Auflage, 1980, 211 Seiten, Leinen
Taschenbuchausgabe

DIE GEISTIGE HIERARCHIE TRITT IN ERSCHEINUNG; 1. Auflage,
1967, 852 Seiten, Leinen
Taschenbuchausgabe

EINE ABHANDLUNG über KOSMISCHES FEUER; 2. Auflage, 1981,
1488 Seiten, Leinen

ESOTERISCHE ASTROLOGIE — BAND III der SIEBEN STRAHLEN;
2. Auflage, 1981, 776 Seiten, Leinen
Taschenbuchausgabe

DIE STRAHLEN und DIE EINWEIHUNGEN — BAND V der SIEBEN
STRAHLEN; 1. Auflage, 1973, 936 Seiten, Leinen

JÜNGERSCHAFT IM NEUEN ZEITALTER — BAND I; 1. Auflage, 1974,
1070 Seiten, Leinen

VON BETHLEHEM NACH GOLGATHA; 1. Auflage, 1974, 334 Seiten,
Leinen
Taschenbuchausgabe

DIE UNVOLLENDETE AUTOBIOGRAPHIE; 1. Auflage, 1975, 312 Seiten

DAS BEWUSSTSEIN DES ATOMS; 1. Auflage, 1975, 120 Seiten
Taschenbuchausgabe

JÜNGERSCHAFT IM NEUEN ZEITALTER — BAND II; 1. Auflage, 1976,
924 Seiten, Leinen

DIE SEELE UND IHR MECHANISMUS; 1. Auflage, 1976, 143 Seiten, Leinen
Taschenbuchausgabe

DIE ARBEITEN DES HERKULES; 1. Auflage, 1974, 258 Seiten, Leinen

EINE ZUSAMMENFASSUNG ÜBER DIE SEXUALITÄT; 1. Auflage, 1986,
162 Seiten
Taschenbuchausgabe